Adosphère 3

Méthode de français — A2

Fabienne Gallon, Katia Grau, Catherine Macquart-Martin

Guide pédagogique

hachette
FRANÇAIS LANGUE ÉTRANGÈRE
www.hachettefle.fr

Crédits photographiques :
Shutterstock : p. 132 : guitare électrique, violon, trompette et saxophone © Pavel K, accordéon et percussions © Francesco Abrignani ; p. 134 : © Juriah Mosin ; p. 135 : © Hugo Silveirinha Felix ; p. 136 : bus © fckncg, portables © Monkey Business Images, éteindre © Ioriklaszlo, chauffage © tarczas ; p. 137 : pollution © Ssuaphotos, arbres coupés © Timothy Epp, décharge © Huguette Roe ; p. 138 : prise électrique © Marynchenko Oleksandr, caméscope © igorlale, fusée © Blinow61, lecteur dvd © Sinisa Botas, roue © Sergio Schnitzler, calculatrice © Evgeny Karandaev ; p. 140 : © Experimentator ; p. 141 : © Losevsky Pavel ; p. 142 : © bonchan ; p. 143 : en train de manger © Andresr, en train de cuire © Paul Prescott, dans les assiettes © Luiz Rocha, en train d'être enfournées © Viki2win ; p. 144 : © Danylchenko Iaroslav ; p. 145 : tennis © Nick Stubbs, hockey © Lorraine Swanson, formule 1 © brave rabbit, kitesurf © Inc ; p. 146 : Washington © Jorg Hackemann, plage © Pichugin Dmitry ; p. 147 : montagne et plage + barque © Pichugin Dmitry, Mont St Michel © bonzodog, désert © Galyna Andrushko ; p. 153 : violoniste © Nikolay Mikhalchenko, accordéonniste © Wallenrock, pianiste © grafvision, guitariste © Viorel Sima, batteuse © Blaj Gabriel ; p. 154 : © Juan Carlos Zamora ; p. 155 : © Murat Subatli ; p. 156 : © Privilege ; p. 159 : hiéroglyphes © Connors Bros., lunettes © Andrejs Pidjass, téléphone © Lusoimages, vieille calculatrice © Ungor, bateau C. Colomb © Holger W. ; p. 161 : Internet © Gunnar Pippel, bobine de film © Pixel 4 Images, photographes © Losevsky Pavel, glace © Gosphotodesign, lunettes 3D © Lakhesis, cinéma © PhotoHouse, star © Yuganov Konstantin ; p. 162 : © crolique ; p. 163 : décore son plat © michaeljung, garçon + hamburger © Jaimie Duplass, fille + livre de cuisine © nikkytok, fille en train de manger © Yuri Arcurs ; p. 164 : skate-board © Kris Butler, échasses urbaines © Daikatana_, corde à sauter © John Kasawa, vélo acrobatique © Brooke Whatnall, volley © muzsy, natation © Ramzi Hachicho, course à pied © Monkey Business Images, aviron © Anton Hlushchenko ; p. 166 : © Samot ; p. 167 : incendie © Andre Schaerer, barque + lagon © Sergio Martin, neige © Ozerov Alexander, inondation © Jerry Sharp

Couverture : Nicolas Piroux
Adaptation maquette et mise en page : Médiamax
Coordination éditoriale : Sarah Billecocq

ISBN : 978-2-01-155877-0

© Hachette Livre 2011.

Tous droits de traduction, de reproduction et d'adaptation réservés pour tous pays.

Le code de la propriété intellectuelle n'autorisant, aux termes des articles L.122-4 et L.122-5, d'une part, que « les copies ou reproductions strictement réservées à l'usage privé du copiste et non destinées à une utilisation collective » et, d'autre part, que les « analyses et les courtes citations » dans un but d'exemple et d'illustration, « toute représentation ou reproduction intégrale ou partielle, faite sans le consentement de l'auteur ou de ses ayants droit ou ayants cause, est illicite ». Cette représentation ou reproduction, par quelque procédé que ce soit, sans autorisation de l'éditeur ou du Centre français de l'exploitation du droit de copie (20, rue des Grands-Augustins, 75006 Paris), constituerait donc une contrefaçon sanctionnée par les articles 425 et suivants du Code pénal.

Sommaire

Introduction méthodologique	5
Mode d'emploi	12
Tableau des contenus	14
Module 0	17
Module 1	21
Module 2	37
Module 3	52
Module 4	68
Module 5	83
Module 6	98
Module 7	109
Module 8	120
Fiches de révisions et d'approfondissements	132
Activités	132
Corrigés	148
Tests	152
Activités	152
Corrigés	168
Corrigés du cahier d'activités	173

Introduction méthodologique

💬 Adosphère, le public

Adosphère est un ensemble méthodologique sur quatre niveaux qui s'adresse à un public adolescent. *Adosphère 1* et *2* couvrent le niveau A1 et abordent le niveau A2 du Cadre Européen Commun de Référence pour les langues (*CECR*). *Adosphère 3* s'inscrit, lui, exclusivement dans le niveau A2. Enfin, *Adosphère 4* permet de renforcer les compétences acquises et d'aborder le niveau B1. Chaque niveau est prévu pour 50 à 60 heures de cours.

Adosphère 1	A1
Adosphère 2	A1 + A2
→ Adosphère 3	A2
Adosphère 4	Révision A2 + B1

💬 Adosphère 3, un univers en évolution

Pour aller plus loin dans l'apprentissage du français, *Adosphère 3* propose d'entrer dans l'univers d'adolescents qui ont mûri, s'ouvrent de plus en plus aux autres et au monde qui les entoure. Cet univers est exploré à travers **huit sphères de leur vie privée et sociale**, huit modules riches en rencontres, huit invitations à l'action :
Ouvre tes oreilles ! (musique),
Trouve ton style ! (mode),
Aime ta Terre ! (environnement),
Soit branché(e) ! (sciences et technologies),
Fais ton cinéma ! (cinéma),
Croque la vie ! (alimentation),
Mets tes baskets ! (sports),
Explore le monde ! (voyages).
Les apprenants ont l'occasion de s'exprimer sur des thématiques auxquelles ils sont sensibles, de découvrir des réalités à la fois proches des leurs et nouvelles – car issues de la culture francophone – mais aussi d'agir individuellement ou en groupe sur le monde dans lequel ils évoluent.

💬 Adosphère 3, des choix méthodologiques

Comme *Adosphère 1* et *2*, *Adosphère 3* adopte une démarche actionnelle, sécurisante et motivante qui assure un apprentissage et une gestion de la classe facilités.

Une démarche actionnelle

Chaque module est composé de quatre leçons (L1 à L3 : trois leçons d'apprentissage et L4 : une leçon de prolongement) qui amènent systématiquement les élèves à accomplir une tâche. *Adosphère 3* propose ainsi plus d'une trentaine de tâches différentes (voir tableau des contenus p. 14-15). Ces tâches permettent aux apprenants de mobiliser régulièrement et conjointement des compétences générales (savoirs, savoir-faire, savoir être) tout comme :
• leurs compétences à communiquer langagièrement récemment acquises et plus anciennes,
• leurs compétences transversales et stratégiques (planifier son travail, se relire, s'entraîner à présenter…),
• leurs compétences sociales : de nombreuses tâches sont réalisées en sous-groupe. Toutes demandent une interaction à un moment donné de leur réalisation dans une production authentique, adaptée à leur niveau linguistique, porteuse de sens et liée à leurs centres d'intérêt comme le montre l'exemple analysé ci-après proposé à l'issue de la Leçon 1 du Module 3 « Aime ta Terre ! ».

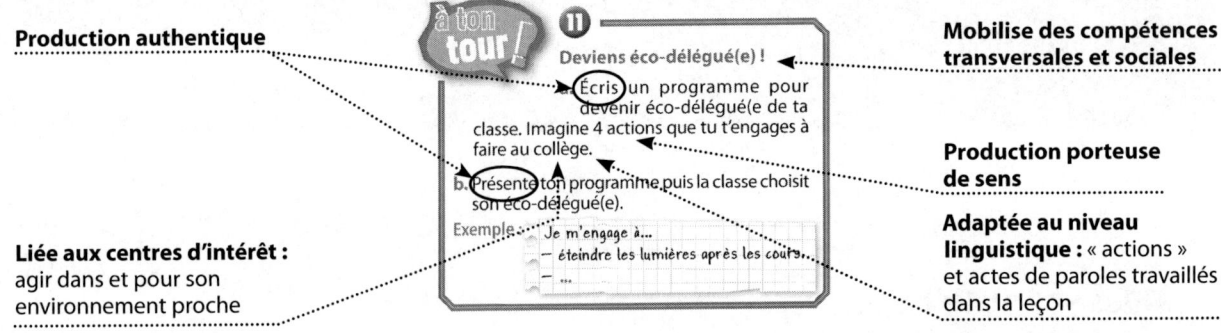

En outre, **les tâches** proposées dans *Adosphère 3* **sont réalistes et faciles à mettre en œuvre** dans le cadre de la classe de français car elles demandent un investissement en temps ou en matériel très limités. D'autre part, la démarche complète est explicitée dans le Guide pédagogique. Elle suit les étapes suivantes :
• préparation méthodique de la tâche avec l'enseignant et la classe ;
• mise en œuvre de la tâche proprement dite, individuellement ou en sous-groupe ;
• retour (évaluation) avec l'enseignant et la classe sur les productions et les attitudes ainsi qu'une mise en perspective[1].

Une démarche sécurisante

Les compétences communicatives et métacognitives[2] du public auquel est destiné *Adosphère 3* s'enrichissent progressivement mais ne permettent pas encore aux apprenants de communiquer avec aisance sur tous les sujets de la vie quotidienne et d'être autonomes (cf. les descriptifs des niveaux du *CECR*). Ce niveau est donc particulièrement sensible car il peut engendrer de la frustration. Il est important de veiller à ce que les apprenants se sentent en sécurité cognitive et affective.
Adosphère 3 contribue à développer cette perception de sécurité à travers sa structure et ses démarches pédagogiques. L'une de ces démarches a déjà été relevée : elle repose sur la récurrence des tâches à la fin de chaque leçon. **L'organisation des modules repose également sur la récurrence :** une page d'ouverture suivie de quatre doubles pages consacrées aux leçons, puis une double page d'entraînement et enfin une page de préparation au DELF. On sait que la récurrence crée une perception de confort et permet aux apprenants de se concentrer sur les nouveaux contenus.
Dans chaque leçon, document ou activité, ces nouveaux contenus sont soigneusement contrôlés puisque, en moyenne, moins de 10 nouveaux mots sont proposés et qu'un seul point de grammaire par leçon fait l'objet d'un apprentissage. Il s'agit en effet de ne pas décourager les apprenants en les surchargeant et de leur proposer des contenus stimulants et inscrits dans leurs « sphères ».
De même, les **questions de compréhension** des documents déclencheurs vont-elles systématiquement **d'une compréhension globale vers une compréhension plus fine** dans un triple objectif :
• donner confiance aux élèves dans leurs capacités de réception (Je comprends l'information la plus importante.),
• donner des stratégies de compréhension : se fixer un objectif de compréhension globale ou plus ciblée, s'aider du paratexte et des illustrations, formuler des hypothèses...
• bien sûr, préparer les élèves à la tâche qui leur sera proposée à la fin de la leçon.
L'exploitation du document vise également à préparer la production finale et à enrichir avec rigueur les compétences linguistiques (lexicale, grammaticale, phonétique et orthographique) et pragmatiques (discursive, fonctionnelle et interactive) qui devront être mobilisées pour réussir des activités communicatives intermédiaires et la tâche comme on le voit dans cet exemple de la Leçon 2 du Module 8.

---
1. Consiste à faire le point sur les acquis récents et sur la façon dont ils seront utilisés et développés ultérieurement.
2. Qui consistent à gérer son apprentissage.

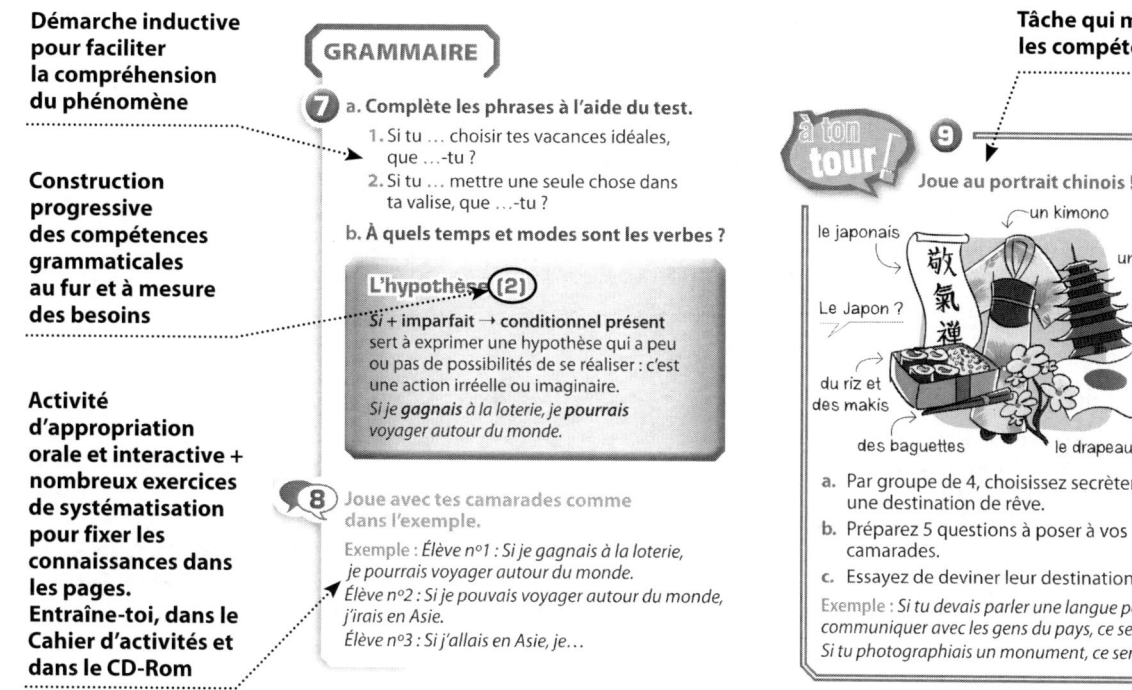

Démarche inductive pour faciliter la compréhension du phénomène

Construction progressive des compétences grammaticales au fur et à mesure des besoins

Activité d'appropriation orale et interactive + nombreux exercices de systématisation pour fixer les connaissances dans les pages. Entraîne-toi, dans le Cahier d'activités et dans le CD-Rom

GRAMMAIRE

7 **a. Complète les phrases à l'aide du test.**

1. Si tu … choisir tes vacances idéales, que …-tu ?
2. Si tu … mettre une seule chose dans ta valise, que …-tu ?

b. À quels temps et modes sont les verbes ?

L'hypothèse (2)

Si + imparfait → conditionnel présent
sert à exprimer une hypothèse qui a peu ou pas de possibilités de se réaliser : c'est une action irréelle ou imaginaire.
*Si je **gagnais** à la loterie, je **pourrais** voyager autour du monde.*

8 **Joue avec tes camarades comme dans l'exemple.**

Exemple : *Élève n°1 : Si je gagnais à la loterie, je pourrais voyager autour du monde.*
Élève n°2 : Si je pouvais voyager autour du monde, j'irais en Asie.
Élève n°3 : Si j'allais en Asie, je…

Tâche qui mobilise les compétences acquises

à ton tour ! **9**

Joue au portrait chinois !

a. Par groupe de 4, choisissez secrètement une destination de rêve.
b. Préparez 5 questions à poser à vos camarades.
c. Essayez de deviner leur destination.

Exemple : *Si tu devais parler une langue pour communiquer avec les gens du pays, ce serait… ? Si tu photographiais un monument, ce serait… ?*

La fixation des connaissances est facilitée par les nombreuses activités orales et écrites proposées dans la double page « Entraîne-toi », dans le Cahier d'activités et dans le CD-Rom. Notez que toutes les activités proposées dans la méthode ne sont pas nécessairement à proposer à tous les élèves car certaines d'entres elles concernent la remédiation (principalement celles du CD-Rom), d'autres, identifiées par le pictogramme « Champion ! », intègrent plusieurs faits de langue et sont plutôt à considérer comme des activités de réinvestissement pour les élèves qui montrent une certaine aisance. Cet ensemble d'activités sera utilisé en fonction des besoins des élèves afin de les aider à renforcer leurs outils langagiers et, encore une fois, à les mettre en confiance.

Dans un souci de sécurité affective, cette fois, **de nombreuses activités sont menées en binôme ou en très petits groupes**. Même quand les activités sont individuelles et écrites, nous recommandons de laisser le temps aux élèves de comparer leurs réponses avec un ou plusieurs camarades avant de procéder à la correction. Le contrôle de l'enseignant est ainsi moindre. Non seulement les élèves deviennent plus autonomes mais ils craignent moins de commettre une erreur. Ils apprennent en outre plus facilement, comme le montrent les résultats de recherches sur le travail collaboratif[3], dans un climat exempt de compétition.

Adosphère 3 **fournit également plusieurs outils d'évaluation formative** qui contribuent à renforcer la confiance et l'estime de soi des apprenants. Ces outils sont les pages dédiées à l'auto-évaluation et au portfolio dans le Cahier d'activités mais également les grilles d'auto-évaluation et de co-évaluation proposées dans le Guide pédagogique pour chaque tâche. Nous recommandons, parallèlement à ces évaluations, de garder des traces (photocopies, photos, enregistrements, films…) des productions des élèves afin qu'ils puissent, s'ils le souhaitent, les placer dans la partie « Dossier » de leur portfolio créé en marge de la méthode.

Enfin, comme dans les niveaux 1 et 2, *Adosphère 3* accorde régulièrement une place à la métacognition avec la rubrique « Apprendre à apprendre » qui donne aux élèves des astuces pour apprendre une langue mais fournit surtout une occasion à la classe d'échanger sur les différentes façons d'apprendre et les astuces de chacun. On sait que les élèves qui réussissent académiquement sont ceux qui utilisent spontanément ces techniques. Les autres élèves pourront trouver dans ces échanges réguliers des exemples et une autre source de motivation.

Une démarche motivante

Les démarches actionnelles et sécurisantes que nous avons décrites ci-dessus ont pour objectif principal de maintenir un fort degré de motivation pour l'apprentissage du français. Nous avons déjà dit que le niveau atteint par les élèves ne leur permet pas encore d'être autonomes malgré les efforts auxquels ils ont déjà consentis. D'autre part, comme on le sait, l'adolescence est une période qui offre de nombreuses sollicitations extrascolaires qui peuvent, dans certains cas, détourner l'attention des élèves.

3. Good et Brody, *Looking into classrooms*, Boston, Éd. Allyn et Bacon, 2008.

Il existe plusieurs théories motivationnelles[4]. Sans entrer plus avant dans celle que défend R. Viau[5], nous retiendrons que, d'après cet auteur, les sources de la motivation d'un élève reposent sur des perceptions quant à la valeur de l'activité proposée (Pourquoi ferais-je ce qu'on me demande ?), sa compétence (Suis-je capable de réussir ?) et la contrôlabilité (Ai-je mon mot à dire sur le déroulement ?).

La valeur des activités proposées est induite par le **contrat d'apprentissage** présenté au début de chaque module (voir ci-après la partie Organisation du livre) et par la **préparation de la tâche finale**, laquelle a une forte valeur sociale et engage donc l'image de l'élève dans la classe voire au-delà (Je fais cet exercice sur la suggestion pour suggérer des éco-solutions qui seront affichées en classe. – cf. *Adosphère 3*, p. 39). L'utilisation de thématiques, de médias familiers aux adolescents ou encore d'Internet pour la recherche d'informations et des TICE contribuent également à donner de la valeur aux activités proposées.

CONTRAT D'APPRENTISSAGE

Dans ce module, tu vas apprendre à…
– exprimer des goûts musicaux et des préférences
– donner une opinion et réagir à une opinion
– donner des conseils
– parler d'instruments, de styles musicaux et de musiciens

Pour…
– présenter ta sélection musicale
– donner ton avis sur l'attitude des fans
– justifier un choix
– organiser un concours

 Va sur Internet et cherche d'autres noms d'instruments en français puis classe-les selon les catégories de l'exercice 8.

La **perception de sa compétence par l'élève est favorisée par les nombreuses activités d'apprentissage**, la préparation collective de la tâche, la collaboration, les modalités d'évaluation formative et tous les facteurs de la démarche sécurisante déjà évoqués. (Je sais ce que je dois faire, sur quels critères je serais évalué(e) et où je peux trouver l'aide nécessaire. – cf. *Guide pédagogique, Adosphère 3*, p. 24 – M1).

à ton tour !

12 Préparation de la tâche

Faire lire la consigne et préciser les différentes étapes demandées :
1. chercher (à la maison) 2 ou 3 chansons ou morceaux ;
2. trouver leur style (exercices 2, 9, 10), leur titre, le(s) nom(s) de(s) artiste(s) ;
3. associer à un effet (exercices 7, 8), dire de façon variée qu'on l'aime (exercices 5, 6), associer à une action (exercice 4) ;
4. ajouter quelques mots d'ouverture et de clôture. Exemple : *Je vais vous présenter ma sélection musicale… / Voici ma sélection musicale… Avez-vous des questions ? / Que pensez-vous de ma sélection ? / Merci de m'avoir écouté(e)* ;
5. s'entrainer à présenter sa sélection à l'aide de la grille d'autoévaluation à photocopier ou à faire recopier.

---

4. Archambault et Chouinard, *Vers une gestion éducative de la classe*, Bruxelles, É. De Boeck, 2009, pp. 154-175.
5. Viau, *La Motivation en contexte scolaire*, Bruxelles, Éd. De Boeck, 2009.

Introduction méthodologique

Enfin, la contrôlabilité, chère aux adolescents, est possible grâce aux nombreux choix que peuvent effectuer les élèves ainsi qu'aux nombreuses occasions qui leur sont offertes de donner leur avis et d'exercer leur créativité.

à ton tour ! 12

Donne ton opinion sur un film !

Laisse un message sur le répondeur de *Ça tourne !* et donne ton opinion sur le dernier film que tu as vu. Dis si tu as aimé ou pas et pourquoi.

à ton tour ! 9

Fais un recueil de recettes !

a. Choisis un plat de ton enfance : quels souvenirs et sensations sont associés à ce plat ?

b. Avec tes camarades, réunissez vos souvenirs et recettes dans un recueil.

Exemple : *Ma grand-mère vient de préparer mon gâteau d'anniversaire et je suis en train de finir la pâte qu'il reste dans le saladier. Le gâteau commence à cuire dans le four. Une bonne odeur envahit la cuisine…*

 **11** Et toi ? Es-tu pour ou contre les vêtements de marque ? Donne tes arguments.

à ton tour ! 9

Participez au concours des jeunes inventeurs !

Par deux, inventez un nouvel objet « farfelu » mais utile. Donnez-lui un nom et dites comment il fonctionne.

Exemple : *Le stylo traducteur, le stylo qui simplifie l'apprentissage des langues ! Vous écrivez dans votre langue et le stylo écrit automatiquement en français !*

Bien sûr, toujours d'après Viau, la motivation des élèves est également influencée par des facteurs qui échappent au contrôle de l'enseignant : ceux relatifs à la vie personnelle de l'élève, ceux relatifs à l'école ou encore ceux relatifs à la société… *Adosphère 3*, au moins, apportera une aide significative en ce qui concerne les facteurs relatifs à la classe !

Adosphère 3, la structure du livre

Le livre comporte 8 modules d'apprentissage et des annexes : des actes de paroles, un précis grammatical, des tableaux de conjugaison, un lexique thématique, l'alphabet phonétique international, une carte de France.

L'organisation des 8 modules

Une **page d'ouverture** présente l'univers exploré dans le module. Les illustrations et l'enregistrement qui les accompagne ont volontairement un caractère artistique afin de susciter l'intérêt des élèves, de créer des attentes, voire de faire appel à leurs émotions. La page d'ouverture contient également le contrat d'apprentissage dont la lecture et, éventuellement la traduction, est une étape importante dans la démarche d'Adosphère. En effet, ce contrat donne sa cohérence à l'apprentissage puisqu'il correspond à la fois aux contenus des leçons à venir mais aussi à l'auto-évaluation et au portfolio du Cahier d'activités. Les activités menées autour du contrat d'apprentissage ne sauraient être négligées parce qu'elles engagent les apprenants dans le processus d'apprentissage, leur permettent d'établir des liens entre les anciens acquis et les futurs acquis et de découvrir ce que l'on attend d'eux en terme d'évaluation.

Trois leçons d'apprentissage présentées sur une double page suivent la page d'ouverture.
Ces trois leçons suivent la démarche de la collection *Adosphère* : les points de langue apparaissent au fur et à mesure des besoins. Afin de ne pas surcharger la page, les exercices de systématisation ont été volontairement placés dans la double page « Entraîne-toi », le Cahier d'activités et le CD-Rom. Chaque leçon, comme cela a été dit, est construite pour réussir la tâche proposée à la fin du parcours pédagogique.
Les leçons 1 et 2 s'appuient sur des documents écrits ou oraux qui illustrent des situations quotidiennes et familières aux adolescents. Ces documents sont illustrés afin de soutenir la compréhension.
La nouveauté d'*Adosphère 3* est l'introduction de textes littéraires dans la **Leçon 3**. Il s'agit de courts extraits d'œuvres du patrimoine comme *Le Petit Prince* (Module 3) ou de la littérature de jeunesse comme *Le Professeur de musique* (Module 1). Les extraits ont été choisis en fonction de leur accessibilité et du public concerné mais également en fonction de leur intérêt thématique et stylistique. L'objectif de cette Leçon 3 est, en effet, de familiariser les élèves avec une langue littéraire et de construire progressivement une culture littéraire.

La Leçon 4 est **une leçon de prolongement** à forte valeur interculturelle et ludique. Elle apporte des informations amusantes et très proches des centres d'intérêt des adolescents. Comme les autres leçons, elle mène à la réalisation d'une tâche.

Dans chaque module d'*Adosphère 3*, apparaît une rubrique « Révise ton cours de… » qui crée un lien entre le cours de français et les autres matières scolaires (musique, histoire-géographie…).

La double page **« Entraîne-toi »** permet, nous l'avons dit, de systématiser les nouveaux acquis. Les exercices et activités qui sont proposés peuvent être menés en autonomie ou en binôme selon la convenance. En outre, le pictogramme « Champion ! » indique une activité qui intègre plusieurs points de langue du module et qui peut servir à un enseignement différencié. Cette double page est conclue par la rubrique « Apprendre à apprendre » qui donne des conseils d'apprentissage. Cette rubrique peut être l'occasion de demander aux élèves, éventuellement dans leur langue maternelle, quelles techniques et stratégies ils utilisent déjà dans l'apprentissage d'une langue. Elle est surtout l'occasion d'échanger dans la classe et de montrer que de nombreuses techniques existent, que chacun doit s'efforcer de chercher, afin de trouver celles qui lui conviennent le mieux. Les Modules 0 du Manuel et du Cahier d'activités vous y aident également, de manière ludique.

Enfin, la page **« Évaluation DELF »** offre un entraînement aux épreuves du DELF dans quatre activités langagières différentes (écouter, parler en continu, lire et écrire) et un réinvestissement des points de langue nouvellement acquis. Même si les élèves n'ont pas pour objectif d'obtenir une certification en français, cette page permet d'élargir les outils d'évaluation proposés dans *Adosphère 3*. Elle peut également susciter un intérêt pour les certifications en langue et ainsi être une source de motivation supplémentaire pour l'apprentissage du français et des langues en général.

Adosphère 3, les composants de la méthode

POUR L'ÉLÈVE
- Un livre de 128 pages avec CD audio inclus
- Un cahier d'activités de 64 pages en couleurs

POUR LE PROFESSEUR
- Un guide pédagogique
- Des ressources téléchargeables gratuitement sur le site hachette.fr
- Deux CD audio pour la classe
- Un manuel numérique interactif

Un parcours structuré et sécurisant

Déroulement de chaque module :

Une page d'ouverture active

Découverte de la thématique du module grâce aux illustrations et à l'univers sonore qui les accompagne

Contrat d'apprentissage : objectifs fonctionnels et tâches à réaliser en fin de leçons

Activités d'échauffement : écoute et observation, activation des connaissances préalables

Leçons 1, 2, 3 : leçons d'apprentissage

Leçons 1 et 2 :
Document déclencheur oral ou écrit

L'apprenant découvre des aspects du monde francophone dans des situations de communication « authentiques » grâce aux documents déclencheurs oraux ou écrits ainsi qu'un entraînement à la **réception** et à la **production orales** et **écrites**.

Leçon 3 : Extrait(s) littéraire(s)

L'apprenant découvre des auteurs francophones et des textes littéraires en relation avec la thématique de chaque module.

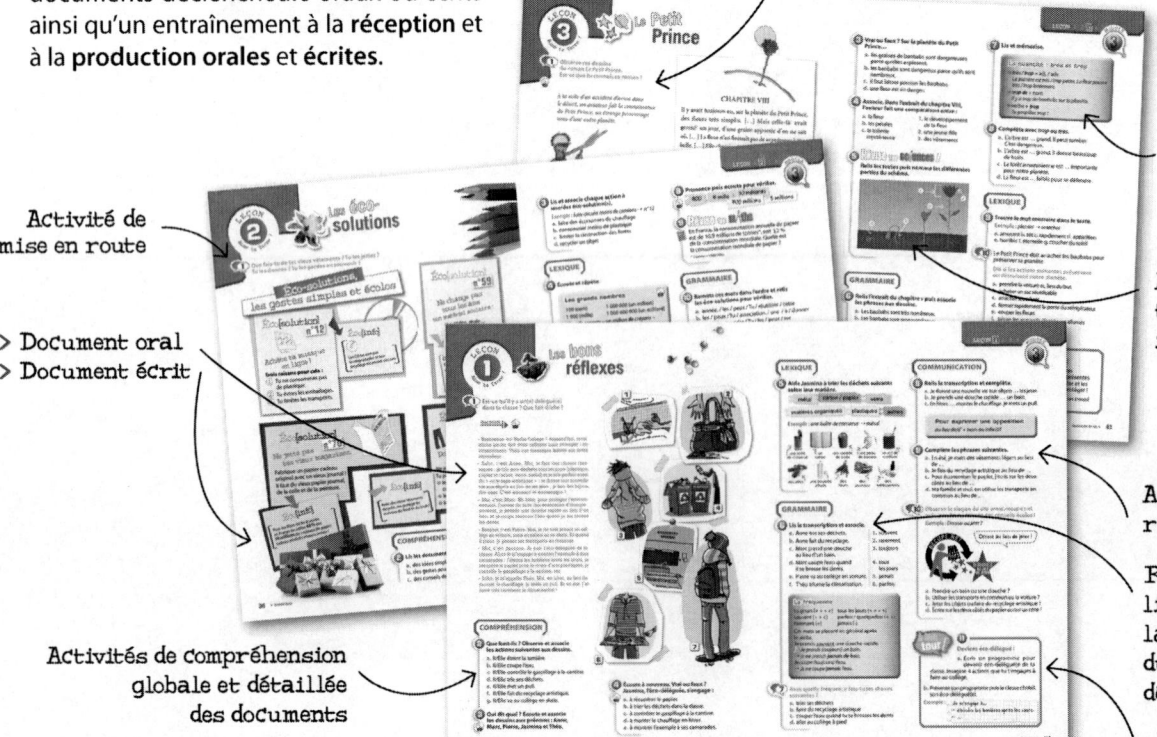

Extrait(s) littéraire(s)

> Tableaux de grammaire
> Tableaux de lexique
> Tableaux de communication

Activité de mise en route

> Document oral
> Document écrit

Activités de compréhension globale et détaillée des documents

Activité de transposition interdisciplinaire

Activité de réemploi

Repérage linguistique et langagier à partir du document déclencheur

Tâche à réaliser

Leçon 4 : une leçon de prolongement

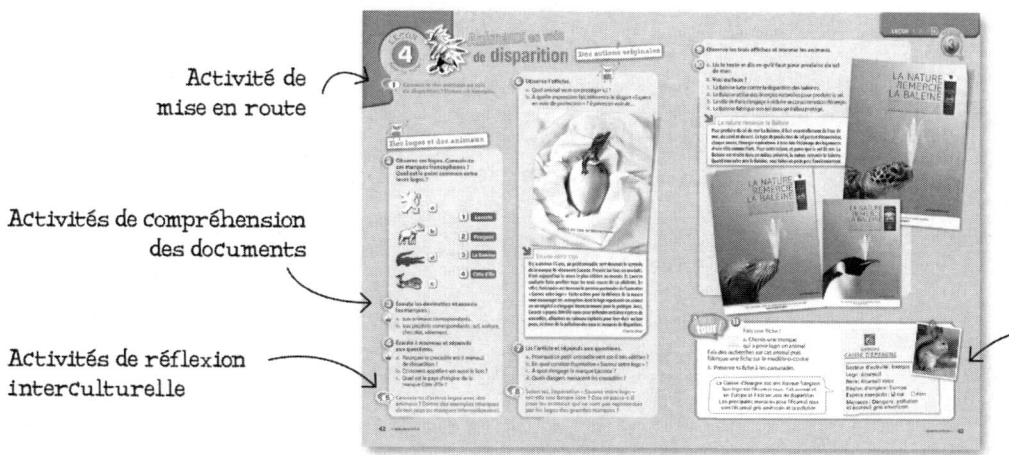

- Activité de mise en route
- Activités de compréhension des documents
- Activités de réflexion interculturelle

L'apprenant découvre, à partir de documents authentiques, des aspects culturels et civilisationnels du monde francophone et est invité à faire part de sa propre expérience sur les sujets abordés.

- Tâche à réaliser

Une double page « Entraîne-toi »

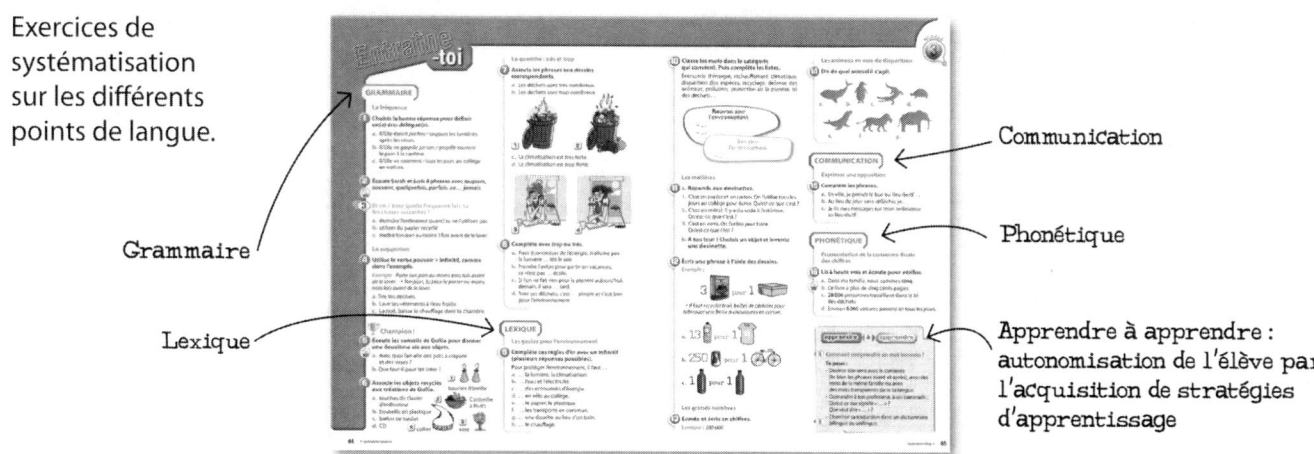

Exercices de systématisation sur les différents points de langue.

- Grammaire
- Lexique
- Communication
- Phonétique
- Apprendre à apprendre : autonomisation de l'élève par l'acquisition de stratégies d'apprentissage

Une page d'évaluation

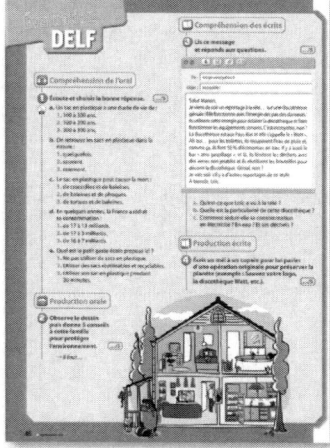

Une page d'évaluation qui prépare au DELF.
Chaque activité est notée sur 5.

En annexe (22 pages) :

– les actes de parole : p. 108-110
– un précis grammatical : p. 111-117
– des tableaux de conjugaison : p. 118-120
– un lexique thématique : p. 121-124
– un tableau de phonétique : p. 125
– une carte des villes de France : p. 126
– les pistes du CD audio élève : p. 128

Un lexique multilingue est téléchargeable sur le site www.hachettefle.fr.

 signale un enregistrement du CD classe 1.

 signale un enregistrement du CD classe 2.

 Activités « champion » (les plus difficiles).

 signale une activité de production orale, à faire seul(e) ou en interaction.

 signale que l'activité peut faire l'objet d'une recherche sur Internet.

Tableau des contenus

	APPRENDRE À...	POUR... (TÂCHES)
MODULE 1 — Ouvre tes oreilles !	• exprimer des goûts musicaux et des préférences • donner une opinion et réagir à une opinion • donner des conseils • parler d'instruments, de styles musicaux et de musiciens	• présenter ta sélection musicale • donner ton avis sur l'attitude des fans • justifier un choix • organiser un concours
MODULE 2 — Trouve ton style !	• décrire le physique, les vêtements et les accessoires • exprimer une ressemblance ou une différence • décrire des situations et des habitudes passées • exprimer une date passée, une durée • faire des suppositions • parler des styles vestimentaires et de la mode	• décrire la tenue d'un personnage de jeu vidéo • parler de changements de styles vestimentaires • participer à un débat sur les tenues vestimentaires au collège • présenter le style d'une célébrité
MODULE 3 — Aime ta Terre !	• décrire des gestes pour préserver l'environnement • identifier différentes matières • exprimer la fréquence • faire une suggestion • exprimer une quantité • parler de la Terre et de l'environnement	• devenir éco-délégué(e) • inventer des éco-solutions • parler de ta planète • présenter un animal utilisé comme logo
MODULE 4 — Sois branché(e) !	• décrire des objets et parler de leur(s) fonction(s) • exprimer une quantité, une proportion • faire des comparaisons • dater des inventions • demander, donner et nuancer une opinion • décrire la manière • parler des nouvelles technologies et des inventions	• parler des objets de ta génération • donner ton opinion sur des inventions importantes • présenter un objet de ton invention • faire le portrait d'un scientifique et de ses inventions
MODULE 5 — Fais ton cinéma !	• exprimer des goûts cinématographiques • exprimer l'enthousiasme, la déception ou l'indifférence • décrire des situations et des événements passés • comprendre des exagérations en langage familier • exprimer un désir, une possibilité, un fait imaginaire • parler du cinéma et des métiers du cinéma	• faire le portrait d'un(e) de tes acteurs / actrices préféré(e)s • donner ton opinion sur un film • préparer un tournage • adapter un livre pour le cinéma
MODULE 6 — Croque la vie !	• parler des habitudes alimentaires • décrire une recette de cuisine • donner des indications (ordres, demandes polies, suggestions) • identifier des plats • parler de la nourriture et de l'art de la table	• faire un sondage sur les habitudes alimentaires • constituer un recueil de recettes • écrire un poème à la manière d'une recette • raconter l'histoire d'une spécialité
MODULE 7 — Mets tes baskets !	• parler de sports et de qualités sportives • exprimer le but • faire une hypothèse (1) • expliquer la pratique d'un sport, un règlement • parler d'exploits sportifs • parler de sports	• faire des recommandations sur la pratique d'un sport • expliquer les règles d'un jeu inventé • réaliser une vignette de BD sur des sportifs • organiser une rencontre sportive
MODULE 8 — Explore le monde !	• exprimer la provenance • exprimer des impressions sur un voyage • parler de destinations de voyages • faire une hypothèse (2) • exprimer des sentiments, des états d'âme • parler de voyages et de vacances	• choisir et justifier le choix d'une destination • identifier des destinations de rêve • interagir avec des passagers lors d'un voyage • présenter un explorateur, ses exploits ou découvertes

GRAMMAIRE	LEXIQUE	PHONÉTIQUE	CULTURE	DISCIPLINE	APPRENDRE À APPRENDRE
• le pronom *ça* • l'impératif positif et négatif • *jouer du, de la, de l', des*	• les styles de musique • les attitudes de fans • les instruments de musique	• les mots étrangers	• les musiciens du métro	• musique	• Comment mémoriser ?
• la place des adjectifs • l'imparfait • *c'est / ce sont*	• la description du physique, des vêtements et des accessoires • les marques et les objets • les styles vestimentaires	• la prononciation de l'imparfait	• les codes vestimentaires, la mode et les tribus	• langues étrangères	• Comment nommer un mot que tu ne connais pas ?
• la fréquence (la place des adverbes de fréquence) • *pouvoir* + infinitif • la quantité : *très, trop*	• les matières • les grands nombres • les gestes pour l'environnement	• les consonnes finales des nombres	• les actions pour protéger les animaux en voie de disparition	• mathématiques • sciences	• Comment comprendre un mot nouveau ?
• les pronoms relatifs *qui* et *que / qu'* • la comparaison (comparatif et superlatif (1)) • les adverbes en *-ment*	• les objets et les inventions • la quantité et les proportions • la date passée	• les homophones	• les inventeurs dans la bande dessinée francophone	• mathématiques • histoire	• Comment reconnaître les homophones les plus courants ?
• les pronoms *y* (lieu) et *en* (COD) • l'imparfait et le passé composé • le conditionnel	• le lexique du cinéma • les genres de films • les métiers du cinéma	• l'élision du *ne* dans le registre familier	• les adaptations littéraires au cinéma	• littérature	• Comment lire plus souvent ?
• les adjectifs et les pronoms indéfinis • les semi-auxiliaires (*aller, commencer à, être en train de, venir de* + inf.)	• les plats • les ingrédients • les recettes	• la prononciation de *tous* • le *e* muet	• l'origine de quelques spécialités	• biologie	• Comment organiser ton apprentissage ?
• *si* et *même si* • le pronom *y* (COI) • la place du superlatif (2)	• les sports, sportifs et événements sportifs • les qualités sportives	• les groupes consonantiques à l'initiale des mots	• les sports de rue	• éducation physique	• Comment trouver la prononciation d'un mot nouveau ?
• prépositions et noms de villes, pays ou îles • *si* + imparfait / conditionnel • la phrase exclamative	• les préfixes et les suffixes des adjectifs • les voyages • le mot *truc*	• l'intonation	• les grands explorateurs	• géographie	• Comment expliquer un mot à quelqu'un ?

Bienvenue dans Adosphère 3 !

MODULE 0

Objectifs du module

p. 8-10

Lexique
• Révisions : la ville (lieux et directions), les couleurs, la description, les matières scolaires, les activités extrascolaires, les vêtements et les accessoires…

Culture
• Des lieux, des événements et des plats appartenant au patrimoine culturel français

Ces pages d'ouverture servent à la fois à rafraîchir la mémoire des élèves (plutôt qu'à contrôler leurs connaissances) et à créer une ambiance collaborative dans la classe. Les activités seront menées rapidement, en valorisant les réussites et la participation de tous.

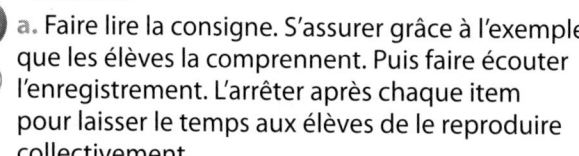 As-tu l'oreille musicale ?

1 Faire lire la consigne et faire écouter l'exemple. S'assurer que les élèves sont concentrés avant de faire écouter les items. Leur suggérer de noter au fur et à mesure leurs réponses.
S'ils éprouvent des difficultés à identifier les différents lieux, écrire au tableau tous les lieux dans le désordre (éventuellement, ajouter des intrus) et demander aux élèves de les associer aux items qu'ils entendent.
Pour corriger, demander des réponses à plusieurs élèves et les faire valider par le reste de la classe.

Corrigé :
a. en ville ; b. à la campagne ; c. au collège / à l'école ; d. à la maison ; e. à la piscine

2 a. Faire lire la consigne. S'assurer grâce à l'exemple que les élèves la comprennent. Puis faire écouter l'enregistrement. L'arrêter après chaque item pour laisser le temps aux élèves de le reproduire collectivement.

Corrigé :
1. -- / -- / --
2. - / ---- / -
3. --- / --- / ----
4. -- / ------ / ---

b. Procédure identique à celle de l'exercice précédent. Faire écouter la correction juste après.

Transcription :
1. Ma passion ? Collectionner des objets !
2. Oh la la, 35 euros, c'est cher !
3. Tu as de l'argent de poche, toi ?
4. Papa, tu sais où est mon carnet ?
5. Chez Lucille, c'est au numéro… 22 !

Corrigé :
1. ---/ ------
2. ---/ ---- / --
3. ------ / -
4. -- / ------
5. ---/-----/--

3 Faire lire la consigne. Demander aux élèves de dessiner un point d'interrogation et un point d'exclamation dans le creux de leurs mains (ou s'ils ne le souhaitent pas, les faire dessiner sur des papiers différents). Passer l'enregistrement et l'arrêter pour corriger après chaque item.

Transcription :
a. Il écoute de la musique ?
b. C'est vrai !
c. Tu es fatigué !
d. Ils sont français !
e. Pierre est dans sa chambre ?
f. Vous allez au supermarché ?
g. C'est le module zéro !
h. C'est facile !

Corrigé :
Voir transcription.

4 Procédure identique à celle de l'exercice 3, cette fois avec trois cartons ou petits papiers.

Transcription :
a. québécoise – b. allemand – c. espagnol(e) – d. américain – e. algérienne – f. française – g. marocaine – h. italienne – i. chinois – j. anglais

Corrigé :
a – F ; b – M ; c – F et M ; d – M ; e – F ; f – F ; g – F ; h – F ; i – M ; j – M

Proposition de corrigé :
a. amener une main vers soi – b. montrer sa tête avec une main ouverte – c. faire semblant de manger – d. imiter un livre avec ses mains et les écarter – e. regarder vers une porte et amener une main vers soi – f. imiter un chef d'orchestre et faire semblant de chanter – g. montrer successivement un œil puis ce qu'il faut regarder – h. montrer sa tête avec un doigt

Sais-tu communiquer avec ton corps ?

 1 Faire lire la consigne. Suggérer aux élèves de prendre des notes pendant l'écoute. Puis demander une réponse à six élèves à tour de rôle et les faire valider par la classe.

Transcription :
1. Beuh ! Je suis malade !
2. Quoi ??? Une interrogation surprise de maths ? Maintenant ?
3. Grrr ! Qu'est-ce que tu as dit ???
4. Aïe ! J'ai mal !!!
5. Je t'aime !!
6. Ah, ah, ah ! C'est très rigolo !

Corrigé :
1 – b ; 2 – d ; 3 – e ; 4 – c ; 5 – f ; 6 – a

2 Faire lire la consigne et les items. Proposer aux élèves de se mettre par 4 ou 5 pour faire l'exercice. Rappeler les règles pour le travail en groupe : parler doucement en français, rester calme. Passer parmi les groupes pour s'assurer que la consigne est respectée.

 3 Vous pouvez soit faire cet exercice en grand groupe si le nombre d'élèves de votre classe n'est pas trop important, soit mettre les élèves par groupe de 8. Puis, vous faites écouter le premier ordre et un élève volontaire le mime. Les autres valident ou bien proposent un autre geste.

Transcription :
a. Viens !
b. Imagine !
c. Mange !
d. Ouvre ton livre !
e. Rentre !
f. Chante !
g. Regarde !
h. N'oublie pas !

Es-tu logique et organisé(e) ?

 1 Faire lire la consigne. Laisser suffisamment de temps aux élèves pour faire les associations. Leur proposer de comparer leurs réponses à celles d'un(e) camarade. Puis corriger, si possible, en projetant l'exercice au tableau et en demandant à plusieurs élèves de faire les associations. Faire valider les réponses par la classe. Dire ensuite à quoi correspondent les photos (de haut en bas : le château de Versailles, Fort Boyard, la tour Eiffel, la quiche lorraine).
Éventuellement, demander aux apprenants s'ils connaissent ces 9 items, s'ils les aiment, s'ils les ont déjà vus…

Corrigé :
a – 6 ; b – 4 ; c – 2 ; d – 3 ; e – 9 ; f – 1 ; g – 8 ; h – 5 ; i – 7

2 Démarche identique à celle de l'exercice précédent.

Corrigé :
Les magasins : Une bijouterie – Une librairie – Une boulangerie
Les matières scolaires : Arts plastiques – Histoire-géographie – Physique-chimie – Sciences de la vie et de la Terre
Les meubles : Un canapé – Un fauteuil – Un lit
La nourriture : Des fruits – Des légumes – Des pommes de terre – Du poulet – De la viande
Les pièces de la maison : Une cuisine – Une salle à manger – Une salle de bains – Un salon – Des toilettes – Un placard

Pour aller plus loin

Demander aux élèves d'expliquer comment ils s'y sont pris pour faire l'exercice et comparer les différentes techniques utilisées.

3 Faire lire la consigne et l'énigme. Laisser du temps aux élèves pour la résoudre. Le premier ou la première qui pense l'avoir résolue donne son classement et, autant que possible, explique comment il ou elle a fait. Faire valider par la classe.

> **Corrigé :**
> Emma / Enzo / Matias / Zoé

4 Démarche identique à celle de l'exercice 1 de cette partie.

> **Corrigé :**
> a – 7 ; b – 4 ; c – 1/2 ; d – 2/5 ; e – 2/3 ; f – 6 ; g – 2

As-tu le sens de l'observation ?

1 Faire lire la consigne. Laisser assez de temps aux élèves puis demander à plusieurs d'entre eux leurs réponses. Les faire valider par la classe.
N.B. : La couleur des lettres a été choisie pour « distraire » les élèves et s'assurer qu'ils connaissent bien les noms des couleurs. Il ne s'agit pas d'une erreur.

> **Corrigé :**
> a – 9 ; b – 8 ; c – 4 ; d – 5 ; e – pas d'association ;
> f – 2 ; g – 1 ; h – 7 ; i – 6
> e et 3 (blanc) ne peuvent pas être associés.

2 Faire lire la consigne. Chronométrer 1 minute et demander aux élèves de fermer leur livre et d'écrire en français les noms des objets dont ils se souviennent. Demander ensuite à plusieurs élèves de lire leur liste. Celui ou celle qui s'est souvenu(e) du plus grand nombre d'objets gagne ! Lui demander quelle technique il / elle a utilisée.

> **Corrigé :**
> Une valise, un pull, des baskets, une casquette, un jean / un pantalon, un téléphone, un stylo, un livre, des pièces, des clés, une robe, un T-shirt, deux cintres

3 Faire lire la consigne. Chronométrer 2 minutes. Puis demander aux élèves de fermer leur livre et faire écouter l'enregistrement. Demander à plusieurs élèves leur réponse et faire valider par la classe. Vérifier à l'aide du livre et de l'enregistrement. À nouveau, demander à ceux qui ont réussi comment ils s'y sont pris et comparer les techniques utilisées.

> **Transcription :**
> *une baleine – un chien – un cheval – un cochon – un insecte – un oiseau – un ours – une tortue – une vache*

> **Corrigé :**
> b et i

4 Faire lire la consigne. Laisser un peu de temps aux élèves pour observer la carte puis faire écouter l'enregistrement. Pour corriger, si possible, projeter la carte et demander à un(e) élève de suivre l'itinéraire du doigt. Faire valider par la classe.

> **Transcription :**
> *Pour aller de la Bibliothèque nationale à chez moi, c'est facile : tu sors de la bibliothèque et tu tournes à droite sur le quai François Mauriac ; ensuite tu prends la première à gauche : le pont de Tolbiac. Tu traverses le pont et tu continues tout droit dans la rue Joseph Kessel. Quand tu arrives dans la rue de l'Ambroisie, tu tournes à droite : j'habite là, dans la rue de l'Ambroisie, à gauche.*

> **Corrigé :**
> Pour le trajet, voir transcription. Arrivée : à gauche, rue de l'Ambroisie.

As-tu des facilités pour t'exprimer ?

1 Faire lire la consigne. Proposer aux élèves de se mettre par deux ou trois pour faire l'activité. Mettre ensuite en commun les propositions des élèves.

> **Proposition de corrigé :**
> a. Brr, j'ai froid ! b. Tu es fatiguée ? c. J'adore la chimie. / Je veux être scientifique. d. De l'eau ! Je veux de l'eau ! / Je n'ai plus d'eau !! e. Bon appétit !

2 Faire lire la consigne. Laisser assez de temps aux élèves pour trouver les contraires et pour comparer leurs réponses à celles d'un(e) camarade. Demander ensuite à plusieurs élèves leurs réponses et les faire valider par la classe. Si possible, projeter les items et les barrer au fur et à mesure.

> **Corrigé :**
> a – 11 ; b – 2 ; c – 13 ; d – 1 ; e – 9 ; f – 7 ; g – 18 ;
> h – 8 ; i – 5 ; j – 4 ; k – 15 ; l – 16 ; m – 3 ; n – 12 ;
> o – 14 ; p – 6 ; q – 17 ; r – 10

3 Faire lire la consigne et les exemples. Laisser du temps aux élèves pour rédiger une phrase. Passer dans les rangs pour les aider. Faire lire les phrases obtenues. Ramasser les phrases pour les corriger. Proposer ultérieurement aux élèves de les afficher dans la classe.

4 Faire lire la consigne et le début de l'histoire. Suggérer aux élèves de prendre des notes pendant l'écoute. Puis faire écouter l'enregistrement. Laisser du temps aux élèves pour rédiger l'histoire. Faire lire plusieurs versions.

> **Proposition de corrigé :**
> … je dis bonjour à Papa. Je prends mon petit déjeuner. Je me douche. Je me lave les dents. Je dis au revoir à mes parents et pars au collège. Je prends le bus. J'arrive à l'école. Les cours commencent. Je mange à la cantine. Après les cours, je joue au basket. Le soir, je rentre à la maison.

Faire ensuite un bilan des activités avec les élèves en parlant de celles qui leur ont semblé être les plus faciles et les plus difficiles. Annoncer qu'ils vont apprendre de nouvelles techniques d'apprentissage au cours de l'année et qu'au fur et à mesure ils trouveront des manières d'apprendre qui leur conviennent.

▶▶▶ **Activités complémentaires :** Cahier p. 3-5

Ouvre tes oreilles !

MODULE 1

Objectifs du module

p. 11-22

Apprendre à…
- exprimer des goûts musicaux et des préférences
- donner une opinion et réagir à une opinion
- donner des conseils
- parler d'instruments, de styles musicaux et de musiciens

Pour…
- présenter ta sélection musicale
- donner ton avis sur l'attitude des fans
- justifier un choix
- organiser un concours

Grammaire
- le pronom *ça*
- l'impératif positif et négatif
- jouer *du, de la, de l', des*

Lexique
- les styles de musique
- les attitudes de fans
- les instruments de musique

Phonétique
- les mots étrangers

Culture
- les musiciens du métro

Discipline
- musique

Apprendre à apprendre
- Comment mémoriser ?

Ouverture

Inviter les élèves à ouvrir leur manuel p. 11 et à observer la page. Les laisser réagir librement. Puis, faire lire le titre du module. Demander aux élèves de montrer leurs oreilles et de trouver un verbe qui signifie la même chose que le titre. Si nécessaire, proposer trois verbes (par exemple : *regarde, écoute, montre*) et demander lequel correspond au titre (Réponse attendue : *écoute*).

1 Faire lire la consigne de l'exercice et demander aux élèves par deux ou trois de chercher le plus de mots possible à partir de l'illustration. Ils peuvent éventuellement se référer au lexique thématique p. 121 et essayer d'associer quelques mots inconnus à l'illustration.

Corrigé :
Mots connus depuis Adosphère 1 : la musique, une guitare, une batterie, un style de musique, une photo, chanter, Olivia Ruiz.
Autres mots (qu'il n'est pas obligatoire de donner si les élèves ne les connaissent pas) : un violon, une chanteuse, un micro, un danseur, danser, un casque, un lecteur mp3 (un Ipod), des notes de musique…

2 Faire lire la consigne de l'exercice. S'assurer que les élèves sont concentrés. Leur suggérer de fermer les yeux s'ils le souhaitent. Faire écouter l'enregistrement. Demander des réponses dès la fin de l'écoute. Si les élèves ont des difficultés à faire des propositions, faire réécouter puis donner des mots et leur demander s'ils correspondent à ce qu'ils ont entendu (par exemple : *des instruments de musique, une chanteuse, des applaudissements, un piano* – on n'entend pas de piano).

> **Infos**
> On entend quelques notes de *La Marseillaise*, l'hymne national français.
> Pour en savoir plus, consulter le site
> http://www.diplomatie.gouv.fr/fr/france_829/institutions-vie-politique_19079/symboles-republique-14-juillet_2615/marseillaise_5153.html

> *Corrigé :*
> Des musiciens qui accordent leurs instruments de musique (trompette, violons, harpe, hautbois, grosse caisse), voix (féminine) qui fait des gammes, une baguette qui tape sur quelque chose pour donner le départ, voix (masculine) qui compte, *La Marseillaise*, une radio, un morceau de musique (des Caraïbes), une chanteuse (Olivia Ruiz), un concert de rock, des applaudissements.

3 Faire lire la consigne. Avant de les laisser répondre, suggérer aux élèves de regarder également le contrat d'apprentissage.

> *Corrigé :*
> *Réponse minimale :* On va parler de musique.
> *Réponse enrichie :* On va parler de nos goûts musicaux, d'instruments de musiques, de musiciens et de fans.

4 Faire lire la consigne et laisser les élèves répondre. Éventuellement, prolonger la discussion sur la musique en demandant aux élèves s'ils en écoutent tous les jours, s'ils en font, s'ils vont à des concerts…

> *Corrigé :*
> Dans *Adosphère 1* : David Guetta, Olivia Ruiz, Diam's, BB Brunes.

Question de **style**

Inviter les élèves à ouvrir le manuel p. 12, à observer l'illustration en haut à droite et à dire ce qu'ils voient. Réponse attendue : *Les personnages sont dans un magasin de disques. Un homme (journaliste) pose des questions à un garçon. Des filles écoutent de la musique.*

1 Faire lire la consigne et s'assurer qu'elle est comprise. Faire écouter l'enregistrement puis corriger collectivement.

> **Transcription :**
> d. du rock – c. de la musique classique – b. du rap – e. de la variété – a. de la techno

> **Pour aller plus loin**
> Manuels fermés, faire imaginer par deux les questions que pose le journaliste. Mettre en commun les questions au tableau.

COMPRÉHENSION

2 Faire lire la consigne. Si nécessaire, préciser que Alban et Timothée sont des garçons, Oriane et Sara, des filles. Faire écouter l'enregistrement.

> *Corrigé :*
> a – 3 ; b – 1 ; c – 4 ; d – 2

> **Pour aller plus loin**
> • Vérifier si les questions proposées par les élèves avant l'écoute sont présentes dans le dialogue.
> • Faire écouter à nouveau pour chercher les informations suivantes : la question, le nom de la personne qui parle de ses parents, le nom de la personne qui parle de sa chambre, le nom de l'instrument de musique dont joue Sara (montrer des images de 3 instruments : violon, violoncelle, piano). …/…

LEÇON **1** 2 3 4 MODULE **1**

Réponses attendues : *Quelle musique écoutez-vous et à quel moment de la journée ?*, Oriane, Timothée, violoncelle.

Faire lire le tableau « Pour exprimer des goûts et des préférences » en silence. Puis, chercher à quel objectif du contrat d'apprentissage (p. 11) il correspond. Réponse : *le premier, « exprimer des goûts musicaux et des préférences ».*

3 Faire lire la consigne. Laisser les élèves faire des hypothèses sur les associations. Faire réécouter le dialogue, si nécessaire. Demander à un élève ses réponses et faire valider par le groupe. N'intervenir qu'en cas de besoin.

> **Corrigé :**
> a – 4 ; b – 2 ; c – 1 ; d – 3

6 Faire lire la consigne et les phrases. Préciser si nécessaire qu'un « morceau » est une chanson ou une partie d'un CD. Puis demander aux élèves d'écrire leurs réponses sur leur cahier et, quand ils ont fini, de les comparer rapidement avec celles d'un camarade. Mettre en commun oralement.

> **Corrigé :**
> **a.** Je n'aime pas cette musique ! **b.** J'adore cette musique ! / Je suis fan de cette musique ! **c.** Je ne suis pas fan de ce morceau ! / Je n'aime pas beaucoup ce morceau ! **d.** J'aime beaucoup cette chanson !

4 Faire lire la consigne et laisser assez de temps aux élèves pour trouver une action et un style musical. Si les élèves n'ont pas d'idées, leur suggérer de chercher des actions dans la transcription du dialogue.
Si la classe compte plus de douze élèves, la scinder en deux sous-groupes qui feront l'activité en autonomie partielle. Rappeler les règles de travail en sous-groupe : il faut parler doucement, chacun son tour et tout le monde doit pouvoir s'exprimer. Après l'activité, faire un retour rapide sur le respect de ces règles.

> **Proposition de corrigé :**
> *Réponses libres.*

Pour aller plus loin

Passer des extraits de CD d'artistes francophones et demander aux élèves d'exprimer leurs goûts.

▶▶▶ **Activités complémentaires :** Entraîne-toi nos 9 et 10, p. 21 ; Cahier nos 1, 2 et 3, p. 6

COMMUNICATION

5 **a.** Faire lire la consigne. Demander aux élèves de se mettre par deux pour compléter l'exercice sur leur cahier. Demander à quatre binômes de donner leurs réponses et faire valider par la classe.
b. Faire lire la consigne et faire chercher les réponses oralement par l'ensemble de la classe.

> **Corrigé :**
> **a.** 1. Alban : « *Moi, ma musique préférée, c'est le reggae.* » 2. Oriane : « *J'ai horreur du bruit.* » 3. Timothée : « *je n'aime pas mettre de la musique.* » 4. Sara : « *j'aime bien écouter des mélodies calmes.* »
> **b.** préférence : 1 – opinion positive : 4 – opinion négative : 2, 3

GRAMMAIRE

7 Faire lire la consigne et les items. Choisir l'une de ces procédures :
– faire réécouter le dialogue (piste 14) en faisant fermer le manuel et noter les expressions avec *Ça me / Ça m'* ;
– faire chercher par deux les expressions qui ne sont pas dans la transcription.
Mettre en commun les réponses.

> **Corrigé :**
> c – e

Faire lire en silence le tableau « Ça » et demander aux élèves de donner d'autres exemples.

8 Laisser les élèves répondre spontanément ou, pour encourager la prise de parole, les mettre par quatre pour répondre dans un premier temps à la question. Demander ensuite à quelques-uns de donner leur réponse devant toute la classe.

> **Proposition de corrigé :**
> *Réponses libres.*

Pour aller plus loin

Faire chercher dans la transcription du témoignage de Sara d'autres opinions et dire si elles expriment une préférence, une opinion négative ou positive. Réponses attendues : *J'adore* (opinion positive), *j'aime beaucoup* (opinion positive), *je préfère* (préférence).

▶▶▶ **Activités complémentaires :** Entraîne-toi n° 1, p. 20 ; Cahier n° 4, p. 6

PHONÉTIQUE

9 a. Faire lire la consigne. Demander aux élèves de lire silencieusement les items avec la prononciation française, puis demander à des volontaires de les lire à voix haute avec la prononciation de leur langue maternelle, éventuellement de l'anglais (si les élèves connaissent cette langue) et enfin avec celle du français.
b. Faire écouter l'enregistrement pour vérifier. Faire répéter les items par quelques volontaires.

Pour aller plus loin

Éventuellement, faire chercher d'autres mots « internationaux » et valider leur prononciation en français. Exemples à adapter selon les langues connues des élèves : sports (*tennis, basket-ball, ski*) ; alimentation (*restaurant, croissant*)…

10 Pour dynamiser la classe, demander aux élèves de se lever et de chercher dans la classe un autre élève qui a la même préférence que lui / elle. Circuler dans la classe et contrôler la prononciation des styles musicaux.
Faire asseoir les élèves et leur demander le nom de la (des) personne(s) qui a (ont) la même préférence et le même style musical qu'eux.

11 Faire réécouter l'enregistrement et demander aux élèves de donner leur opinion en sous-groupes de 3 à 4 élèves. Puis un élève viendra résumer les goûts des membres de son groupe.

Pour aller plus loin

Faire élire le style préféré de la classe.

12 Préparation de la tâche
Faire lire la consigne et préciser les différentes étapes demandées :
1. chercher (à la maison) 2 ou 3 chansons ou morceaux ;
2. trouver leur style (exercices 2, 9, 10), leur titre, le(s) nom(s) de(s) artiste(s) ;
3. associer à un effet (exercices 7, 8), dire de façon variée qu'on l'aime (exercices 5, 6), associer à une action (exercice 4) ;
4. ajouter quelques mots d'ouverture et de clôture. Exemple : *Je vais vous présenter ma sélection musicale… / Voici ma sélection musicale… Avez-vous des questions ? / Que pensez-vous de ma sélection ? / Merci de m'avoir écouté(e)* ;
5. s'entraîner à présenter sa sélection à l'aide de la grille d'auto-évaluation à photocopier ou à faire recopier.

Je présente 2 ou 3 chansons ou morceaux : ....

	oui	non	remarque
Je dis leur style, leur titre et le(s) nom(s) de(s) l'artiste(s).			
Je dis de façon variée que j'aime ces morceaux et quels effets ils ont sur moi.			
Je dis ce que je fais quand je les écoute.			
J'utilise une formule pour commencer et une autre pour finir.			
Je parle fort et je regarde le public.			

Présentation individuelle
Scinder la classe en sous-groupes : 6 élèves présentent à tour de rôle leur sélection, le reste de la classe travaille dans le calme et **en autonomie** sur le Cahier d'activité ou le CD-rom, lit en français ou fait des recherches en français sur Internet. Pendant qu'un élève présente sa sélection, les cinq autres écoutent et complètent la grille de co-évaluation de la page suivante.

LEÇON 1 [2] 3 4 MODULE 1

Je présente 2 ou 3 chansons ou morceaux : ....
....

	oui	non	remarque
Tu dis leur style, leur titre et le(s) nom(s) de(s) l'artiste(s).			....
Tu dis de façon variée que tu aimes ces morceaux et quels effets ils ont sur toi.			....
Tu dis ce que tu fais quand tu les écoutes.			....
Tu utilises une formule pour commencer et une autre pour finir.			....
Tu parles fort et tu nous regardes.			....

Utiliser également cette grille pour évaluer et ajouter une rubrique : *La prochaine fois, pense à…* Et indiquer un ou deux aspects (pas plus) qui demandent une attention particulière de la part de l'élève.

Retour sur les productions et l'attitude
S'assurer que chacun a bien compris ce qui a été réussi et ce qui doit être amélioré lors de la présentation suivante. Faire également un retour sur l'attitude de la classe en général pendant la co-évaluation et le travail en autonomie.

Pour aller plus loin
Proposer à chaque élève de le filmer pour qu'il / elle mette cette présentation dans le dossier de son portfolio.

La fan attitude, c'est grave ?

Inviter les élèves à ouvrir leur manuel p. 14, à observer les illustrations et les commenter. Réponse attendue : *On voit le groupe BB Brunes, une fille et une guitare* (reformuler sans insister sur la construction du verbe *jouer* : *Une fille qui joue de la guitare.*), *une photo et un CD d'Olivia Ruiz.*

1 Faire lire la consigne et répondre soit collectivement si les élèves participent spontanément, soit par groupes de 2 ou 3 élèves et procéder à une mise en commun rapide.

COMPRÉHENSION

2 Faire lire la consigne et inviter les élèves à lire en silence le document. Éventuellement, préciser que la réponse se trouve dans le document.

> Corrigé :
> Un forum.

3 Lire la consigne et les items. **Attention :** le prénom *Baptiste* se prononce « Batiste » ! Pour s'assurer que la consigne est comprise, donner un exemple qui n'est pas dans le texte pour a. (*C'est nul !*), b. (*Oui, c'est bien !*), c. (*Fais attention !*). Demander aux élèves de faire l'exercice individuellement et rapidement puis de comparer leurs réponses avec celles de leur camarade. Quand tous ont fini, demander à des élèves à tour de rôle de donner leurs réponses. Faire valider par la classe.

> **Corrigé :**
> a. Yanis, Lena, Romane – b. Camille, Maxime – c. Lena, Romane, Camille – d. Romane

LEXIQUE

4 Faire lire la consigne et les items ; expliquer les mots incompris. Puis demander aux élèves de travailler d'abord individuellement en s'aidant du document et ensuite de comparer leurs réponses. Corriger collectivement en faisant valider les réponses par le groupe.

> **Corrigé :**
> a – 3 ; b – 1 ; c – 5 ; d – 2 ; e – 6 ; f – 4

Pour aller plus loin

Pour dynamiser la classe et si les élèves ne sont pas trop nombreux, faire un cercle. Un élève se place au milieu et dit un verbe de l'exercice. Les autres, à tour de rôle et le plus vite possible, disent un mot en rapport avec la thématique ou non. Celui / Celle qui répète un mot déjà dit ou qui ne trouve pas de nouveau mot est éliminé(e).
Si les élèves sont nombreux, laisser les élèves à leur place et désigner l'élève qui doit parler. L'ambiance doit rester conviviale.

5 Faire lire la consigne. Si les élèves participent spontanément, mener l'activité avec toute la classe. Si, au contraire, ils ont des difficultés à participer, les placer par trois pour répondre aux questions. Passer dans la classe et valoriser les productions – c'est-à-dire porter davantage votre attention sur ce qui est réussi que sur les erreurs – et apporter du lexique complémentaire, si nécessaire ou inviter les élèves à consulter un dictionnaire bilingue. Procéder à une mise en commun rapide, toujours en valorisant les productions et en facilitant la spontanéité des élèves.

▶▶▶ **Activité complémentaire :** Entraîne-toi n° 5, p. 20

COMMUNICATION

6 a. Faire lire la consigne. Demander aux élèves de compléter les phrases le plus rapidement possible et sans erreur. Le premier / La première qui réussit gagne un prix symbolique et amusant : *Notre Admiration Sans Borne* ; son prénom inscrit sur le *Mur de la Gloire*… En profiter pour valoriser avec humour les élèves qui manquent de confiance en eux.
b. Faire lire la consigne et les items par des élèves différents. Faire valider les réponses par le groupe.

> **Corrigé :**
> a. 1. Je *trouve* ça bizarre ! 2. Je *pense* que c'est ridicule ! 3. Je *crois* qu'être fan de quelqu'un, c'est normal ! 4. A mon *avis*, Baptiste ne fait de mal à personne.
> b. 1. d'accord – 2. pas d'accord – 3. pas d'accord

Faire lire le tableau en silence et, si nécessaire, répondre aux questions des élèves.

7 a. Faire lire la consigne et, si les élèves le peuvent, leur faire identifier de qui chaque personnage est fan.
b. Demander aux élèves de se mettre par 4 et de choisir les deux illustrations qu'ils veulent commenter en utilisant les expressions de l'encadré. Mettre en commun rapidement et toujours en valorisant les productions.

> **Corrigé :**
> a. 1. Hello Kitty – 2. Michael Jackson – 3. Thierry Henry – 4. le Capitaine Jack Sparrow, interprété par Johnny Depp
> b. *Réponses libres.*

8 Faire lire la consigne et les items. Laisser du temps aux élèves pour répondre individuellement. Puis mettre rapidement quelques réponses en commun, sans porter de jugement sur les opinions exprimées.

> **Corrigé :**
> *Réponses libres.*

▶▶▶ **Activités complémentaires :** Entraîne-toi nos 11 et 12, p. 20 ; Cahier n° 1, p. 7

GRAMMAIRE

9 Faire lire la consigne et l'exemple qui, si possible, sera recopié au tableau ou projeté pour que tous les élèves puissent observer les transformations

effectuées. Faire souligner ces transformations par un élève.
Laisser du temps aux élèves pour faire l'exercice individuellement sur un cahier et comparer leurs réponses avec celles de leur camarade. Ensuite, faire écrire chaque réponse au tableau par un élève et faire valider la phrase obtenue par la classe.

> Corrigé :
> a. Essaie de varier les thèmes de conversation.
> b. Fais attention.
> c. Sois naturel.
> d. Ne te cache pas derrière une idole.

Faire lire le tableau. Attirer l'attention des élèves sur l'impératif de *être* et leur rappeler qu'ils peuvent consulter le tableau de conjugaison, p. 118-119.

10 Laisser assez de temps aux élèves pour faire l'exercice individuellement sur un cahier et pour comparer leurs réponses avec celles de leur camarade. Faire écrire les phrases obtenues au tableau et les faire valider par la classe.

> Corrigé :
> a. Change ta personnalité. b. Garde du temps pour ta famille. c. Ne parle pas tout le temps de ton idole. d. Ne dépense pas tout ton argent pour acheter des CD. e. Ne colle pas des posters dans toute la maison. f. Ne parle pas seulement de ton idole et n'ennuie pas tes copains. g. Ne t'habille pas comme ton idole.

▶▶▶ **Activités complémentaires :** Entraîne-toi nos 2 et 3, p. 20 ; Cahier nos 2 et 3, p. 7

 **11** Préparation de la tâche
Faire lire la consigne et préciser les différentes étapes demandées :
1. donner son avis : *Es-tu d'accord avec Baptiste ?* Faire rappeler les actes de paroles utiles ;
2. parler d'une expérience de fan : *Qui ? De qui est-il / elle fan ? Quelle est son attitude ?* Cela peut être sa propre expérience, celle d'un(e) ami(e) ou une expérience que l'on invente ;
3. donner des conseils, rappeler que l'on peut s'inspirer du document et de l'exercice 10 ;
4. distribuer la grille pour l'auto-évaluation et si nécessaire, l'expliciter.

Je participe au forum.	oui	non	remarque
Je donne mon avis.			
Je parle d'une expérience de fan.			
Je donne des conseils à Baptiste.			
J'utilise un vocabulaire précis et je conjugue correctement les verbes à l'impératif.			
Je respecte les règles d'orthographe du français.			

Mise en œuvre
Laisser suffisamment de temps aux élèves pour écrire leur production, passer parmi eux pour les soutenir et aider ceux qui en ont le plus besoin. Quand les élèves sont prêts, leur demander de se mettre par trois et de co-évaluer leurs productions à l'aide de la grille de la page suivante et de corriger ensemble le plus d'erreurs possible.
Procéder à une évaluation. Autant que possible adopter un code pour corriger les productions écrites afin que les élèves comprennent facilement s'ils ont fait une erreur lexicale, grammaticale, importante ou pas… Utiliser la grille d'évaluation et ajouter la rubrique *La prochaine fois, pense à…*
Faire recopier les productions, si possible sur un ordinateur, pour pouvoir présenter toutes les productions sous la forme d'un forum. Demander à des élèves volontaires (ou désignés, par exemple ceux qui ont fini plus tôt que les autres) d'illustrer les productions obtenues.

Tu participes au forum.	oui	non	remarque
Tu donnes ton avis.			....
Tu parles d'une expérience de fan.			....
Tu donnes des conseils à Baptiste.			....
Tu utilises un vocabulaire précis et tu conjugues correctement les verbes à l'impératif.			....
Tu respectes les règles d'orthographe du français.			....

Pour aller plus loin

Garder une trace (photocopie, impression, photographie) de la production pour la placer, si l'élève le souhaite, dans le dossier de son portfolio.

Retour sur les productions et l'attitude
Faire un retour collectif à partir des erreurs les plus courantes et les plus importantes. Afficher les productions dans la classe ou à l'extérieur de la classe ou bien, idéalement, les publier sur le blog de la classe.

LEÇON 3 — Ouvre tes oreilles ! C'est du **violon** que je veux **jouer** !

Inviter les élèves à ouvrir leur manuel p. 16 ou projeter l'illustration au tableau. La faire observer et demander aux élèves de la commenter. Que voient-ils ? (*Un garçon et un homme âgé dans une chambre.*) Qui peuvent être les personnages ? (*Un grand-père et son petit fils ?*) Quel instrument tient le personnage âgé dans ses mains ? (*Un violon.*) Faire lire le titre de la leçon et demander quel personnage peut dire cette phrase. Laisser les élèves émettre des hypothèses.

1 Faire lire la consigne et faire énumérer le plus d'instruments possible (sans regarder la p. 17). Faire noter par un ou plusieurs élèves le nom de ces instruments au tableau. Faire ensuite classer les instruments en instruments « classiques » et instruments « modernes ».
Puis laisser les élèves répondre spontanément à la question concernant leurs préférences.

COMPRÉHENSION

 Préparation possible : Lire l'introduction en italique à voix haute. Demander aux élèves de fermer leurs manuels, d'écouter l'enregistrement et d'accepter de ne pas tout comprendre.
Ne pas poser de question de compréhension après cette écoute qui a pour but de préparer les élèves à la compréhension de l'écrit.

Ensuite, faire lire le texte à voix basse individuellement. Quand les élèves se sentent prêts, ils peuvent faire en autonomie les questions de compréhension 2 à 4 puis comparer leurs réponses avec celles d'un camarade.
Leur demander des réponses rédigées.
Mettre les réponses en commun.

LEÇON 1 2 3 4

2 Faire lire chaque item par un élève puis lui demander de répondre. Validation par la classe.

> **Corrigé :**
> **a.** Le grand-père de Malik. **b.** Baba demande à Malik d'apprendre à jouer du violon parce que, dans la famille, ils ont toujours joué du violon et qu'il n'y a que lui qui peut apprendre (lignes 4-5). **c.** Il doit apprendre les notes, le solfège, le violon (lignes 5-6). **d.** Malik a 11 ans. Le professeur considère que c'est bien trop tard pour apprendre le violon (lignes 22-23).

3 Demander aux élèves de justifier avec des éléments du texte.

> **Corrigé :**
> **a.** Faux. Son grand-père lui est apparu « dans un rêve » (introduction). **b.** Faux. « Est-ce que j'en joue, moi ? » (lignes 14-15) **c.** Faux. « Mais c'est du violon que je veux jouer, moi ! » (ligne 24)

4 Faire lire chaque item par un élève puis lui demander de dire si c'est un des arguments du professeur. Validation par la classe.

> **Corrigé :**
> **b.** (lignes 22-23) – **c.** (ligne 20) – **d.** (lignes 13-14) – **f.** (ligne 21)

5 Faire en commun une liste des arguments possibles pour ne pas aimer un instrument : parce que c'est bruyant, parce que c'est difficile, parce que c'est classique, parce que c'est moderne, parce que mon frère aime ça…
Laisser les élèves préparer leur réponse. Puis faire une mise en commun. Valoriser toutes les productions.

LEXIQUE

6 Demander aux élèves de se concentrer pour l'exercice d'écoute. Faire lire la consigne et les items. Faire écouter l'enregistrement. Demander leurs réponses aux élèves et les faire valider par la classe. Faire réécouter, si besoin.

> **Transcription :**
> 1. un synthétiseur – 2. une batterie – 3. une guitare électrique – 4. un piano – 5. une trompette – 6. un violon

> **Corrigé :**
> Voir transcription.

7 Faire lire les deux questions et laisser les élèves répondre spontanément.

Pour aller plus loin
Utiliser un dictionnaire visuel pour enrichir le lexique des instruments de musique. Demander un poster à un collègue, enseignant la musique, et faire chercher les noms en français des instruments qui figurent sur le poster.

8 Révise ton cours de musique
Faire lire la consigne et expliquer les mots à l'aide des dessins, demander des réponses spontanées et les faire valider par la classe.

> **Corrigé :**
> **a.** un piano, un violon, une guitare électrique –
> **b.** une trompette – **c.** une batterie

Infos
Les collections du musée des Instruments de musique de Bruxelles :
http://www.mim.be/fr/les-collections
La médiathèque de la Cité de la musique à Paris
http://mediatheque.cite-musique.fr/masc/default.asp?INSTANCE=CITEMUSIQUE (rubrique : Dossiers pédagogiques > instruments du musée et guides d'écoute)

▶▶▶ **Activités complémentaires :** Entraîne-toi n°s 6 et 7, p. 20 ; Cahier n° 1, p. 8

Pour aller plus loin
Proposer aux élèves de faire des posters d'instruments de musique originaux, anciens…

GRAMMAIRE

9 Choisir l'une de ces démarches :
1. Faire lire la consigne puis laisser le temps aux élèves de faire par deux l'exercice. Demander leurs réponses à trois binômes différents et faire valider par le groupe. Puis faire lire le tableau en silence.
2. Projeter l'exercice seul. Faire d'abord chercher les réponses par la classe. Puis demander aux élèves de trouver la règle par deux. La faire formuler par un binôme et faire valider par le groupe. Puis faire lire le tableau en silence.

> **Corrigé :**
> a. Je sais que je dois jouer *du* violon, comme lui.
> b. On peut aimer la musique sans forcément jouer *d'*un instrument. c. Tu pourrais jouer *du* piano ou *de la* guitare !

10 Faire lire la consigne et les phrases. Puis demander aux élèves de chercher silencieusement la réponse. Validation en commun au tableau.

> **Corrigé :**
> a. en = du violon – b. en = du violon

Après la validation, faire lire à haute voix le tableau et demander aux élèves de trouver d'autres exemples. Leur donner et expliquer la structure : *pratiquer un instrument*.

11 a. et b. Faire lire la consigne et laisser les élèves répondre spontanément.

> **Corrigé :**
> a. 1. Lady Gaga / Elle joue du piano.
> 2. Tom Kaulitz / Il joue de la guitare.
> b. Réponses libres.

▶▶▶ **Activités complémentaires :** Entraîne-toi n° 4, p. 20 ; Cahier n° 2, p. 8

Pour aller plus loin

Projeter des photos de musiciens connus des élèves – éventuellement en demandant le soutien du collègue qui enseigne la musique – et leur demander de formuler une phrase.

12 Préparation de la tâche
Faire lire la consigne, constituer des binômes (par tirage au sort ou par affinité selon l'ambiance qui règne dans la classe) et préciser les différentes étapes demandées :
1. se mettre d'accord sur l'instrument (exercices 6, 11) ;
2. trouver les arguments du père / de la mère contre cet instrument (exercices 4, 5) ;
3. se mettre d'accord sur la réaction de l'adolescent et éventuellement rappeler quels sont les actes de parole nécessaires pour refuser, justifier et dire pourquoi ;
4. s'entraîner à jouer la scène à l'aide de la grille d'auto-évaluation à photocopier ou à faire recopier.

Je joue une scène avec ....

	oui	non	remarque
Je respecte le sujet.			....
J'utilise le lexique et la structure *jouer de* + instrument de musique correctement.			....
Je joue la scène avec spontanéité : je sais ce que je dois dire, je parle en français, je ne lis pas sur une feuille, j'aide mon camarade.			....
Je parle assez fort.			....

Présentation des scènes
Scinder la classe en sous-groupes : 5 binômes présentent leur scène les uns après les autres, le reste de la classe travaille dans le calme et en autonomie.

Pendant qu'un binôme joue la scène, un deuxième binôme évalue celui qui joue l'adolescent et un troisième évalue celui qui joue le père ou la mère.

LEÇON 1 2 3 [4] MODULE 1

Tu joues une scène avec	oui	non	remarque
Tu respectes le sujet.			
Tu utilises le lexique et la structure *jouer de* + instrument de musique correctement.			
Tu joues la scène avec spontanéité : tu sais ce que tu dois dire, tu parles en français, tu ne lis pas sur une feuille, tu aides ton camarade.			
Tu parles assez fort.			

La prochaine fois, pense à…

Pour aller plus loin

Proposer aux élèves de se filmer pour garder une trace de leur production et la placer, s'ils le souhaitent, dans le dossier de leur portfolio.

Retour sur les productions et l'attitude
S'assurer que chacun a bien compris ce qui a été réussi et ce qui doit être amélioré lors de la présentation suivante. Faire également un retour sur l'attitude de la classe en général pendant la co-évaluation et le travail en autonomie.

Musique en sous-sol

1 Faire lire la consigne, observer l'illustration et répondre rapidement.

> **Corrigé :**
> Le métro(politain) à Paris.

2 Faire lire la consigne et les questions aux élèves. Les prévenir qu'ils ne comprendront pas tout mais qu'ils essaient de noter les réponses comme ils le peuvent. Éventuellement, expliciter les mots inconnus : *ligne* et *station*, montrer un plan du métro parisien (pour télécharger le plan du métro parisien: http://www.ratp.fr/informer/pdf/orienter/f_plan.php?loc=reseaux&nompdf=metro&fm=pdf).

Demander aux élèves de se concentrer pour écouter un enregistrement court. Les prévenir qu'ils l'écouteront deux fois : une première fois pour répondre aux questions de l'item a, une deuxième fois pour répondre aux questions de l'item b Passer une première fois l'enregistrement. Laisser du temps aux élèves pour répondre aux questions de l'item a. et pour comparer leurs réponses à celles d'un camarade. Quand ils sont tous prêts, passer une deuxième fois l'enregistrement. Leur laisser du temps pour comparer leurs réponses. Procéder à la correction. Noter les réponses au tableau en sollicitant la classe. Éventuellement, procéder à une troisième écoute en projetant la transcription pour rassurer les élèves qui en auraient besoin.

Corrigé :
a. 1. Exposition Universelle (de 1900) 2. une ville dans la ville 3. Lire un poème, regarder une exposition, écouter de la musique.
b. 1 – b 14 ; 2 – c 380 ; 3 – b 4,8 millions

Transcription :
Le métro parisien est un des premiers au monde. Il a ouvert pour l'Exposition Universelle de 1900. Aujourd'hui, avec ses 14 lignes, ses 380 stations et ses 4,8 millions de voyageurs par jour, c'est une véritable ville sous la ville. La plupart des gens y passent rapidement. Pourtant, parfois, ils s'arrêtent dans un couloir pour lire un poème, regarder une exposition ou écouter de la musique…

3 Faire lire silencieusement la consigne, les items et les documents. Laisser assez de temps aux élèves. Puis procéder à la correction.

Corrigé :
a. Faux (doc A : *seul(e)s*) – b. Vrai (doc C : *toutes les cultures musicales ; toutes les nationalités*) – c. Faux (doc C : *17 % classique*) – d. Vrai (doc C : *la RATP organise deux auditions… Après chaque audition, 300 personnes obtiennent le badge « Musiciens du métro » qui leur donne l'autorisation de jouer dans les couloirs du métro*) – e. Vrai (doc C : *le badge « Musiciens du métro » qui leur donne l'autorisation de jouer dans les couloirs du métro pour une période de six mois*)

4 Faire lire la consigne et laisser les élèves réagir spontanément.

5 Faire lire la consigne et demander aux élèves de répondre à la question en sous-groupes de trois à quatre élèves. Quand tout le monde a échangé dans un groupe, demander aux élèves de se lever et de changer de groupe (rapidement et calmement).
Passer dans les groupes pour veiller à ce que les élèves respectent la consigne et échangent en français. Ne pas hésiter à prendre des notes pendant l'observation.
Faire un récapitulatif oral à la fin de l'activité.
Faire un retour sur le respect de la consigne et l'attitude pendant l'activité.

6 Faire lire la consigne et les documents puis solliciter des réponses spontanées.

7 Faire lire la consigne oralement puis demander aux élèves de lire le document et les questions seuls avant d'y répondre avec un camarade. Procéder à la correction en faisant valider les réponses par la classe.
Attention : ici le mot *campagne* doit être compris dans le sens *campagne publicitaire*, c'est-à-dire une action de promotion pour un service ou un produit !

Corrigé :
a. – 1 ; b. – 3 ; c. « cliquez ici » ; d. envoyer une reprise d'un morceau de Keziah Jones

▶▶▶ **Activités complémentaires :** Cahier p. 9

à ton tour !

8 **Préparation de la tâche**
Faire lire la consigne, constituer des groupes de trois et préciser les différentes étapes demandées :
1. se mettre d'accord sur la date du concours, l'instrument choisi, le musicien / la musicienne célèbre, ce qu'il faut faire, le prix à gagner ;
2. préparer une / des grande(s) feuille(s) de papier, des feutres, trouver des illustrations ;
3. selon l'instrument choisi, chercher le nom de la personne qui en joue (exemple : *guitare → guitariste*) ;
4. écrire d'abord le texte au brouillon et demander une correction de l'enseignant.

ENTRAÎNE-TOI

Je fabrique l'affiche d'un concours avec	oui	non	remarque
Je travaille en collaboration.			
Je travaille calmement.			
Je respecte la consigne.			
J'écris en respectant les règles d'orthographe.			
Nous produisons une affiche qui respecte les règles graphiques (utilisation de la surface, écriture lisible, caractères de différentes tailles, illustrations).			

Mise en œuvre
Passer parmi les groupes pour répondre aux questions, apporter des corrections et observer les comportements. Prendre des notes.
Placarder les affiches et prendre des photos pour que les élèves en conservent une trace qui pourra être placée dans le dossier de leur portfolio.

Pour aller plus loin
Faire élire les trois meilleures affiches qui seront exposées à l'extérieur de la classe.

Retour sur les productions et l'attitude
Faire également un retour sur la coopération dans les sous-groupes et la mise en œuvre de la tâche.

GRAMMAIRE

Ça

1 L'exercice peut être réalisé en autonomie puis corrigé collectivement. Pour corriger, projeter, si possible, l'exercice pour le faire compléter par un élève et faire valider les réponses par la classe.

Corrigé :
a. Le soir avant de dormir, écouter de la musique, *ça* me calme. b. Écouter de la musique, *c'est* mon activité préférée. c. La musique, *ça* m'aide à mémoriser. d. La musique classique, *c'est* la musique préférée de ma mère. e. *Ça* me donne de l'énergie, la musique pop !

L'impératif

2 Démarche identique à celle de l'exercice 1.

Corrigé :
a. Écoutez des styles de musique variés ! b. Ne fais pas tes devoirs avec de la musique ! c. N'écoute pas la musique très fort ! d. Ne sois pas ridicule !

3 a. Faire lire la consigne et observer les illustrations. Prévenir les élèves qu'il n'y aura qu'une seule écoute. Procéder à l'écoute. Demander à un(e) élève ses réponses et faire valider par la classe.

Corrigé :
Message 1 – c ; Message 2 – b ; Message 3 – d ; Message 4 – e

> 1. Je n'ai pas de copains dans ma classe. Moi, je suis fan de hard-rock mais personne n'aime ça. Qu'est-ce que je peux faire ?
> 2. Je voudrais aller au prochain concert d'Alizée avec des copines mais mes parents ne veulent pas payer la place. Qu'est-ce que je peux faire ?
> 3. Mes parents disent que j'écoute la musique trop fort et qu'ils vont m'interdire d'en écouter !
> 4. Apprendre par cœur, c'est difficile pour moi. Quel conseil me donnes-tu ?

b. Faire lire la consigne et demander aux élèves par deux de donner un conseil à chaque ado. Noter les propositions au tableau et les faire valider par la classe.

> **Proposition de corrigé :**
> **a.** Fais une chanson avec les mots et les phrases à apprendre. **b.** Demande à tes parents / une amie de venir avec toi. **c.** Joue dans un groupe. / Trouve des musiciens qui aiment le rock. **d.** N'écoute pas la musique très fort.

Jouer de + instrument de musique

4 Démarche identique à celle de l'exercice 1.

> **Corrigé :**
> Dans notre groupe, nous jouons de la batterie, de l'accordéon, des percussions, du synthétiseur et de la guitare. *(Les instruments peuvent être placés dans un ordre différent.)*

LEXIQUE

Les attitudes de fans

5 Laisser les élèves travailler individuellement. Passer parmi eux pour corriger et valider. Faire lire plusieurs propositions et valider par la classe. Demander à un(e) élève de noter au tableau une version collective.

> **Proposition de corrigé :**
> Dans la chambre de Manon, il y a des posters, des CD et des places de concert de groupes de rock et une guitare électrique. Le week-end, elle joue de la guitare électrique dans un groupe de rock. Elle parle tout le temps d'eux et s'habillent comme eux.

Les instruments de musique

6 Démarche identique à celle de l'exercice 1.

> **Corrigé :**
> **a.** un piano – **b.** une guitare – **c.** un accordéon – **d.** une batterie

7 Faire lire la consigne et demander aux élèves de se mettre par groupes de cinq pour imiter chacun un(e) artiste différent.

Les métiers de la musique

8 Démarche identique à celle de l'exercice 1.

> **Corrigé :**
> a – 3 ; b – 4 ; c – 2 ; d – 1

COMMUNICATION

Exprimer des goûts et des préférences

9 Démarche identique à celle de l'exercice 3 a. Suggérer aux élèves de classer les styles puis de faire les associations.

> **Transcription :**
> La musique classique, oui, c'est bien… Pour aller au collège le matin, j'écoute de la musique pop, c'est super ! Mais ma musique préférée, c'est celle de David Guetta. Je collectionne ses CD et je suis déjà allé deux fois à ses concerts. Il est génial. Le reggae et le hard-rock ? J'ai horreur du reggae et le hard-rock, bof, je ne suis pas fan !

> **Corrigé :**
> a – 1 ; b – 4 ; c – 3 ; d – 5 ; e – 2

10 Faire lire la consigne et demander aux élèves de se mettre par trois pour réagir spontanément aux différents items. Faire une mise en commun.

Donner son opinion

11 Démarche identique à celle de l'activité 10. Changer les membres des groupes.

Réagir à une opinion

12 Démarche identique à celle de l'exercice 1.

> **Corrigé :**
> **a.** Xavier : Je n'ai pas écouté le nouvel album de Manu Chao. Ahmed : Moi si ! **b.** Thomas : Je vais / suis allé au concert des BB Brunes. Florence : Pas moi. **c.** Astrid : J'aime beaucoup la musique classique. Clara : Moi aussi.

Évaluation DELF — Module 1

🏆 Champion !

13 Démarche identique à celle de l'exercice 1.

> **Corrigé :**
> *du* synthé – *d'un* instrument – *de la* guitare – *ça* me plaît beaucoup – *Moi aussi* – *j'en* joue – jouer *des* percussions – Non, *pas moi* – *c'est* génial

PHONÉTIQUE

Les mots étrangers

14 Proposer aux élèves de fabriquer deux étiquettes au format A5, d'y écrire un « F » pour francophone et un « A » pour anglophone. Lors de l'écoute, ils devront montrer l'étiquette qui correspond à ce qu'ils entendent. Faire écouter l'enregistrement et montrer les bonnes étiquettes en guise de correction.

> **Corrigé :**
> Voir transcription.

> **Transcription :**
> *a.* (anglophone) *le rock and roll ; b.* (francophone) *le R&B ; c.* (francophone) *le heavy metal ; d.* (anglophone) *le rap ; e.* (anglophone) *le reggae ; f.* (francophone) *le rap ; g.* (anglophone) *le heavy metal ; h.* (francophone) *le reggae ; i.* (francophone) *le rock and roll ; j.* (anglophone) *le R&B.*

apprendre à apprendre

Voir Introduction méthodologique p. 7 et 10.

1. En début d'année, commencer par demander aux élèves, en langue maternelle, de lister les techniques et stratégies qu'ils utilisent pour apprendre une langue en général, et le français en particulier. Puis, pour chaque rubrique au fil de l'année (une par module), leur demander de dire ce qu'ils mettent en œuvre pour chaque thème abordé (comment mémoriser, nommer et comprendre des mots inconnus, organiser son apprentissage…).
2. Sous la dictée des élèves, établir une liste au tableau ou mieux sur une grande feuille qui restera affichée dans la classe et pourra être enrichie.
3. Faire compléter la liste obtenue avec celle du manuel.
4. Distribuer à chacun une photocopie de la liste obtenue et, si possible, l'afficher en classe.
5. Compléter la liste au fur et à mesure des modules tout le long de l'année en reprenant les étapes 1 à 4 à chaque fois.
6. Se référer régulièrement au cours des apprentissages aux listes établies ensemble et faire le point sur leur utilisation !

Évaluation DELF

🎧 Compréhension de l'oral

Mettre les élèves en situation d'examen, sans pour autant leur imposer une pression inutile mais, au contraire, en leur présentant ce moment comme une occasion de montrer ce qu'ils sont maintenant capables de faire en français.

1 Demander aux élèves de lire la consigne et les phrases proposées puis de se concentrer pour l'écoute. Préciser qu'il y aura une autre écoute pour l'exercice suivant.

> **Transcription :**
> *Zoé : Allô, Timothée ?*
> *Timothée : Salut, Zoé !*
> *Zoé : Je voudrais faire un groupe pour le concert du collège en décembre. Moi, je joue du violon. Et toi, ça t'intéresse de jouer de la guitare ?*
> *Timothée : De la guitare, bof, je n'en joue plus. Je préfère faire du rap. Le rap, c'est super !*
> *Zoé : Tu préfères chanter ? Bon… ok pour le rap !*
> *Timothée : Demain, j'appelle Louis pour la guitare.*
>
> *Timothée : Louis, tu veux bien jouer de la guitare ? C'est pour jouer au concert du collège.*
> *Louis : Pas de problème ! Participer au concert, c'est super ! Avec plaisir !*
> *Timothée : OK, merci Louis. Appelle Thibaut. Je crois qu'il joue du synthétiseur.* …/…

> *Louis : Alors, Thibaut, qu'est-ce que tu en penses ?*
> *Thibaut : Du synthétiseur ? Pourquoi pas mais je joue des percussions aussi. Qu'est-ce que tu préfères ?*
> *Louis : Comme tu veux !*
> *Thibaut : Des percussions alors.*
> *Louis : Parfait ! À mercredi, pour la première répétition, alors…*

Corrigé :
c. et **d.** *(0,5 point par réponse correcte)*

2. Procéder à une nouvelle écoute puis demander aux élèves de répondre à la question.

Corrigé :
a. (jouer du) violon – **b.** chanter – **c.** (jouer de la) guitare – **d.** (jouer des) percussions
(0,5 point par réponse correcte – ne pas exiger ce qui est entre parenthèses)

🗣 Production orale

3. Si possible, évaluer les élèves individuellement pendant que les autres travaillent en autonomie. Une autre possibilité est de demander aux élèves de s'enregistrer sur un ordinateur et d'envoyer leur production pour qu'elle soit évaluée.
Le logiciel Audacity, gratuit et facile d'installation, permet de s'enregistrer et d'écouter les enregistrements avec beaucoup d'aisance.

Grille pour l'évaluation

Respect de la consigne : – acceptation ou refus ; – expression de l'opinion.	0	0,5	1	1,5	2
Lexique.	0	0,5	1		
Construction des phrases et respect des règles de grammaire.	0	0,5	1		
Phonologie et fluidité.	0	0,5	1		

📖 Compréhension des écrits

4. Laisser les élèves travailler individuellement, en autonomie et sans aide.

Corrigé :
a. Vrai – **b.** Faux – **c.** Vrai – **d.** Vrai – **e.** Faux – **f.** Vrai
(0,5 point par réponse correcte)

5.
Corrigé :
Âge : selon année, en 2011 : 32 ans – en 2012 : 33 ans – en 2013 : 34 ans…
Lieu de naissance : Marseille
Métier : chanteur-auteur-compositeur
Style : rap
Chansons connues : *La Colombe et le Corbeau, Au sommet, Darwa*
(orthographe correcte exigée)

✍ Production écrite

6. Laisser les élèves travailler individuellement, en autonomie et sans aide.

Grille pour l'évaluation

Respect de la consigne : – opinion sur les passions du/de la correspondant(e) ; – goûts personnels (styles et artistes) ; – occasions.	0	0,5	1	1,5	2
Lexique.	0	0,5	1		
Construction des phrases et respect des règles de grammaire.	0	0,5	1		
Orthographe.	0	0,5	1		

Trouve ton style !

MODULE 2

Objectifs du module

p. 23-34

Apprendre à…
- décrire le physique, les vêtements et les accessoires
- exprimer une ressemblance ou une différence
- décrire des situations et des habitudes passées
- exprimer une date passée, une durée
- faire des suppositions
- parler des styles vestimentaires et de la mode

Pour…
- décrire la tenue d'un personnage de jeu vidéo
- parler de changements de styles vestimentaires
- participer à un débat sur les tenues vestimentaires au collège
- présenter le style d'une célébrité

Grammaire
- la place des adjectifs
- l'imparfait
- c'est / ce sont

Lexique
- la description du physique, des vêtements et des accessoires
- les marques et les objets
- les styles vestimentaires

Phonétique
- la prononciation de l'imparfait

Culture
- les codes vestimentaires, la mode et les tribus

Discipline
- langues étrangères

Apprendre à apprendre
- Comment nommer un mot que tu ne connais pas ?

Ouverture

Inviter les élèves à ouvrir leur manuel p. 23 (ou projeter la page) et à observer la page. Les laisser réagir librement. Puis, faire lire le titre du module et chercher dans le contrat d'apprentissage de quel « style » il s'agit (musical, vestimentaire ou artistique). Faire associer l'adjectif *vestimentaire* à un nom qui se trouve dans le contrat (réponse attendue : vêtements) et faire nommer des vêtements connus (une jupe, un tee-shirt, un pantalon, une robe).

1 Faire lire la consigne et demander aux élèves, par deux ou trois, de chercher le plus de mots possible à partir de l'illustration. Ils peuvent éventuellement se référer au lexique thématique p. 121-122 et essayer d'associer quelques mots inconnus à l'illustration.

> **Corrigé :**
> *Mots connus depuis Adosphère 1 :* une casquette, un pantalon, une basket / des baskets, un T-shirt, une photo, la mode.
> *Autres mots (qu'il n'est pas obligatoire de donner si les élèves ne les connaissent pas) :* des chaussures (à talon), des lunettes de soleil, un porte-manteau, une ceinture, un défilé, un portique, un avatar.

2 Faire lire la consigne de l'exercice. S'assurer que les élèves sont concentrés. Leur suggérer de fermer les yeux s'ils le souhaitent. Faire écouter l'enregistrement. Demander des réponses dès la fin de l'écoute. Si les réactions sont limitées, faire écouter à nouveau et demander combien il y a de scènes différentes (*trois : dans un magasin, chez le coiffeur, à un défilé de mode*), la couleur du pull (*bleu*), combien d'euros il faut payer (*23 euros*), si la collection de mode est printemps-été ou automne-hiver (*printemps-été*).

> **Corrigé :**
> Dans un magasin : une annonce, un zip de fermeture éclair, « Tiens essaie ce pull en bleu », une discussion, bruit d'une caissière, « Voilà, ça fait 23 euros », une caisse, « Essaie les baskets », des velcros, des pas.
> Chez le coiffeur : un bruit de ciseaux, « Aïe », « Allez, on passe au bac », de l'eau, un sèche-cheveux, « Ça te va super bien », des pas.
> Un défilé : « Et maintenant, la collection « printemps-été de Jean-Paul Thiégaut », appareils photo et applaudissements.

3 Faire lire la consigne. Avant de les laisser répondre, suggérer aux élèves de regarder également le contrat d'apprentissage.

> **Corrigé :**
> *Réponse minimale :* On va parler de styles vestimentaires.
> *Réponse enrichie :* On va parler de vêtements, d'accessoires, de la mode et des styles vestimentaires.

4 Faire lire la consigne et laisser les élèves réagir spontanément.

> **Proposition de corrigé :**
> Promod, Lacoste, Dior, Channel, Yves Saint-Laurent…

LEÇON 1 — Mon autre moi
Trouve ton style !

Inviter les élèves à ouvrir leur manuel p. 24.

1 Faire lire la consigne et laisser les élèves réagir spontanément. Dans un jeu vidéo, un avatar est un personnage fictif qui représente le joueur.

COMPRÉHENSION

2 Faire lire la consigne et demander aux élèves de fermer le manuel pendant l'écoute. Leur demander leur réponse immédiatement après l'écoute.

> **Corrigé :**
> Ils parlent de / décrivent leur avatar.

3 4 5 Faire lire les consignes et les items. Faire réécouter l'enregistrement. Demander aux élèves de se mettre par deux pour répondre aux questions sans regarder la transcription. Faire écouter à nouveau l'enregistrement puis procéder à la correction, si possible en projetant les questions et en soulignant les justifications dans la transcription. Demander à des groupes différents de donner leurs réponses et faire valider par la classe.

> **Corrigé exercice 3 :**
> a – 2 ; b – 1 ; c – 3
>
> **Corrigé exercice 4 :**
> **a.** Vrai « mêmes habits ». **b.** Vrai « c'est un garçon ».
> **c.** Faux « elle me ressemble beaucoup ».
>
> **Corrigé exercice 5 :**
> **a.** Anaïs ; **b.** Albilani ; **c.** Jeanne

LEXIQUE

6 Faire lire la consigne et le tableau en silence. Expliciter les mots inconnus comme *extravagant*, *barbe*, *habits*, *chapeau* et *raquette*. Faire induire aux élèves la différence entre : *avoir / porter (sur soi)* et *avoir = tenir (dans la main)*.

LEÇON 1 2 3 4 — MODULE 2

Si un élève remarque qu'il n'y a pas de -s à *marron*, le féliciter et expliquer que *marron* et *orange* ne s'accordent pas. Si aucun élève ne fait la remarque, ne rien dire. Réactiver le lexique de la description physique et des vêtements vu dans le niveau 1, ainsi que lors de l'observation du tableau. Demander aux élèves de se mettre par trois pour décrire chacun un avatar différent en s'aidant du tableau et de la transcription, si nécessaire. Leur dire de réutiliser aussi leurs connaissances préalables. Procéder à une mise en commun.

> **Corrigé :**
> a. Dina est brune. Elle a des cheveux longs. Elle porte des vêtements noirs / un manteau long. b. Abilani est blond (aux yeux bleus). Il a les yeux bleus. Il porte un jean, un tee-shirt et des baskets. Il tient une raquette à la main.
> c. Rydoc est extravagant. Il a des cheveux roses. Il a de grands yeux verts. Il porte des vêtements / habits marron. Il porte un chapeau orange.

7 Faire lire la consigne et les items. Demander aux élèves de répondre aux questions en se mettant à nouveau par trois. Si possible, changer les groupes en mettant ensemble ceux / celles qui ont un jean, un accessoire rouge ou les cheveux blonds… Laisser les élèves discuter spontanément. Faire une mise en commun en demandant à un élève de parler d'un membre de son groupe.

▶▶▶ **Activités complémentaires :** Entraîne-toi n° 8, p. 32 ; Cahier n° 1, p. 12

COMMUNICATION

8 Faire lire la question et demander aux élèves de chercher individuellement la réponse. Mettre en commun à l'oral. Demander à un élève de noter les réponses de ses camarades au tableau. Le remercier chaleureusement (en notant son nom sur le Mur de la Gloire, par exemple !).

> **Corrigé :**
> Anaïs et Dina : Elles ne sont pas identiques mais elles se ressemblent. Elles ont de longs cheveux blonds et portent des vêtements noirs.
> Jeanne et Rydoc : Ils sont très différents. Ils ne sont pas du tout pareils. Rydoc est un garçon de style manga ; Jeanne est une fille.
> Nathan et Albilani : Albilani est blond aux yeux bleus et a de la barbe comme Nathan. Ils ont la même coupe de cheveux et les mêmes habits. Ils ont plein de points communs.

Faire lire le tableau en silence puis demander aux élèves de proposer d'autres exemples.

9 Pour animer la classe : demander aux élèves de former un cercle. À tour de rôle, un élève va au centre. Il choisit un(e) autre élève, va vers lui / elle en disant : « Je te ressemble parce qu'on a les cheveux bruns. / On est différents parce que tu portes un pantalon et que je porte une jupe… ». Le / la deuxième élève va au centre à son tour, ainsi de suite… L'activité doit être menée rapidement et sans hésitations.

▶▶▶ **Activités complémentaires :** Entraîne-toi n°s 11 et 12, p. 33 ; Cahier n° 2, p. 12

GRAMMAIRE

10 Faire lire la consigne et demander aux élèves de faire l'exercice individuellement puis de comparer rapidement leurs réponses à celles d'un(e) camarade. Mettre en commun et faire valider les réponses par la classe.

> **Corrigé :**
> *mêmes habits* → avant le nom ; *plein de points communs* → après le nom ; *une grande guitare* → avant le nom ; *un look marrant* → après le nom ; *les cheveux roses* → après le nom

Faire lire le tableau en silence. Éventuellement, préciser que ce point de grammaire demande la plus grande attention de la part des élèves et que de nombreux exercices seront nécessaires avant de maîtriser cet aspect de la langue.
Puis donner des exemples avec deux adjectifs : de *longs* cheveux *roses* ; les *mêmes* habits *rouges* ; une *grande* guitare *noire*…
Indiquer aux élèves qu'ils trouveront une liste d'adjectifs qui se placent avant le nom dans le Précis grammatical, p. 111.

11 Faire lire la consigne et l'exemple. Faire remarquer la place et le nombre d'adjectifs par nom. Puis faire l'activité rapidement et dans la bonne humeur.

▶▶▶ **Activités complémentaires :** Entraîne-toi n°s 1 et 2, p. 32 ; Cahier n° 3, p. 12

à ton tour !

12 **Préparation de la tâche**
Faire lire la consigne, éventuellement identifier les vêtements et accessoires illustrés et les associer à une sortie possible. Puis préciser les différentes étapes demandées :

1. chercher (à la maison) à quelle sortie se rend l'avatar ainsi que ces vêtements et accessoires ; encourager les élèves à enrichir leurs productions en s'aidant de dictionnaires bilingue et / ou visuel ;
2. préparer la description de l'avatar en faisant attention à la place des adjectifs utilisés ;
3. encourager les élèves à utiliser un support visuel pour leur présentation :
• dessiner l'avatar (avec soin), proposer d'utiliser une technique graphique comme le collage à ceux qui ne pas confiance dans les compétences en dessin ;
• utiliser une présentation audio-visuelle (Power Point) pour présenter la sortie et la tenue de l'avatar ;
4. préparer quelques mots d'ouverture et de clôture. Exemple : *Je vais vous présenter mon avatar qui va… / Voici mon avatar quand il / elle va… ; Avez-vous des remarques ? / Que pensez-vous de mon avatar ? / Merci de m'avoir écouté(e)* ;
5. s'entraîner à présenter son avatar à l'aide de la grille d'auto-évaluation à photocopier ou à faire recopier.

Je présente mon avatar qui s'appelle : ....
et va ....

	oui	non	remarque
Je décris sa tenue (ses vêtements et ses accessoires) en utilisant un vocabulaire varié.			
Je place correctement les adjectifs.			
J'utilise une formule pour commencer et une autre pour finir.			
Je parle fort et je regarde le public.			
J'utilise un support visuel.			

Présentation individuelle
Suivre la démarche connue (module 1, p. 24). Scinder la classe en sous-groupes et mettre en œuvre la co-évaluation à l'aide de la grille suivante.

Tu présentes ton avatar qui s'appelle : ....
et va ....

	oui	non	remarque
Tu décris sa tenue (ses vêtements et ses accessoires) en utilisant un vocabulaire varié.			
Tu places correctement les adjectifs.			
Tu utilises une formule pour commencer et une autre pour finir.			
Tu parles fort et tu regardes le public.			
Tu utilises un support visuel.			

LEÇON 1 [2] 3 4 MODULE 2

Utiliser également cette grille pour évaluer et ajouter une rubrique : *La prochaine fois, pense à…*

Pour aller plus loin

Proposer à chaque élève de le filmer et de conserver le support visuel pour son dossier du portfolio.

Retour sur les productions et l'attitude
S'assurer que chacun à bien compris ce qui a été réussi et ce qui doit être amélioré lors de la présentation suivante. Faire également un retour sur l'attitude de la classe en général pendant la co-évaluation et le travail en autonomie.

LEÇON 2 — Trouve ton style ! — Changement radical

Inviter les élèves à ouvrir leur manuel p. 26. Leur demander de lire le titre de la leçon, d'observer l'illustration et de dire à quoi correspondent l'ombre et le point d'interrogation. Réponses attendues : *Elle veut changer de style vestimentaire mais se pose des questions. / Comment était-elle avant de changer de style vestimentaire ?*

1 Faire lire la question et solliciter des réponses spontanées. Poursuivre la discussion : demander aux élèves de se justifier :
– à ceux qui s'habillent très vite : comment ils font pour choisir leurs habits ?
– à ceux qui mettent beaucoup de temps : pourquoi ?
Solliciter le plus possible des réponses en français. Si les élèves préfèrent s'exprimer dans leur langue maternelle, reformuler systématiquement en français. Noter quelques phrases au tableau que les élèves devront réemployer.
Si les élèves sont à l'aise, enrichir la discussion en demandant à quel âge ils ont choisis eux-mêmes leurs vêtements le matin, si ils ont parfois envie de changer de style, pourquoi…

COMPRÉHENSION

2 Faire lire la consigne et les items. Avant de répondre et de lire le document, demander aux élèves d'identifier, juste en le regardant, le type de document qu'ils vont lire. (Réponse : *un chat ou une messagerie instantanée.*)
Faire lire le document individuellement.
Puis leur demander de répondre à la question et de comparer leur réponse avec celle d'un(e) camarade. Demander sa réponse à un élève et la faire valider par la classe.

Corrigé :
b

Poursuivre en demandant comment s'appelle la copine. (Réponse attendue : *Jade.*)

3 a. et b. Faire lire les deux questions et demander aux élèves de lire à nouveau le document pour répondre. Demander à un élève sa réponse pour a. et la faire valider par la classe. Même chose pour b.

Corrigé :
a. 1 ; b. Elle porte une veste et une jupe de la même couleur. Elle tient un sac (à l'épaule). Elle a (un chignon et) des chaussures à talon.

GRAMMAIRE

4 a. Faire lire la consigne et demander aux élèves de recopier les phrases et de les compléter sur leur cahier à l'aide du document. Si possible, projeter les phrases au tableau et les faire compléter par un élève. Faire valider les réponses par la classe.

Corrigé :
1. Avant, je *prenais* au hasard un pantalon et je le *mettais* avec le premier tee-shirt venu que je *trouvais* dans mon placard. 2. Au collège, on *était* plus jeunes et on *mettait* ce que notre mère nous *achetait* !

b. Faire lire la question et répondre par la classe.

Corrigé :
Une action passée.

41

🔊 25 Faire écouter l'enregistrement du tableau. Demander à un élève de lire à voix haute les exemples en faisant attention à la prononciation.

5 Faire lire la consigne et les items. Demander aux élèves de faire l'exercice sur leur cahier puis de comparer leurs réponses à celles d'un(e) camarade. Demander à un élève de copier ses réponses au tableau et de les lire à voix haute (attention à *faire* !). Faire valider l'écrit et l'oral par la classe.

> **Corrigé :**
> a. nous finissons → ils finissaient ; b. nous pouvons → vous pouviez ; c. nous comprenons → je comprenais ; nous faisons → on faisait

PHONÉTIQUE

6 S'assurer que la classe est concentrée. Faire écouter l'enregistrement et demander immédiatement sa réponse à un élève. Faire valider par la classe.

🔊 26

> **Transcription :**
> *Je mettais, tu mettais, il mettait, nous mettions, vous mettiez, ils mettaient.*

> **Corrigé :**
> Les formes de *je, tu, il / elle / on, ils / elles* se prononcent de la même manière.

7 Demander aux élèves de former des sous-groupes de 2 ou 3 pour lire la consigne et écrire les phrases pour chaque célébrité. Mettre en commun les réponses oralement et les faire valider par la classe.

> **Corrigé :**
> a. Avant, Céline Dion avait les cheveux courts. Maintenant, elle a les cheveux longs. b. Avant, Florent Pagny avait les cheveux courts et bruns. Maintenant, il a les cheveux mi-longs et blonds. Avant, Florent Pagny ne portait pas de barbe. Maintenant, il porte une barbe. Avant, Florent Pagny ne portait pas de lunettes. Maintenant, il porte des lunettes. c. Avant, Vanessa Paradis avait les cheveux blonds et raides. Maintenant, elle a les cheveux châtains (bruns) et frisés. d. Avant, Johnny Hallyday ne portait pas de barbe. Maintenant, il porte une barbe.

▶▶▶ **Activités complémentaires :** Entraîne-toi nᵒˢ 3 à 5, p. 32 et nᵒˢ 15 et 16, p. 33 ; Cahier n° 1, p. 13

COMMUNICATION

8 Faire lire la consigne et les questions. Laisser assez de temps aux élèves pour trouver les réponses dans le document. Demander les réponses à la classe et les faire valider.

> **Corrigé :**
> a. Il y a trois ans, les copains s'habillaient tous pareil. Depuis deux ou trois ans, ça a changé.
> b. Jade a changé de style depuis qu'elle a changé de lycée.

Faire lire le tableau en silence. Puis poser des questions aux élèves pour qu'ils réutilisent *il y a* et *depuis*. Suggestions : *Quand as-tu acheté ce sac ? Depuis quand portes-tu des lunettes ? À quelle époque as-tu changé de style ? Depuis quand as-tu les cheveux… ?*

▶▶▶ **Activités complémentaires :** Entraîne-toi n° 13, p. 33 ; Cahier n° 2, p. 13

9 a. Faire lire la question. Laisser du temps aux élèves pour relire le document. Demander leurs réponses à deux élèves, les noter au tableau et faire valider par la classe.

> **Corrigé :**
> Elle veut peut-être copier une de ses nouvelles copines ? – Peut-être qu'elle est amoureuse !

b. Faire lire la question et demander d'observer les phrases au tableau pour y trouver la réponse. Laisser les élèves chercher. Éventuellement, leur demander d'en discuter à deux. Demander à un élève de souligner au tableau dans les deux phrases les mots qui montrent l'incertitude. Faire valider par la classe. Puis faire chercher dans le document des expressions ou phrases qui montrent qu'ils ne connaissent pas la raison *(Je me demande bien pourquoi. – c'est bizarre !)*.

> **Corrigé :**
> Elle veut *peut-être* copier une de ses nouvelles copines ? – *Peut-être qu*'elle est amoureuse !

Faire lire le tableau par un élève. Insister sur la place de *peut-être* avec des verbes composés : semi-auxiliaire + infinitif ou temps composés (passé composé, etc.). Donner d'autres exemples et faire noter la place de *peut-être* à chaque fois.

10 Faire lire la consigne. Pour animer la classe, faire jouer une scène par quatre élèves A, B, C, D. A passe devant les autres, les saluent et part.

LEÇON 1 [2] 3 4   MODULE 2

B décrit le nouveau look de A. C et D font des suppositions sur le changement de look de A.
Encourager la spontanéité et suggérer aux élèves de ne pas écrire leurs répliques avant de jouer la scène mais de se mettre d'accord sur ce qu'ils vont dire en utilisant le plus possible le français.
Faire un retour rapide sur les productions en les valorisant.

▶▶▶ **Activités complémentaires :** Entraîne-toi n° 14, p. 33 ; Cahier n° 3, p. 13

à ton tour !

11 Préparation de la tâche
Faire lire la consigne et s'assurer qu'elle est comprise. Distribuer la grille pour l'auto-évaluation dont les élèves connaissent maintenant le fonctionnement.
Préciser de petites règles de participation à un forum : créer un pseudo ; faire attention au langage utilisé, rester poli(e) et faire attention aux autres aux idées exprimées de façon à ne vexer personne ; ne pas donner d'informations personnelles (numéro de téléphone, adresse…), etc.

Je participe au forum.	oui	non	remarque
Je décris mon style d'il y a deux ans avec un vocabulaire précis et varié.			
Je décris mon style actuel avec un vocabulaire précis et varié.			
Je dis si je pense avoir trouvé mon style définitif.			
J'utilise correctement l'imparfait.			
Je respecte les règles d'orthographe du français.			

Mise en œuvre
Laisser suffisamment de temps aux élèves pour écrire leur production, passer parmi eux pour les soutenir et aider ceux qui en ont le plus besoin.
Quand les élèves sont prêts, leur demander de se mettre par trois et de co-évaluer les productions des uns et des autres à l'aide de la grille ci-dessous et de corriger ensemble le plus d'erreurs possible.
L'enseignant procède également à une évaluation de l'élève. Autant que possible adopter un code pour corriger les productions écrites afin que les élèves comprennent facilement s'ils ont fait une erreur lexicale, grammaticale, importante ou pas… Utiliser la grille d'évaluation et ajouter la rubrique *La prochaine fois, pense à…*
Faire recopier les productions, si possible sur un ordinateur, pour pouvoir les présenter sous la forme d'un forum.

Tu participes au forum.	oui	non	remarque
Tu décris ton style d'il y a deux ans avec un vocabulaire précis et varié.			
Tu décris ton style actuel avec un vocabulaire précis et varié.			
Tu dis si tu penses avoir trouvé ton style définitif.			
Tu utilises correctement l'imparfait.			
Tu respectes les règles d'orthographe du français.			

Pour aller plus loin

Garder une trace (photocopie, impression, photographie) de la production pour la placer, si l'élève le souhaite, dans le dossier de son portfolio.

Retour sur les productions et l'attitude
Faire un retour collectif à partir des erreurs les plus courantes et les plus importantes. Afficher les productions dans la classe ou à l'extérieur de la classe ou bien, idéalement, les publier sur le blog de la classe.

LEÇON 3 — Libérez les mots !

Trouve ton style !

Inviter les élèves à ouvrir leur manuel p. 28 ou projeter l'illustration au tableau. La faire observer et demander aux élèves de la commenter. Que voient-ils ? (*Des élèves et un professeur dans une classe.*)
Faire lire le titre de la leçon et demander aux élèves d'émettre des hypothèses sur le sens du titre à l'aide de l'illustration. Éventuellement, expliciter le verbe *libérer* en le rapprochant de *liberté* et en l'opposant à *enfermer / faire prisonnier*.

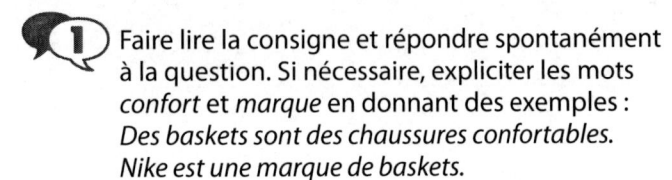

1 Faire lire la consigne et répondre spontanément à la question. Si nécessaire, expliciter les mots *confort* et *marque* en donnant des exemples : *Des baskets sont des chaussures confortables. Nike est une marque de baskets.*

COMPRÉHENSION

Préparation possible : Demander aux élèves de fermer leurs manuels, d'écouter la piste 27 et d'accepter de ne pas tout comprendre.

2 Faire lire la question et le texte à voix basse individuellement. Quand les élèves se sentent prêts, ils peuvent faire en autonomie les questions de compréhension 2 à 4 puis comparer leurs réponses avec celles d'un(e) camarade. Leur demander des réponses rédigées.
Mettre les réponses en commun.

> **Corrigé :**
> Les personnages sont des élèves et un professeur. Ils parlent des marques et des vêtements.

3 Enrichir l'exercice en demandant aux élèves s'ils leur arrivent d'utiliser le nom d'une marque à la place du nom d'un vêtement et s'ils sont d'accord avec le texte.

> **Corrigé :**
> c.

4
> **Corrigé possible :**
> Le professeur répète « elles vous prennent » parce que il veut montrer que les jeunes qui portent des marques n'ont pas de liberté.

GRAMMAIRE

5 Faire lire la consigne et les items. Demander aux élèves de chercher les réponses par deux. Puis, si possible, projeter l'exercice au tableau pour le faire compléter par un élève. La classe valide les réponses. Ensuite, manuels fermés, demander à la classe de formuler la règle. Puis faire lire le tableau silencieusement.

> **Corrigé :**
> a. *C'est* ses N, m'sieur. b. Oui, *ce sont* des N, mais comme objet ? c. Ben, *c'est* des baskets ! d. *C'est* ça.

6 Faire lire la consigne et répondre spontanément.

> **Corrigé :**
> a. C'est une casquette. b. Ce sont des lunettes. c. C'est une basket. d. C'est un pull. e. C'est un anorak. ; f. C'est le coffre d'une voiture. / C'est un morceau de voiture.

▶▶▶ **Activités complémentaires :** Entraîne-toi n° 6, p. 32 ; Cahier nos 1 et 2, p. 14

LEXIQUE

Faire relever dans le texte les vêtements, les accessoires.

7 Faire lire la consigne. Demander aux élèves de faire les associations, éventuellement à l'aide d'un dictionnaire, puis de comparer leurs réponses avec celle d'un(e) camarade. À tour de rôle et oralement, des élèves donnent une réponse et la classe valide.

> **Corrigé :**
> a – 2 ; b – 3 ; c – 1 ; d – 6 ; e – 5 ; f – 4

8 Faire lire les questions et solliciter des réponses spontanées.

LEÇON 1 2 ③ 4 — MODULE 2

9 Révise tes langues étrangères !
Faire lire les questions et solliciter des réponses spontanées. Chercher des mots étrangers utilisés en français et dans la langue des élèves. Puis, chercher des mots français utilisés dans la langue des élèves.

10 Faire lire la consigne et les items. Demander aux élèves de se mettre à deux pour répondre. Puis procéder à une mise en commun.
Enrichir l'exercice en demandant aux élèves, pour chaque argument, s'ils sont d'accord ou non et de donner des exemples précis.

> Corrigé :
> a. pour ; b. contre ; c. pour

11 Faire lire la question. Demander aux élèves de former des groupes de quatre et de se répartir les rôles suivants :
• un « président » qui gère les tours de parole et s'assure que chacun peut exprimer son point de vue,
• un « secrétaire » qui note les arguments,
• un « rapporteur » qui donnera à voix haute les arguments du groupe lors de la mise en commun,
• un « gardien du temps » qui s'assure que la limite de temps n'est pas dépassée.
Annoncer aux groupes qu'ils ont environ 5 minutes pour discuter.
Procéder à une mise en commun, noter les arguments donnés par les différents groupes au tableau.
Trouver un consensus au sein de la classe.

> Proposition de corrigé :
> Les marques coûtent cher. Les marques créent des problèmes entre les élèves. Les marques donnent du style. Les marques nous transforment en publicité vivante. Les marques nous prennent notre liberté…

▶▶▶ **Activités complémentaires :** Entraîne-toi n° 9, p. 32 ; Cahier n° 3, p. 14

à ton tour !

12 Préparation de la tâche et mise en œuvre
Faire lire la consigne, constituer des groupes de trois ou quatre (par tirage au sort ou par affinité), faire tirer au sort un sujet et préciser les différentes étapes demandées :
1. trouver des arguments positifs et négatifs en respectant des règles de discussion en groupe (respect des tours de parole et des arguments des interlocuteurs), utiliser des formules pour débattre **en français** en groupe : *Qui veut commencer ? Moi, je pense que… ; Et toi, qu'est ce que tu penses… ; Je suis / ne suis pas d'accord avec toi… ; Est-ce que tu es d'accord avec moi / nous ? ; Tu as raison… ; Écoute… ; Chacun son tour… ;*
2. préparer une affiche ensemble (penser à mettre de la couleur et à illustrer) ;
3. s'entraîner à présenter l'affiche ;
4. s'auto-évaluer.
Pendant que chaque groupe débat, passer dans la classe et observer les élèves.

Je participe à un débat avec ....
sur ....

	oui	non	remarque
J'écoute les arguments de mes camarades.			
Je donne mon point de vue et facilite la discussion.			
Je respecte la consigne.			
J'écris en respectant les règles d'orthographe.			
Nous produisons une affiche qui respecte les règles graphiques (utilisation de la surface, écriture lisible, caractères de différentes tailles, illustrations).			

Présentation des affiches
Les affiches sont placardées et chaque groupe présente la sienne à tour de rôle. Elles sont évaluées à l'aide de cette grille.

Vous avez créé une affiche sur			
	oui	non	remarque
Vous respectez la consigne (3 arguments pour et 3 arguments contre).			....
Vos arguments sont intéressants.			....
Vous respectez les règles d'orthographe.			....
Votre affiche respecte les règles graphiques (utilisation de la surface, écriture lisible, caractères de différentes tailles, illustrations).			....

Pour l'observation et l'évaluation, utiliser la grille suivante pendant que les élèves travaillent en groupe et lors de la présentation de l'affiche.

Tu participes à un débat avec .... sur			
	oui	non	remarque
Tu écoutes les arguments de tes camarades.			....
Tu donnes ton point de vue et facilites la discussion.			....
Tu respectes la consigne.			....
Tu écris en respectant les règles d'orthographe.			....
Votre affiche respecte les règles graphiques.			....

La prochaine fois, pense à..

Pour aller plus loin

Proposer aux élèves de se filmer pour garder une trace de leur production et la placer, s'ils le souhaitent, dans le dossier de leur portfolio.

Retour sur les productions et l'attitude
S'assurer que chacun à bien compris ce qui a été réussi et ce qui doit être amélioré lors du prochain débat en groupe et de la prochaine production d'affiche en groupe.

Leçon 4 — Codes vestimentaires

Trouve ton style !

Inviter les élèves à ouvrir leur manuel p. 30 et à observer rapidement la double page ainsi que le titre. Leur demander de quoi va parler cette double page (Réponse attendue : *des différents looks / styles vestimentaires*).

1 Faire lire la question et solliciter des réponses spontanées.

2 Faire lire la consigne et les items. Faire décrire l'affiche rapidement. Pour le slogan, montrer le jeu de mots entre « se démarquer » qui signifie « se différencier » et « les marques » qui appellent à la ressemblance. Demander aux élèves de faire l'exercice à deux. Mettre en commun et faire valider les réponses par la classe.
Enrichir l'exercice 2. a en demandant aux élèves s'ils connaissent une autre langue dans laquelle on utilise la même métaphore avec le mouton. Enrichir l'exercice 2. b en demandant leur avis aux élèves. Solliciter des réponses spontanées.

> Corrigé :
> a. – 2 ; b. – 3

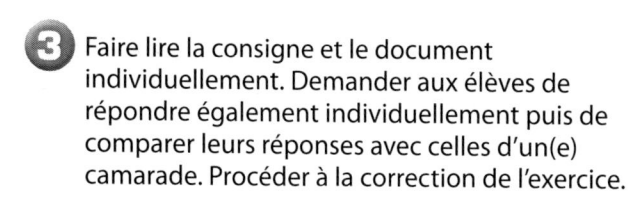

3 Faire lire la consigne et le document individuellement. Demander aux élèves de répondre également individuellement puis de comparer leurs réponses avec celles d'un(e) camarade. Procéder à la correction de l'exercice.

> Corrigé :
> a. Vrai – b. Faux – c. Faux

4 Faire lire la consigne. Faire observer les photos et lire le nom des styles. Demander aux élèves s'ils les connaissent. Puis, demander aux élèves de répondre par 3 aux questions. Mettre rapidement les réponses en commun.

5 Démarche identique à celle de l'exercice 3. Proposer toutefois aux élèves de ne pas comparer leurs réponses avec celles du même camarade.

> Corrigé :
> 1. – b ; 2. – c ; 3. – d ; 4. – e ; 5. – a

6 Démarche identique à celle de l'exercice 3.

> Corrigé :
> a. (un jean) les urbains ; b. (une trousse de maquillage) les kawaii ; c. (un tee-shirt noir) les gothiques ; d. (du gel) les tecktoniks ; e. (des baskets) les urbains ; f. (un tee-shirt rose) les kawaii ; g. (une ceinture dorée) les tecktoniks ; h. (un pantalon de survêtement) les rappeurs ; i. (du maquillage noir) les gothiques ; j. (un bijou doré) les rappeurs

▶▶▶ **Activités complémentaires :** Entraîne-toi n° 10, p. 33 ; Cahier p. 15

7 *à ton tour !* **Préparation de la tâche**
Faire lire la consigne et préciser les différentes étapes demandées :
1. choisir une célébrité et chercher des photos qui montrent son style,
2. préparer la présentation,
3. s'entraîner à la présentation à l'aide de la grille pour l'auto-évaluation.

Je présente le style de ....

	oui	non	remarque
Je présente une célébrité et décris son style.			
J'utilise un vocabulaire varié et précis.			
J'utilise une formule pour commencer et une autre pour finir.			
Je parle fort et je regarde le public.			

Mise en œuvre
Présentation individuelle
Scinder la classe en sous-groupes : 6 élèves présentent à tour de rôle leur sélection, le reste de la classe travaille dans le calme et en autonomie sur le Cahier d'activité ou le DVD-rom, lit en français ou fait des recherches en français sur Internet.
Pendant qu'un élève présente sa sélection, les cinq autres écoutent et complètent la grille de co-évaluation suivante.

Tu présentes le style de ....

	oui	non	remarque
Tu présentes une célébrité et décris son style.			....
Tu utilises un vocabulaire varié et précis.			....
Tu utilises une formule pour commencer et une autre pour finir.			....
Tu parles fort et tu regardes le public.			....

Pour aller plus loin
Garder une trace (enregistrement, film, photographie) de la présentation pour la placer, si l'élève le souhaite, dans le dossier de son portfolio.

Retour sur les productions et l'attitude
Faire un retour collectif.

Entraîne-toi

GRAMMAIRE

La place des adjectifs

1 L'exercice peut être réalisé en autonomie puis corrigé collectivement. Pour corriger, projeter l'exercice, si possible. Faire faire chaque phrase par un élève et faire valider les réponses par la classe.

> **Corrigé :**
> a. Marion a de beaux yeux verts. b. Ma nouvelle amie porte des vêtements originaux. c. Cet avatar est amusant avec ses cheveux violets.
> d. Tu ressembles à un agent secret.

2 Faire lire la consigne. Demander aux élèves d'écrire individuellement une description de l'avatar puis de la comparer avec celle d'un(e) camarade, de compter le nombre d'adjectifs correctement accordés ET placés pour déterminer qui a gagné.

Faire une mise en commun et écrire au tableau la description qui a le plus grand nombre d'adjectifs correctement utilisés.
S'assurer que l'ambiance reste conviviale.

> **Proposition de corrigé :**
> C'est un *grand* avatar *bleu* avec de *longs* cheveux *rouges*, une *petite* casquette *bleue*, des lunettes de soleil *jaunes* et *rondes*, une tenue *blanche* et *dorée*, de *grandes* bottes *noires*, une *petite* guitare *rose*. Dans ses bras, il tient un *petit* chien *gris qui porte les mêmes lunettes*.

L'imparfait

3 Démarche identique à celle de l'exercice 1.

> **Corrigé :**
> a. 1. nous choisissons – 2. nous pouvons – 3. nous prenons – 4. nous faisons – 5. nous changeons
> b. 1. choisissait – 2. pouvait – 3. prenais – 4. faisions – 5. changeais

ENTRAÎNE-TOI
MODULE 2

④ Démarche identique à celle de l'exercice 1.

> Corrigé :
> Quand j'*avais* cinq ans, maman *préparait* mes vêtements. Tous les jours, je *portais / mettais* un short bleu, une chemise et des chaussettes blanches : c'*était* l'uniforme de l'école. Heureusement, le week-end, je *mettais / portais* une tenue plus décontractée pour jouer.

⑤ Faire lire la consigne et répondre aux questions par deux ou trois. Mettre en commun les réponses.

C'est… / Ce sont…

⑥ Démarche identique à celle de l'exercice 1.

> Corrigé :
> a. ce sont – b. ce ne sont pas – c. C'est – d. C'est – e. C'est ; ce n'est pas / Ce n'est pas ; c'est

🏆 Champion !

⑦ Démarche identique à celle de l'exercice 1.

> Corrigé :
> Mesdames et messieurs, j'ai *d'excellentes* nouvelles : pour l'ouverture de notre *nouveau* magasin, *ce ne sont pas* 5 mais 25 euros de réduction que nous vous offrons sur les vêtements avec une *petite* étiquette *orange* ! *C'est* une très *bonne* affaire, n'est-ce pas ? Venez vite, *c'est* aujourd'hui et aujourd'hui seulement !

LEXIQUE

La description physique

⑧ Démarche identique à celle de l'exercice 1.

> Corrigé :
> a. Tu connais Sophie ? C'est la fille là-bas. Elle *est brune*. Regarde, elle *porte* des vêtements de sport. Tu vois ? Mais si, elle *tient* aussi une raquette de tennis dans la main gauche.
> b. Pour reconnaître Bruno, c'est facile. Il *est roux*. Il *porte* des vêtements noirs et surtout il *porte / tient* son chien, Mistou dans les bras.

Les marques et les objets

⑨ Démarche identique à celle de l'exercice 1.

> Corrigé :
> a. mon Ipod – mon baladeur numérique ;
> b. ton Bic – ton stylo ; c. Les Converse – Les baskets ; d. ton Lacoste – ton polo / tee-shirt

Les styles vestimentaires

⑩ Proposer aux élèves de travailler par deux. Leur demander de lire la consigne, de chercher l'erreur et de la corriger. Puis corriger en classe entière en interrogeant un groupe par item.

> Proposition de corrigé :
> a. Ses vêtements de sport ~~serrés~~ larges.
> b. des vêtements ~~rose fluo~~ noirs
> c. ~~rap~~ musique techno dans les oreilles

COMMUNICATION

Exprimer une ressemblance ou une différence

⑪ Démarche identique à celle de l'exercice 1. L'exercice peut être proposé à l'oral également.

> Proposition de corrigé :
> Elles se ressemblent beaucoup. Elles ont des cheveux de la même couleur. Elles portent les mêmes bottes et le même bijou. Elles ont une veste rose identique. Mais la première ne porte pas de jean comme la deuxième. Elles font des activités différentes.

🏆 Champion !

⑫ Faire lire la consigne. Demander aux élèves de se mettre par trois pour réaliser l'activité qui doit être menée dans une ambiance décontractée.

Exprimer une date passée, une durée

⑬ Démarche identique à celle de l'exercice 1.

> Corrigé :
> a. Il y a 10 ans, je mesurais 25 cm de moins !
> b. La semaine dernière, j'ai vu un tee-shirt super rigolo dans un magasin. c. Depuis l'année dernière, j'ai le même avatar sur ma messagerie.

Faire une supposition

⑭ Démarche identique à celle de l'exercice 1.

> Proposition de corrigé :
> a. Peut-être qu'elle voulait ressembler à une amie. / Elle ne veut peut-être plus avoir les cheveux longs. b. Il est peut-être malade. / Il a peut-être oublié de se réveiller. c. Peut-être qu'ils ont beaucoup travaillé. / Le test était peut-être facile.

PHONÉTIQUE

La prononciation de l'imparfait

15 Faire lire la consigne. S'assurer que tous les élèves sont concentrés et faire écouter l'enregistrement. Procéder à une correction immédiate.

> **Corrigé :**
> a. imparfait – b. passé composé – c. présent – d. imparfait – e. passé composé – f. imparfait

> **Transcription :**
> a. Je changeais de style vestimentaire. / b. J'ai changé de style vestimentaire.
> c. Vous avez un look sympa. / d. Vous aviez un look sympa.
> e. J'ai porté un uniforme. / f. Je portais un uniforme.

16 Faire lire les phrases à voix haute par plusieurs élèves. Demander aux autres de dire ce qui va et ce qui ne va pas. Puis faire lire plusieurs autres élèves.

apprendre à apprendre

Voir Introduction méthodologique p. 7 et 10 et module 1 p. 35.

> **Corrigé :**
> a. un vêtement : un pantalon, une robe, un anorak – un livre : un roman, une BD, un conte – un meuble : une chaise, une table, un lit

Évaluation DELF

Compréhension de l'oral

Mettre les élèves en situation d'examen, sans pour autant leur imposer une pression inutile.

1 Demander aux élèves de lire la consigne et les phrases proposées puis de se concentrer pour l'écoute. Préciser qu'il y aura une autre écoute pour l'exercice suivant.

> **Transcription :**
> *Animateur : Ce soir, Mme Lenormand, responsable de la mode aux Grandes Galeries, est avec nous. Mme Lenormand, quel est le style vestimentaire des jeunes aujourd'hui ?*
> *Mme Lenormand : Ils n'ont pas UN style mais DES styles. Dans notre magasin, nous proposons des vêtements et des accessoires de différents styles... Par exemple, des vêtements de sport larges mais aussi des jeans serrés, des accessoires noirs mais aussi des accessoires fluo, très colorés, etc.*
> *Animateur : Mais comment expliquez-vous ces grandes différences dans les goûts vestimentaires des jeunes ?* .../...
> *Mme Lenormand : Je pense que, pour les jeunes, c'est important de montrer qu'ils ont des personnalités différentes et de dire : « Nous ne sommes pas tous pareils » !*
> *Animateur : Il y a les marques aussi...*
> *Mme Lenormand : C'est vrai ! Ils adorent ! Nous avons interrogé les ados sur les marques. Seulement 15 % ne portent pas de marques et pour 22 % les marques sont ridicules.*

> **Corrigé :**
> a. *(1 point)*

2 Procéder à une nouvelle écoute puis demander aux élèves de répondre au vrai / faux et de justifier avec des éléments de l'enregistrement.

> **Corrigé :**
> a. Faux « Mme Lenormand, responsable de la *mode* aux Grandes Galeries »
> b. Vrai « dans notre magasin, nous proposons des vêtements et des accessoires de *différents styles* »
> c. Faux « pour les jeunes, c'est important de montrer qu'ils ont *des personnalités différentes...* »
> d. faux « pour 22 % les marques sont *ridicules.* »
> *(1 point par réponse correcte et justification même à l'aide d'un seul mot)*

Évaluation DELF — Module 2

🗣 Production orale

3 Si possible, évaluer les élèves individuellement pendant que les autres travaillent en autonomie. Une autre possibilité est de demander aux élèves de s'enregistrer sur un ordinateur et d'envoyer leur production pour qu'elle soit évaluée.

Grille pour l'évaluation

Respect de la consigne : – conversation téléphonique, – description physique.	0	0,5	1	1,5	2
Lexique.	0	0,5	1		
Construction des phrases et respect des règles de grammaire.	0	0,5	1		
Phonologie et fluidité.	0	0,5	1		

📖 Compréhension des écrits

4 Laisser les élèves travailler individuellement, en autonomie et sans aide.

> **Corrigé :**
> **a.** une lettre **b.** Anne-sophie pense que c'est bien d'*avoir un style différent*. **c.** Les professeurs veulent des uniformes dans le lycée parce qu'*il n'y a pas de différence entre les élèves* et qu'*ils se préparent à leur futur travail*. **d.** Anne-sophie écrit à *Styles* pour demander *l'avis des lecteurs et leurs expériences*.
> *(1 point par réponse)*

📝 Production écrite

5 Laisser les élèves travailler individuellement, en autonomie et sans aide.

Grille pour l'évaluation

Respect de la consigne : – conventions d'une lettre, – situation.	0	0,5	1	1,5	2
Lexique et arguments.	0	0,5	1		
Construction des phrases et respect des règles de grammaire.	0	0,5	1		
Orthographe.	0	0,5	1		

> **Proposition de corrigé :**
> Chère Anne-Sophie,
> J'ai lu ta lettre. Vous avez raison de discuter dans votre classe. L'année dernière, je devais porter un uniforme dans mon lycée. Tous pareils, c'est nul. Cette année, c'est super ! Dans mon nouveau lycée, il n'y a pas d'uniforme et je peux porter les vêtements et les bijoux que je veux. J'adore le style kawaii et je porte des vêtements roses !
> À bientôt,
> Sarah

Aime ta Terre !

MODULE 3

Objectifs du module

p. 35-46

Apprendre à…
- décrire des gestes pour préserver l'environnement
- identifier différentes matières
- exprimer la fréquence
- exprimer une suggestion
- exprimer une quantité
- parler de la Terre et de l'environnement

Pour…
- devenir éco-délégué(e)
- inventer des éco-solutions
- parler de ta planète
- présenter un animal utilisé comme logo

Grammaire
- la fréquence (la place des adverbes de fréquence)
- *pouvoir* + infinitif
- la quantité : *très*, *trop*

Lexique
- les matières
- les grands nombres
- les gestes pour l'environnement

Phonétique
- les consonnes finales des nombres

Culture
- les actions pour protéger les animaux en voie de disparition

Discipline
- mathématiques
- sciences

Apprendre à apprendre
- Comment comprendre un nouveau mot ?

Inviter les élèves à ouvrir leur manuel p. 35 et à observer la page. Les laisser réagir librement.
Puis, faire lire le titre du module. Faire remarquer qu'il y a une majuscule à *Terre* et demander un synonyme en s'aidant de l'illustration et du contrat d'apprentissage. (Réponse attendue : (une) *planète*.)

Ouverture

1 Faire lire la consigne de l'exercice et demander aux élèves, par deux ou trois, de chercher le plus de mots possible à partir de l'illustration. Ils peuvent éventuellement se référer au lexique thématique p. 122 et essayer d'associer quelques mots inconnus à l'illustration.

> **Corrigé :**
> *Mots connus depuis* Adosphère 1 : une baleine.
> *Autres mots (qu'il n'est pas obligatoire de donner si les élèves ne les connaissent pas)* : un écureuil, un lion, un éléphant, une fleur, une plante, une étoile, la Terre, le Petit Prince, un arbre, des bulles.

2 Faire lire la consigne de l'exercice. S'assurer que les élèves sont concentrés. Leur suggérer de fermer les yeux s'ils le souhaitent. Faire écouter l'enregistrement. Demander des réponses dès la fin de l'écoute. Si les élèves ont des difficultés à faire des propositions, leur demander s'ils ont entendu 1, 2, ou 3 chants d'animaux différents. Réponse : 2 (le chant des oiseaux et celui de la baleine).

> **Corrigé :**
> Des chants d'oiseaux, le moteur d'une tronçonneuse, un arbre qui tombe, le chant d'une baleine, des vagues.

3 Faire lire la consigne. Les élèves doivent maintenant savoir qu'ils peuvent également trouver des éléments de réponse dans le contrat d'apprentissage.

> **Corrigé :**
> *Réponse minimale :* On va parler de la Terre.
> *Réponse enrichie :* On va parler de la Terre, de l'environnement, de la planète, des matières, des animaux.

4 Faire lire la consigne et solliciter des réponses spontanées. Si le sujet est particulièrement d'actualité dans le pays, laisser du temps et un accès à des ressources pour que les élèves présentent quelques enjeux environnementaux qui les concernent.

LEÇON 1 — Aime ta Terre ! — Les bons réflexes

Inviter les élèves à ouvrir le manuel p. 36, à observer les illustrations et à dire où se passent les différentes scènes. Réponses attendues : *À la maison, à l'école, à la cantine et dans la rue.* Faire lire le titre et chercher dans un dictionnaire (bilingue) le sens de *réflexe*. Ici, il signifie *habitude, usage*.

1 Faire lire la consigne. Si le concept de « délégué » n'est pas connu, expliquer qu'en France – mais aussi en Belgique… – les élèves choisissent un ou deux élèves qui les représente(nt) auprès des professeurs et de la direction de l'établissement scolaire, règle(nt) des conflits, etc.

> **Infos**
> Il est possible de consulter les sites suivants :
> www.lesdelegues.net
> http://www.imaginetonfutur.com/Serais-tu-un-bon-delegue-de-classe.html
> http://www.francparler.org/fiches/politique_elire2.htm

COMPRÉHENSION

2 Demander aux élèves de se mettre par 2, de lire la consigne et les items et d'essayer, sans aide (cela permet de travailler la stratégie d'induction, très importante pour l'apprentissage d'une langue et pour tout apprentissage), de faire l'exercice. Demander à tour de rôle des réponses en commençant par ce qui a été le plus facile à associer. Faire valider les réponses par la classe.

Quand l'exercice est corrigé, expliciter les mots difficiles : *le gaspillage* (ici, le fait de prendre beaucoup à manger et de ne pas tout manger), *un déchet* (ce qu'on met à la poubelle), *le recyclage* (le fait d'utiliser à nouveau et d'une autre façon un objet) et demander aux élèves de donner des exemples.

> **Corrigé :**
> a – 5 ; b – 1 ; c – 6 ; d – 4 ; e – 3 ; f – 2 ; g – 7

3 Faire lire la consigne. S'assurer que les élèves sont concentrés, prêts à écouter le document sans lire la transcription.
Faire écouter l'enregistrement et leur suggérer de prendre des notes pendant l'écoute. Laisser du temps aux élèves pour répondre puis leur proposer de comparer leurs réponses à celles d'un(e) camarade. Procéder à la correction. Si plusieurs réponses sont données, les écrire au tableau, sans les valider.
Faire écouter une deuxième fois en arrêtant l'enregistrement après chaque personnage pour valider les réponses avec la classe.

> **Corrigé :**
> Anne : 4 et 2 ; Marc : 1 ; Pierre : 7 ; Jasmina : 5 et 6 ; Théo : 3

4 Faire lire la consigne et les items. Demander aux élèves d'émettre des hypothèses. Puis faire réécouter l'enregistrement, toujours sans regarder la transcription. Procéder à la correction en faisant valider les réponses d'un élève par la classe.

> **Corrigé :**
> a. Vrai – b. Vrai – c. Vrai – d. Faux – e. Vrai

Pour aller plus loin

Demander aux élèves leur avis sur les actions de Jasmina et s'ils font des gestes particuliers pour la préservation de l'environnement, si oui lesquels. Leur donner le vocabulaire dont ils pourraient encore avoir besoin.

▶▶▶ **Activités complémentaires :** Entraîne-toi n° 9, p. 44 ; Cahier n° 1, p. 18

LEXIQUE

5 Faire lire la consigne et l'exemple. Chercher avec la classe une réponse pour « carton / papier », « verre », « matières organiques », « plastiques », « autres ». Puis laisser les élèves finir l'exercice seuls. Procéder à la correction des items qui n'avaient pas encore été mentionnés.

> **Corrigé :**
> Un cahier → carton / papier ; une canette de soda → métal ; une peau de banane → matières organiques ; un pot de confiture → verre ; des piles → autres ; une bouteille d'huile → plastique ; des fleurs → matières organiques ; des journaux → carton / papier ; des médicaments → autres

▶▶▶ **Activités complémentaires :** Entraîne-toi nos 11 et 12, p. 45 ; Cahier n° 2, p. 18

GRAMMAIRE

6 Faire la consigne et les items. Demander aux élèves de se mettre par deux pour faire l'exercice. Corriger en demandant leurs réponses à plusieurs groupes. Faire valider les réponses par la classe. Puis faire lire le tableau en silence.

> **Corrigé :**
> a – 4 ; b – 6 ; c – 1 ; d – 3 ; e – 5 ; f – 2

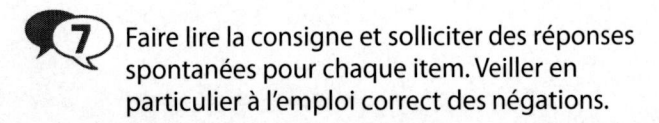

7 Faire lire la consigne et solliciter des réponses spontanées pour chaque item. Veiller en particulier à l'emploi correct des négations.

Pour aller plus loin

1. En sous-groupe de 3 ou 4, un élève propose une action (appartenant à n'importe quel domaine), les autres disent avec quelle fréquence ils la font.
…/…

…/…
2. Demander aux élèves d'écrire une activité qu'ils font tous les jours, souvent, parfois, jamais… dans le domaine de l'environnement, dans le domaine scolaire, dans le domaine sportif…

▶▶▶ **Activités complémentaires :** Entraîne-toi nos 1, 2 et 3, p. 44 ; Cahier n° 3, p. 18

COMMUNICATION

8 Faire la consigne et les items. Corriger rapidement. Faire lire le tableau. Demander aux élèves de préciser quand on utilise *de* et *d'*.

> **Corrigé :**
> **a.** Je donne une nouvelle vie aux objets *au lieu de* les jeter. **b.** Je prends une douche rapide *au lieu d'*un bain. **c.** En hiver, *au lieu de* monter le chauffage, je mets un pull.

9 Demander aux élèves de faire l'exercice individuellement puis de vérifier leurs réponses avec celles d'un(e) camarade. Procéder à la correction en demandant à un élève de donner sa réponse et de l'écrire au tableau. Faire valider par la classe.

> **Proposition de corrigé :**
> **a.** d'allumer la climatisation ; **b.** de jeter ; **c.** d'un seul (côté) ; **d.** de prendre la voiture.

10 Faire lire la consigne et les items. Demander aux élèves de faire l'exercice par deux à l'oral. Procéder à une rapide mise en commun toujours à l'oral.

> **Corrigé :**
> **a.** Prends une douche au lieu d'un bain ! **b.** Utilise les transports en commun au lieu de la voiture ! **c.** Fais du recyclage artistique au lieu de jeter ! **d.** Écris sur les deux côtés d'une feuille de papier au lieu d'un seul !

Pour aller plus loin

En sous-groupe de 3 ou 4, les élèves rédigent sur un petit papier plusieurs questions sur le modèle de celles de l'exercice. Puis les papiers sont échangés avec un autre groupe qui donne oralement des conseils écolos.

▶▶▶ **Activité complémentaire :** Entraîne-toi n° 15, p. 45

LEÇON **1** 2 3 4 MODULE **3**

à ton tour !

11 Préparation de la tâche

Faire lire la consigne et préciser les différentes étapes demandées :
1. chercher (à la maison) 4 actions écologiques concernant le collège ;
2. s'entraîner à les présenter d'une façon convaincante, en ajoutant des expressions comme : *Votez pour moi !, Mes engagements sont sérieux…*

Je présente 4 actions pour devenir éco-délégué(e) :
1. ....
2. ....
3. ....
4. ....

	oui	non	remarque
Je présente 4 actions écolos.			....
Je suis convaincant(e).			....
J'utilise une formule pour commencer et une autre pour finir.			....
Je parle fort et je regarde le public.			....

Présentation individuelle

Chaque élève présente rapidement et à tour de rôle ses engagements. Pendant qu'un élève présente sa sélection, 3 élèves désignés aléatoirement complètent la grille de co-évaluation suivante.
Procéder au vote, autant que possible en français, en donnant le vocabulaire nécessaire : *voter, un bulletin de vote, anonyme, un vote blanc, dépouiller les réponses, annoncer les résultats*.
S'assurer que l'ambiance reste conviviale et que les votes soient les plus impartiaux possible.

Tu présentes 4 actions pour devenir éco-délégué(e) :
1. ....
2. ....
3. ....
4. ....

	oui	non	remarque
Tu présentes 4 actions écolos.			....
Tu es convaincant(e).			....
Tu utilises une formule pour commencer et une autre pour finir.			....
Tu parles fort et tu regardes le public.			....

Utiliser également cette grille pour évaluer et ajouter une rubrique : *La prochaine fois, pense à…*

Pour aller plus loin

Proposer à chaque élève de le filmer pour qu'il / elle mette cette présentation dans le dossier de son portfolio.
Éventuellement, faire une affiche avec la photo de l'éco-délégué(e) élu(e) et la liste des engagements pris par lui / elle et la classe.

Retour sur les productions et l'attitude
S'assurer que chacun a bien compris ce qui a été réussi et ce qui doit être amélioré lors de la présentation suivante. Faire également un retour sur l'attitude de la classe en général pendant la co-évaluation et le vote.

LEÇON 2 — Aime ta Terre ! — Les éco-solutions

Avant de faire ouvrir le manuel, annoncer aux élèves le titre de la leçon « Les éco-solutions » et leur demander de formuler des hypothèses sur ce que sont des « éco-solutions ». Noter les hypothèses au tableau pour les vérifier plus tard. Puis faire ouvrir le manuel p. 38.

1 Faire lire les questions et solliciter des réponses spontanées. Demander à ceux qui donnent leurs vieux vêtements à qui ils les donnent et pourquoi (petit/e frère / sœur, associations…).

COMPRÉHENSION

2 Faire lire la consigne, les items et le document individuellement. Corriger dès que tous les élèves ont fini de lire le document. Confronter également la réponse avec les hypothèses émises plus tôt. Féliciter ceux qui avaient formulé une hypothèse proche de la bonne solution.

> Corrigé :
> b.

3 Faire lire la consigne et les items. Demander aux élèves de chercher d'abord individuellement puis de comparer leurs réponses à celles d'un(e) camarade. Procéder à la correction en faisant valider les réponses données par la classe.

> Corrigé :
> a. n° 33 ; b. n° 12 et n° 59 ; c. n° 70 et n° 59 ;
> d. n° 70 et n° 33

LEXIQUE

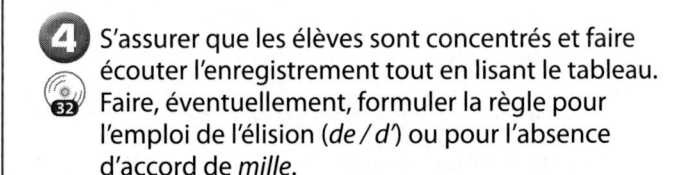

4 S'assurer que les élèves sont concentrés et faire écouter l'enregistrement tout en lisant le tableau. Faire, éventuellement, formuler la règle pour l'emploi de l'élision (de / d') ou pour l'absence d'accord de *mille*.

5 Faire lire la consigne. Demander aux élèves de faire l'exercice individuellement. Procéder rapidement à une correction orale.

> Corrigé :
> 1. b (quinze milliards) ; 2. a (trois cent mille) ;
> 3. b (cinquante millions)

Pour aller plus loin

1. Faire lire les autres grands nombres de l'exercice.
2. Demander à quelques élèves d'écrire au tableau un grand nombre en chiffres ou en lettres pour que les autres élèves le lisent ou le transcrivent en chiffres.

6 a. Demander aux élèves de faire l'exercice individuellement.
b. Puis leur faire écouter l'enregistrement pour une auto-correction.

> **Transcription :**
> 1. Dans le monde, on achète 89 milliards de bouteilles d'eau en plastique par an.
> 2. En France, on utilise 2 900 emballages par seconde.
> 3. Par jour, on jette dans les mers et les océans environ 8 millions de déchets.

Corrigé :
1. a. 89 millions de bouteilles ;
b. 89 milliards de bouteilles *(bonne réponse)* ;
2. a. 290 emballages ;
b. 2 900 emballages *(bonne réponse)* ;
3. a. 8 mille déchets ;
b. 8 millions de déchets *(bonne réponse)*

PHONÉTIQUE

7 Faire lire la consigne. S'assurer que les élèves sont concentrés puis faire écouter l'enregistrement et répéter.

Transcription :
cinq – cinq cent
six – six mille
huit – huit millions
dix – dix milliards

8 Faire lire la consigne. Demander aux élèves de s'entraîner « dans leur tête » à prononcer les chiffres. Demander à tour de rôle à plusieurs élèves de lire une étiquette. Faire valider la lecture par la classe. Puis faire écouter l'enregistrement pour vérifier.

Transcription :
six mille – 10 milliards – 800 – 5 millions – 700 millions

9 Révise tes maths !
Faire lire l'énoncé. Demander aux élèves de se mettre par trois pour trouver la solution. Quand il est prêt, chaque groupe écrit la solution qu'il a trouvée au tableau. Faire le calcul à voix haute et valider les réponses correctes.

Corrigé :
10,9 millions de tonnes = 3,2 pour cent de la consommation mondiale. Donc, la consommation mondiale = 10,9 millions de tonnes multipliées par cent le tout divisé par 3,2 soit 340,625 millions de tonnes.

▶▶▶ **Activités complémentaires :** Entraîne-toi n°s 13 et 16, p. 45 ; Cahier n°s 1 et 2, p. 19

GRAMMAIRE

10 Faire lire la consigne. Demander aux élèves de faire d'abord l'exercice individuellement (en s'aidant du document), puis de comparer les phrases qu'ils ont obtenues à celles d'un(e) camarade.
Demander à un(e) élève d'écrire la phrase qu'il / elle a obtenue au tableau et faire valider par la classe.
Éventuellement, enrichir l'exercice en demandant de préciser ce que remplace le pronom *les* (a. *sac, stylos, règle* ; b. *tes vêtements* ; c. *tes vêtements*).
Faire lire le tableau en silence. Éventuellement, faire écrire au tableau par trois élèves la conjugaison de *pouvoir*. Faire comparer les trois conjugaisons et valider les formes correctes par la classe.

Corrigé :
a. Tu peux les réutiliser cette année. b. Tu peux les donner à une association. c. Tu peux les vendre sur un site.

11 Faire lire la consigne et l'exemple. Laisser un temps très court pour préparer individuellement les réponses. Puis procéder oralement à la correction en faisant valider par la classe les réponses proposées par un(e) élève différent(e) pour chaque item.

Corrigé :
a. Notre matériel scolaire, nous pouvons le réutiliser. b. Vos papiers cadeau, vous pouvez les faire vous-même ! c. Cette bouteille en plastique, tu peux la recycler.

▶▶▶ **Activités complémentaires :** Entraîne-toi n° 4, p. 44 ; Cahier n° 3, p. 19

12 Préparation de la tâche

Faire lire la consigne et préciser les différentes étapes demandées :
1. inventer (à la maison) une éco-solution ;
2. préparer une / des grande(s) feuille(s) de papier, des feutres, trouver (à la maison) une illustration ;
3. auto-évaluer son affiche.

Je fabrique l'affiche de l'éco-solution ....

	oui	non	remarque
Je respecte la consigne et utilise un vocabulaire précis.			....
Je soigne l'orthographe.			....
Je produis une affiche qui respecte les règles graphiques (utilisation de la surface, écriture lisible, caractères de différentes tailles, illustration).			....

Mise en œuvre
Faire placarder les affiches et prendre des photos pour que les élèves en conservent une trace qui pourra être placée dans le dossier de leur portfolio et / ou sur le blog de la classe.
Faire co-évaluer trois affiches par chaque élève. Veiller à la qualité de cette co-évaluation.

Tu fabriques l'affiche de l'éco-solution ....

	oui	non	remarque
Tu respectes la consigne et utilises un vocabulaire précis.			....
Tu soignes l'orthographe.			....
Tu produis une affiche qui respecte les règles graphiques (utilisation de la surface, écriture lisible, caractères de différentes tailles, illustration).			....

Pour aller plus loin

Faire élire les trois meilleures affiches qui seront exposées à l'extérieur de la classe.

Retour sur les productions et l'attitude
Faire un retour sur la qualité des productions et celle de la co-évaluation.

LEÇON 3 — Le Petit Prince

Inviter les élèves à ouvrir leur manuel p. 40 ou projeter la page au tableau. La faire observer et demander aux élèves de la commenter librement. Faire lire le titre de la leçon. Leur demander si ce nom leur évoque quelque chose. Si oui, leur demander comment ils l'ont connu.

1 Faire lire la question et solliciter des réponses spontanées.
Si possible, montrer un exemplaire du *Petit Prince* en français et un autre dans la langue maternelle des élèves, donner quelques informations sur l'auteur et le succès international du conte.

LEÇON 1 2 [3] 4 MODULE 3

Pour aller plus loin

Demander à deux ou trois élèves de présenter Antoine de Saint-Exupéry, éventuellement dans leur langue maternelle et de faire un résumé de cette présentation en français.
Si un ou plusieurs élèves ont déjà lu le livre, leur demander de faire un rapide résumé oral.

Infos

Il existe un site officiel consacré au roman : http://www.lepetitprince.com.
On trouve également sur Internet des illustrations liées à ce livre.

COMPRÉHENSION

Préparation possible : Lire l'introduction en italique à voix haute. Demander aux élèves de fermer leurs manuels, d'écouter l'enregistrement et d'accepter de ne pas tout comprendre. Toutefois, préciser qu'ils vont entendre plusieurs fois le mot *baobab*. Montrer une image authentique de baobab et / ou l'illustration du roman montrant la planète et les baobabs. Ensuite, faire lire le texte à voix basse individuellement. Quand les élèves se sentent prêts, ils peuvent faire en autonomie les questions de compréhension 2 à 4 puis comparer leurs réponses avec celles d'un(e) camarade. Mettre les réponses en commun.

Attention, il ne s'agit pas ici de faire comprendre dans le détail les extraits proposés ni l'œuvre dans sa globalité mais que les élèves se familiarisent avec une langue littéraire, chargée d'images et de lexique inconnu qui ne doit pas gêner la compréhension globale, ni la constitution d'une culture littéraire !

2 Faire lire la consigne et les items. Demander sa réponse à un(e) élève et la faire valider par la classe.

Corrigé :
a.

3 Faire lire chaque item par un élève différent et lui demander de répondre vrai ou faux. S'il peut, lui demander de justifier avec un élément du texte.

Corrigé :
a. Faux – b. Vrai – c. Faux – d. Vrai

4 Démarche identique à celle de l'exercice 2.

Corrigé :
a – 2 ; b – 3 ; c – 1

Pour aller plus loin

Prendre un exemple de métaphore connue des élèves (peut-être après consultation du professeur de langue maternelle) et indiquer que l'auteur a utilisé ici une métaphore pour parler de la fleur afin de rendre sa description plus marquante et plus poétique.

5 Révise tes sciences !
Faire lire la consigne. Demander aux élèves de faire l'exercice par deux. Proposer de consulter un dictionnaire bilingue ou visuel. Mettre en commun, si possible en projetant l'image au tableau.

Corrigé :
a. une graine ; b. une racine ; c. une fleur ; d. une épine ; e. un pétale

▶▶▶ Activité complémentaire : Cahier n° 1, p. 20

GRAMMAIRE

6 Faire lire la consigne et les items. Demander immédiatement une réponse.

Corrigé :
a. – 2 ; b. – 1

7 Faire lire le tableau en silence. Si besoin, expliquer la différence entre *très* et *trop*.

8 Faire lire la consigne. Demander aux élèves de recopier les phrases, de les compléter individuellement puis de comparer leurs réponses à celles d'un(e) camarade.

Corrigé :
a. L'arbre est *trop* grand. b. L'arbre est *très* grand. c. La forêt amazonienne est *très* importante pour notre planète. d. La fleur est *trop* faible pour se défendre.

▶▶▶ Activités complémentaires : Entraîne-toi n°s 7 et 8, p. 44 ; Cahier n°s 2 et 3, p. 20

59

LEXIQUE

9 Faire lire la consigne et les items. Demander aux élèves de chercher les réponses à deux. S'ils éprouvent des difficultés, leur indiquer éventuellement dans quel extrait se trouve chaque antonyme. Corriger en faisant valider les propositions par la classe.

> **Corrigé :**
> **a.** ennuyeux (ch. V) ; **b.** tard (ch. V) ; **c.** lentement (ch. VIII) ; **d.** disparition (ch. XV) ; **e.** belle (ch. VIII) ; **f.** éphémère (ch. XV) ; **g.** lever du soleil (ch. VIII)

10 Demander aux élèves de former des groupes de 3 pour discuter des différents items. Mettre en commun les réponses.

> **Proposition de corrigé :**
> **a.** destruction ; **b.** préservation ; **c.** destruction ; **d.** préservation ; **e.** destruction ; **f.** destruction

Pour aller plus loin

Pour un rappel de la leçon 1, dresser avec les élèves une liste d'actions qui aident à préserver la nature, par exemple : éteindre les lumières quand on sort d'une pièce, prendre une douche rapide, marcher ou faire du vélo pour les déplacements courts…

▶▶▶ **Activité complémentaire :** Entraîne-toi n° 10, p. 45

à ton tour !

11 Préparation de la tâche

Faire lire la consigne, la matrice du texte à produire en italique et préciser les différentes étapes demandées :
1. faire une liste des dangers pour la planète et des actions pour la protéger ;
2. rédiger le brouillon du texte en s'aidant des phrases en italique, d'un dictionnaire et du manuel ;
3. s'auto-évaluer ;
4. rédiger la version finale du dialogue.

Je parle de ma planète.

	oui	non	remarque
Je rédige un texte de 60 mots environ.			
J'utilise les phrases en italique du manuel.			
Je donne des exemples de dangers et d'actions pour la planète.			
J'utilise un vocabulaire précis.			
Je respecte les règles d'orthographe du français.			

Mise en œuvre

Laisser suffisamment de temps aux élèves pour écrire leur production, passer parmi eux pour les soutenir et aider ceux qui en ont le plus besoin.
Quand les élèves sont prêts, leur demander de se mettre par trois et de co-évaluer les productions des uns et des autres à l'aide de la grille ci-dessous et de corriger ensemble le plus d'erreurs possible.
L'enseignant procédera ensuite à une évaluation. Autant que possible, adopter un code pour corriger les productions écrites.

Tu parles de ta planète.

	oui	non	remarque
Tu rédiges un texte de 60 mots environ.			....
Tu utilises les phrases en italique du manuel.			....
Tu donnes des exemples de dangers et d'actions pour la planète.			....
Tu utilises un vocabulaire précis.			....
Tu respectes les règles d'orthographe du français.			....

Pour aller plus loin

Éventuellement, faire illustrer la production. Garder une trace (photocopie, impression, photographie) de la production pour la placer, si l'élève le souhaite, dans le dossier de son portfolio.

Retour sur les productions et l'attitude
Faire un retour collectif à partir des erreurs les plus courantes et les plus importantes.
Rédiger un texte commun ou, si les productions sont très médiocres, proposer le corrigé ci-dessous. Afficher les productions dans la classe ou à l'extérieur de la classe ou bien, idéalement, les publier sur le blog de la classe.

> **Proposition de corrigé :**
> Sur ma planète, il y a des rivières et des mers qui sont menacées. Par exemple, la mer d'Aral est menacée de disparition. Il faut préserver l'eau. Il ne faut pas trop arroser les plantes. Il ne faut pas polluer les mers et les rivières. Il faut économiser l'eau. C'est très ennuyeux, mais très facile.

LEÇON 4 — Aime ta Terre ! Animaux en voie de disparition

Inviter les élèves à ouvrir leur manuel p. 42-43 ou projeter la double page au tableau.
La faire observer et demander aux élèves de la commenter librement. Faire lire le titre de la leçon et demander si on va parler d'animaux qui ont disparu ou bien qui sont en danger.

1 Faire lire la question et solliciter des réponses spontanées.

Infos

Sur le site de TV5, il existe une liste et un diaporama consacrés aux animaux en voie de disparition :
http://www.tv5.org/TV5Site/publication/publi-37-Les_especes_en_voie_de_disparition.htm

2 Faire lire la consigne. Solliciter une réponse spontanée. Puis, noter quelques hypothèses d'associations au tableau et les faire valider sans donner le nom des animaux.

> **Corrigé :**
> Les logos de ces marques représentent des animaux.
> a. 2 ; b. 4 ; c. 1 ; d. 3

3 Faire lire la consigne et les items. S'assurer que les élèves sont concentrés et faire écouter l'enregistrement. Leur proposer de prendre des notes pendant l'écoute et de comparer leurs réponses à celles de deux ou trois camarades. Procéder à la correction.

> **Transcription :**
> C'est l'heure du jeu de la semaine sur Radio Collège ! Aujourd'hui, petites devinettes sur les animaux !
> 1. Cet animal est vert, il vit dans l'eau. On le trouve en Afrique, en Amérique et en Asie. Il est en voie de disparition car on utilise sa peau pour faire des sacs, des chaussures… C'est le symbole de la marque de vêtements Lacoste.
> 2. On trouve le deuxième animal en Afrique. On l'appelle le « roi » des animaux. C'est le symbole de la marque automobile Peugeot.
> 3. Cet animal est un très grand mammifère avec de grandes oreilles ; il vit en Afrique et en Asie. Il est aussi menacé de disparition. La marque de chocolat belge Côte d'Or l'a choisi comme logo.
> 4. Un autre très grand mammifère, aussi menacé de disparition, mais qui vit dans l'eau cette fois. Il représente la marque de sel qui porte son nom. Vous devinez le nom de cet animal ?

> **Corrigé :**
> a. 1. Lacoste – crocodile ; 2. Peugeot – lion ; 3. Côte d'Or – éléphant ; 4. La Baleine – baleine
> b. 1. Lacoste – vêtement ; 2. Peugeot – voiture ; 3. Côte d'Or – chocolat ; 4. La Baleine – sel

4 Faire lire la consigne et les items. Demander aux élèves s'ils ont déjà des éléments de réponse. Les noter au tableau. Proposer aux élèves de prendre des notes pendant l'écoute. Faire écouter à nouveau l'enregistrement. Leur demander de se mettre par trois et de se mettre d'accord sur les réponses. Procéder à la correction en faisant éventuellement réécouter l'enregistrement.

> **Corrigé :**
> a. Le crocodile est menacé car on utilise sa peau pour faire des sacs et des chaussures. b. On appelle aussi le lion le « roi des animaux ». c. Le pays d'origine de la marque Côte d'Or est la Belgique.

5 Faire lire la consigne et demander aux élèves de se mettre par trois pour faire des recherches et présenter les marques.

> **Proposition de corrigé – liste non exhaustive :**
> Banques : Barclays, ING ; assurances : Generali, MAAF ; voitures : Jaguar, Alfa Roméo, Ferrari, Lamborghini, Porsche, SAAB ; vélos : Gazelle ; vêtements de sport : Puma ; informatique : Firefox ; environnement : WWF

6 Faire lire la consigne et les questions. Expliciter le mot *espèces* en disant qu'il s'agit de *familles* d'animaux. Solliciter des réponses immédiates.

> **Corrigé :**
> a. le crocodile ; b. Espèce en voie de disparition.

7 Faire lire la consigne, les questions et le texte. Demander aux élèves d'y répondre d'abord individuellement puis de mettre leurs réponses en commun par deux ou trois. Procéder à la correction.

> **Corrigé :**
> a. Le petit crocodile vert est célèbre parce qu'il est le symbole de la marque Lacoste depuis environ 75 ans. b. L'opération « Sauvez votre logo » veut encourager les entreprises dont le logo représente un animal ou un végétal à s'engager financièrement pour le protéger. c. Lacoste a promis 500 000 euros pour défendre des crocodiles, des alligators ou des caïmans. d. La chasse (capture) et la pollution menacent les crocodiles.

8 Faire lire les questions. Organiser une discussion en trois sous-groupes qui devra être rapportée par deux participants. Mettre en commun les trois discussions.

> **Proposition de corrigé :**
> Dans notre groupe, nous pensons que… Nous avons dit que… Mais X n'est pas d'accord…

9 Faire lire la consigne et identifier les animaux immédiatement.

> **Corrigé :**
> *De haut en bas et de gauche à droite :* une tortue, une otarie, un pingouin.

10 Démarche identique à celle de l'exercice 8.

> **Corrigé :**
> a. Pour produire du sel de mer, il faut de l'eau de mer, du soleil et du vent.
> b. 1. Faux – 2. Vrai – 3. Faux – 4. Vrai

▶▶▶ **Activités complémentaires :** Entraîne-toi n° 14, p. 45, Cahier, p. 21

à ton tour !

11 **Préparation de la tâche**

Faire lire la consigne et préciser les différentes étapes demandées :
1. choisir une marque qui a pour logo un animal (voir réponses de l'exercice 5 si besoin) ;
2. faire des recherches (à la maison) sur cet animal et sur ces éventuelles menaces ;
3. rédiger la fiche selon le modèle ;
4. préparer la présentation et ajouter quelques mots d'ouverture et de clôture. Exemples : *Je vais vous présenter le logo de… / Voici le logo que je vais vous présenter… Avez-vous des questions ? / Que pensez-vous de ce logo ? / Merci de m'avoir écouté(e)* ;
5. s'entraîner à présenter son logo à l'aide de la grille d'auto-évaluation.

Je présente le logo de ....

	oui	non	remarque
Je respecte la consigne.			
J'utilise un vocabulaire précis et varié.			
J'utilise une formule pour commencer et une autre pour finir.			
Je parle fort et je regarde le public.			

Présentation individuelle

Scinder la classe en sous-groupes : 6 élèves présentent à tour de rôle leur sélection, le reste de la classe travaille dans le calme et en autonomie.
Pendant qu'un élève présente sa sélection, les cinq autres écoutent et co-évaluent.

Tu présentes le logo de ....

	oui	non	remarque
Tu respectes la consigne.			
Tu utilises un vocabulaire précis et varié.			
Tu utilises une formule pour commencer et une autre pour finir.			
Tu parles fort et tu regardes le public.			

Utiliser également cette grille pour évaluer et ajouter une rubrique : *La prochaine fois, pense à…*

Pour aller plus loin

Proposer à chaque élève de le filmer pour qu'il / elle mette cette présentation dans le dossier de son portfolio.
Placarder les fiches dans la classe ou à l'extérieur de la classe.

Retour sur les productions et l'attitude
S'assurer que chacun a bien compris ce qui a été réussi et ce qui doit être amélioré lors de la présentation suivante. Faire également un retour sur l'attitude de la classe en général pendant la co-évaluation et le travail en autonomie.

Entraîne-toi

GRAMMAIRE

La fréquence

1 Faire lire la consigne et les items. Demander aux élèves de recopier la phrase avec l'adverbe correct.

> **Corrigé :**
> a. Il/Elle éteint *toujours* les lumières après les cours. b. Il/Elle *ne gaspille jamais* le pain à la cantine. c. Il/Elle va *rarement* au collège en voiture.

2 Faire lire la consigne puis faire écouter l'enregistrement. Proposer aux élèves de rédiger à deux les 5 phrases demandées. Faire écouter à nouveau pour leur permettre éventuellement de se corriger. Demander à plusieurs élèves d'écrire leurs phrases au tableau. Faire valider par la classe.

> **Transcription :**
> a. Les bains, je n'aime pas ça, moi, c'est la douche tous les matins !
> b. Pour les anniversaires, je recycle des objets pour fabriquer des cadeaux !
> c. Je vais au collège en vélo 3 ou 4 fois par semaine.
> d. À la cantine, après le repas, nous trions le papier et le plastique.

> **Proposition de corrigé :**
> Le matin, je prends *toujours* une douche. Je ne prends *jamais* de bain. *Parfois / Quelquefois* je recycle des objets. Je vais *souvent* au collège en vélo. Je vais *quelquefois* au collège en voiture. *Souvent*, à la cantine, nous trions le papier et le plastique.

3 Faire lire la consigne et les items. Demander aux élèves d'en discuter par deux. Faire ensuite une mise en commun à l'oral.

> **Proposition de corrigé :**
> a. J'éteins rarement / souvent l'ordinateur que je ne l'utilise pas. b. J'utilise souvent / Je n'utilise jamais du papier recyclé. c. Je mets toujours / souvent / quelquefois mon jean au moins trois fois avant de le laver.

La suggestion

4 Faire lire la consigne et les items. Demander aux élèves d'écrire la phrase obtenue. Puis demander à un(e) élève d'écrire les trois phrases qu'il/elle a obtenues au tableau. Faire valider par la classe.

> **Corrigé :**
> a. Tes déchets, tu peux les trier. b. Tes vêtements, tu peux les laver à l'eau froide. c. Le chauffage de ta chambre, tu peux le baisser la nuit.

🏆 Champion !

5 Faire lire la consigne et les questions. S'assurer que les élèves sont concentrés et faire écouter l'enregistrement. Procéder immédiatement et oralement à la correction.

> **Transcription :**
> *Aujourd'hui, nous allons recycler les pots en verre : des petits pots de confitures et des grands pots de haricots. Pour les décorer, il faut seulement de la peinture et de l'imagination, c'est tout ! Avec un petit pot, tu peux faire un super pot à crayons et, avec un grand pot, tu peux faire un vase ! Facile, non ?*

> **Corrigé :**
> a. Gullia fait des pots à crayons et des vases avec des pots en verre. (Il n'est pas nécessaire de faire préciser *petits pots de confitures* et *grands pots de haricots* car *confitures* et *haricots* ne sont pas connus.) b. Il faut de la peinture et de l'imagination.

6 Faire lire la consigne et les items. Demander immédiatement les réponses et les faire valider par la classe.

> **Corrigé :**
> a – 4 ; b – 3 ; c – 2 ; d – 1

Pour aller plus loin

Enrichir l'exercice en demandant aux élèves d'apporter des photos d'objets fabriqués en matières recyclées pour faire deviner à la classe de quelle matière il s'agit ou projeter quelques photos d'objets recyclés.

Infos

Exemple de diaporama :
http://www.elle.fr/elle/Deco/Guide-shopping/Tous-les-guides-shopping/Recyclage-notre-tri-selectif

ENTRAÎNE-TOI — MODULE 3

La quantité : *très* et *trop*

7 **8** Les exercices 7 et 8 peuvent être faits en autonomie. Demander aux élèves de recopier les phrases. Procéder ensuite à une correction, si possible, en projetant les exercices au tableau et en les faisant corriger par un(e) élève dont les réponses sont validées par la classe.

> **Corrigé exercice 7 :**
> a. – 1 ; b. – 2 ; c. – 4 ; d. – 3
>
> **Corrigé exercice 8 :**
> a. Pour économiser de l'énergie, n'allume pas la lumière *trop* tôt le soir. b. Prendre l'avion pour partir en vacances, ce n'est pas *très* écolo. c. Si l'on ne fait rien pour la planète aujourd'hui, demain, il sera *trop* tard. d. Trier ses déchets, c'est *très* simple et c'est bon pour l'environnement.

LEXIQUE

Les gestes pour l'environnement

9 L'exercice peut être fait en autonomie ou pas. Faire lire la consigne et les items. Demander aux élèves de chercher d'abord les réponses seuls de mémoire, puis si besoin de chercher dans la leçon 1 et enfin de comparer leurs réponses à celle(s) d'un camarade.

> **Corrigé :**
> a. *éteindre* la lumière, la climatisation ; b. *couper* l'eau et l'électricité ; c. *faire* des économies d'énergie ; d. *aller* en vélo au collège ; e. *trier* le papier, le plastique ; f. *prendre* les transports en commun ; g. *prendre* une douche au lieu d'un bain ; *baisser/éteindre* le chauffage

10 L'exercice peut être fait en autonomie ou non. Faire lire la consigne et les items. Demander à l'élève qui lit l'item d'indiquer tout de suite où le classer. Faire valider par la classe.

> **Corrigé :**
> *Mauvais pour l'environnement :* réchauffement climatique, disparition des espèces, pollution
> *Bon pour l'environnement :* économie d'énergie, recyclage, défense des animaux, protection de la planète, tri des déchets

Pour aller plus loin

Enrichir l'exercice en demandant aux élèves d'apporter des illustrations de chacun de ces faits et en faire un poster.

Les matières

11 a. Faire lire la consigne et les devinettes. Demander aux élèves de chercher les réponses par deux. Procéder à la correction.
b. Toujours par deux, demander aux élèves de rédiger une autre devinette sur une feuille de papier. Veiller, en passant dans les rangs, à une relative correction des formulations. Ramasser les devinettes. Les distribuer aléatoirement. Si un binôme ne veut / peut pas répondre à la devinette qu'il a reçue, il peut l'échanger avec un autre binôme et ce, une seule fois ! À tour de rôle, chaque binôme lit la devinette et y répond. Faire valider par la classe.

> **Proposition de corrigé :**
> a. 1. un cahier ou un livre (ou un classeur) ;
> 2. une canette ; 3. un verre
> b. C'est en papier. Il donne des informations tous les jours. Qu'est-ce que c'est ? *Réponse attendue :* le journal. – C'est en plastique et on l'utilise tous les jours pour écrire. *Réponse attendue :* un stylo.

12 L'exercice peut être fait en autonomie. Faire lire la consigne et l'exemple. Demander aux élèves de faire l'exercice individuellement puis de comparer leurs réponses à celles d'un(e) camarade. Procéder à la correction : faire écrire chaque phrase au tableau par un élève différent et faire valider la phrase par la classe.

> **Corrigé :**
> a. Il faut treize bouteilles pour fabriquer un tee-shirt. b. Il faut deux cent cinquante canettes pour fabriquer un vélo. c. Il faut une bouteille en verre pour fabriquer une bouteille en verre.

Les grands nombres

13 (🔊 40) Faire lire la consigne. Demander à trois élèves de venir au tableau, chacun devant écrire sur une partie du tableau ce qu'il entend. Les autres élèves écrivent sur une feuille ou un cahier. Faire écouter l'enregistrement. Demander ensuite à la classe de valider les nombres écrits au tableau. Penser à remercier les trois élèves quelque soit leur degré de réussite !

> **Transcription :**
> *a. cinq cent trente mille*
> *b. trois millions*
> *c. quarante-cinq millions*
> *d. huit milliards*

> **Corrigé :**
> a. 530 000 ; b. 3 000 000 ; c. 45 000 000 ;
> d. 8 000 000 000

Pour aller plus loin

Si la classe s'en amuse, poursuivre l'exercice en demandant à un élève de dire un grand nombre que les autres doivent écrire en chiffres.

Les animaux en voie de disparition

14 Faire lire la consigne et solliciter des réponses rapides.

> **Corrigé :**
> a. une baleine ; b. un pingouin ; c. un crocodile ; d. une tortue ; e. une otarie ; f. un lion ; g. un éléphant

COMMUNICATION

Exprimer une opposition

15 Faire lire la consigne. Demander aux élèves de recopier le début de la phrase et d'écrire la fin. Demander à trois élèves différents d'écrire leur proposition au tableau et les faire valider par la classe.

> **Corrigé :**
> a. En ville, je prends le bus au lieu de prendre la voiture. b. Au lieu de jeter sans réfléchir, je trie mes déchets / je recycle / je donne mes vieux objets. c. Je lis mes messages sur mon ordinateur au lieu de les imprimer.

PHONÉTIQUE

Prononciation de la consonne finale des chiffres

16 Faire lire la consigne. Demander aux élèves de lire les phrases dans leur tête d'abord. Puis demander à plusieurs élèves de lire les phrases oralement. Faire valider la prononciation des grands nombres par la classe. Puis faire écouter l'enregistrement pour comparer.

apprendre à apprendre

Voir Introduction méthodologique p. 7 et 10 et module 1 p. 35.

Évaluation DELF

Compréhension de l'oral

Mettre les élèves en situation d'examen, sans pour autant leur imposer une pression inutile.

1 Laisser du temps aux élèves pour découvrir les questions. Passer une première fois l'enregistrement. Laisser à nouveau du temps pour répondre aux questions. Passer une deuxième fois l'enregistrement. Les laisser compléter leurs réponses puis corriger oralement.

> **Transcription :**
> Aujourd'hui : le sac en plastique.
> Le grand problème des sacs en plastique ?
> La majorité ne sont pas bio-dé-gra-dables !
> …/…
> Temps de fabrication : 1 seconde ! Durée d'utilisation : 20 minutes ! Durée de vie sur la planète : entre 200 et 300 ans !!
> En plus, souvent le sac en plastique n'est pas jeté dans une poubelle : on le retrouve dans la nature, sur les plages… Il peut aussi être la cause de la mort de nombreuses baleines ou tortues.
> Que faire ? On peut remplacer son sac en plastique par des sacs réutilisables et recyclables. C'est ce que font beaucoup de Français depuis quelques années. En effet, la France a réduit sa consommation de sacs en plastique, ces dernières années, de 17 milliards à 3 milliards ! Un geste simple et écolo !

> **Corrigé :**
> a. – 3 ; b. – 2 ; c. – 3 ; d. – 2 ; e. – 2
> (1 point par réponse correcte)

Évaluation DELF — MODULE 3

Production orale

2 Si possible, évaluer les élèves individuellement pendant que les autres travaillent en autonomie ou leur demander de s'enregistrer.

Grille pour l'évaluation

Respect de la consigne Donne les consignes suivantes : – éteindre l'ordinateur quand on ne s'en sert pas ; – prendre une douche ; – éteindre les lumières quand on sort ; – fermer le réfrigérateur rapidement ; – trier les déchets.	0,5 point par conseil		
Construction des phrases et respect des règles de grammaire.	0	1	1,5
Phonologie et fluidité.	0	0,5	1

Proposition de corrigé :
Il faut éteindre l'ordinateur quand on ne l'utilise pas. Il ne faut pas prendre de bain mais une douche rapide. Il faut éteindre les lumières et la télévision quand on quitte une pièce. Il faut fermer la porte du réfrigérateur rapidement. Il faut trier ses déchets.

Compréhension des écrits

3 Laisser les élèves travailler individuellement, en autonomie et sans aide.

Corrigé :
a. Loïc a vu un reportage à la télé / un reportage sur une discothèque. *(1 point)*
b. La discothèque est écologique. *(1 point)*
c. Pour réduire la consommation en électricité, la discothèque fonctionne avec l'énergie des pas des danseurs. *(1 point)* Pour réduire la consommation en eau, ils récupèrent l'eau de pluie. *(1 point)* Pour réduire les déchets, ils ont des verres non jetables et ils réutilisent les bouteilles pour décorer la discothèque. *(1 point)*

Production écrite

4 Laisser les élèves travailler individuellement, en autonomie et sans aide. Préciser que la production doit être de 60 mots environ.

Grille pour l'évaluation

Respect de la consigne : présentation d'une opération originale.	0	0,5	1	1,5	2
Respect des règles de rédaction d'un mél.	0	0,5	1		
Construction des phrases et respect des règles de grammaire.	0	0,5	1		
Orthographe.	0	0,5	1		

Proposition de corrigé :
Bonjour Manu,
J'ai lu dans le journal que Lacoste participe à l'opération « Sauvez votre logo ». Tu connais le logo de Lacoste ? C'est un petit crocodile vert et les crocodiles sont en danger. Et bien, la marque donne de l'argent pour les sauver. C'est super, non ? Je vais chercher sur Internet voir si d'autres marques participent aussi à l'opération.
À bientôt,
Mohammed

Sois branché(e) !

MODULE 4

Objectifs du module

p. 47-58

Apprendre à...
- décrire des objets et parler de leur(s) fonction(s)
- exprimer une quantité, une proportion
- faire des comparaisons
- dater des inventions
- demander, donner et nuancer une opinion
- décrire la manière
- parler des nouvelles technologies et des inventions

Pour...
- parler des objets de ta génération
- donner ton opinion sur des inventions importantes
- présenter un objet de ton invention
- faire le portrait d'un scientifique et de ses inventions

Grammaire
- les pronoms relatifs *qui* et *que / qu'*
- la comparaison (comparatif et superlatif (1))
- les adverbes en *-ment*

Lexique
- les objets et les inventions
- la quantité et les proportions
- la date passée

Phonétique
- les homophones

Culture
- les inventeurs dans la bande dessinée francophone

Discipline
- mathématiques
- histoire

Apprendre à apprendre
Comment reconnaître les homophones les plus courants ?

Inviter les élèves à ouvrir leur manuel p. 47 et à observer la page. Les laisser réagir librement.
Puis, faire lire le titre du module. Demander aux élèves d'émettre des hypothèses sur le sens du titre.
Si nécessaire, apporter une aide en demandant aux élèves laquelle de ces phrases est synonyme :
a. Allume ton ordinateur ! b. Téléphone ! c. Utilise les nouvelles technologies ! Réponse attendue : c.

Ouverture

1 Faire lire la consigne de l'exercice et demander aux élèves, par deux ou trois, de chercher le plus de mots possible à partir de l'illustration. Ils trouveront dans le lexique thématique p. 122 le mot *une fusée* que l'on pourra accepter même s'il s'agit plutôt ici d'une navette spatiale (voir corrigé).

Corrigé :
De gauche à droite et de bas en haut : une voiture / une 2CV (dire « deux chevaux »), un pont métallique, une console de jeu vidéo, une ampoule (électrique), une navette spatiale / une fusée, un téléphone portable, le début d'une adresse de site Internet (dire « h t t p deux points slash slash »), une télécommande de télévision, un engrenage, une icône d'ordinateur, une télécommande de console de jeu (Wii), une touche de clavier d'ordinateur avec le signe « arobase », un ancien téléphone, le professeur Tournesol de la bande dessinée *Tintin*, la formule d'Einstein $E = MC_2$ (dire « E égale M C deux »).

LEÇON 1 2 3 4 — MODULE 4

Pour aller plus loin
Demander à quelques élèves de donner à l'oral leur adresse électronique en français en utilisant « arobase » et « point ».

2 Faire lire la consigne de l'exercice. S'assurer que les élèves sont concentrés. Leur suggérer de fermer les yeux s'ils le souhaitent. Faire écouter l'enregistrement. Demander des réponses dès la fin de l'écoute.

> **Corrigé :**
> (en italique, les mots que les élèves connaissent ou peuvent induire) *Un moteur*, le démarrage d'un *ordinateur Windows*, la numérotation d'un *téléphone*, quelqu'un qui tape sur un clavier, deux sonneries de téléphone, un fax / un télécopieur, une imprimante, le compte à rebours puis le *départ* / le décollage d'une *fusée* / d'une *navette spatiale*.

3 Faire lire la consigne. Les élèves savent qu'ils peuvent trouver également des éléments de réponses dans le contrat d'apprentissage.

> **Corrigé :**
> Nous allons parler des nouvelles technologies et d'inventions.

4 Faire lire la consigne. Il est possible que les élèves n'aient pas de réponses spontanées. Leur suggérer d'associer les inventions suivantes : la montgolfière, le télégraphe électrique, l'alphabet pour les aveugles, le vaccin contre la rage / la pasteurisation (procédé qui consiste à retirer les germes des produits laitiers) à leur(s) inventeur(s). *Respectivement : les frères Montgolfier, Ampère, Louis Braille, Louis Pasteur.*

LEÇON 1 — Sois branché(e) : Débranche !

Inviter les élèves à ouvrir le manuel p. 48, à observer l'affiche et à établir un lien entre le titre du module et celui de la leçon pour induire le sens de ce dernier, à savoir : *N'utilise pas tout le temps les nouvelles technologies !* Demander de préciser de quelle technologie il va être plus précisément question dans la leçon. Réponse attendue : *le téléphone portable / le mobile*.

Infos
Les « Smartphones » ou téléphones portables pouvant être connectés à Internet s'appellent officiellement des « ordiphones » en français. Cependant, ce terme est rarement utilisé par les Français.

1 Faire lire la consigne et solliciter des réponses spontanées.

Pour aller plus loin
Demander à un élève de noter au tableau sous la dictée de la classe ce que l'on peut faire avec un téléphone portable ou un ordiphone. Remercier chaleureusement l'élève.   …/…

…/…
Suggestions : téléphoner, envoyer / recevoir des SMS, envoyer / recevoir des méls, naviguer sur Internet, chatter / discuter sur une messagerie instantanée, participer à un forum, écrire, écouter de la musique, lire (un document, l'heure…), prendre une photo, filmer, consulter des horaires de train, se faire réveiller…
Ne pas exiger une liste exhaustive. Laisser la liste au tableau pour pouvoir la compléter plus tard.

COMPRÉHENSION

2 Faire lire la consigne et les items sans les expliciter encore. Laisser suffisamment de temps aux élèves pour observer l'affiche et en lire les textes. Leur dire de ne pas lire le document à droite. Solliciter ensuite une réponse rapide et la faire valider par la classe.
Prolonger l'exercice en explicitant *addiction*, par exemple en donnant d'autres exemples d'addictions : à la drogue, au tabac, aux jeux, aux séries télévisées, à la nourriture…

Selon la réceptivité de la classe, prolonger ou non la discussion sur les addictions, éventuellement avec des collègues de sciences.

> **Corrigé :**
> b.

3 Avant de commencer, demander de quel type de document il s'agit. Réponse attendue : *un site Internet avec des commentaires d'internautes*. Faire lire la consigne et les items. Demander aux élèves de chercher les réponses d'abord individuellement puis de les comparer à celles d'un(e) camarade. Mettre en commun les réponses en les faisant valider par la classe.

> **Corrigé :**
> **a.** L'objectif de la journée est de lutter contre le stress, réduire une grande partie des ondes qui nous entourent, se rendre compte que l'on peut vivre sans portable. **b.** Didier n'a pas eu de difficultés. Zaza et Anne ont eu des difficultés à vivre sans leur portable. **c.** *Suggestions :* Parce qu'il est toujours avec nous, parce qu'il fait ce que l'on veut, parce qu'il nous obéit…

Pour aller plus loin

1. Expliciter le terme *les accros* en demandant quelle est la définition correcte : les personnes qui ne peuvent pas vivre sans quelque chose ou les personnes qui accrochent des posters partout.
2. Expliciter l'adjectif *allergique* en donnant un exemple d'allergie alimentaire : *Quand Sophie mange du poisson, elle devient rouge. Elle est allergique au poisson.* et demander aux élèves de la classe s'ils ont des allergies.
3. Demander aux élèves s'ils savent combien de personnes ont un portable dans leur pays.
4. Compléter, si nécessaire, la liste des fonctions d'un portable / ordiphone à l'aide du texte.

COMMUNICATION

4 Faire lire la consigne et associer rapidement des illustrations à une fonction. Puis, faire lire silencieusement le tableau et multiplier les exemples avec les trois constructions. Expliquer qu'on utilise *Ça sert à…* pour parler d'un type d'objet et *Il / Elle sert à…* pour parler d'un objet en particulier : *Le téléphone, ça sert à téléphoner ! Mon téléphone sert aussi à filmer.*

> **Corrigé :**
> **a.** écouter de la musique – **b.** écrire des messages – **c.** naviguer sur Internet – **d.** s'orienter avec un GPS

5 Faire lire la consigne. Demander aux élèves de se mettre par deux pour imaginer les fonctions du portable du futur. Leur suggérer d'utiliser un dictionnaire bilingue pour enrichir leurs productions. Mettre en commun et afficher les descriptions.

> **Proposition de corrigé :**
> Avec le K-21W, on peut savoir si on est en bonne santé ou non.
> Avec le K-21W, il ne faut pas de batterie. Il se recharge avec la lumière du soleil.
> Le K-21W ressemble à un bijou.

▶▶▶ **Activités complémentaires :** Entraîne-toi n° 11, p. 57 ; Cahier n° 1, p. 24

GRAMMAIRE

6 Faire lire la consigne et les items. Laisser suffisamment de temps aux élèves pour trouver les réponses. Puis faire corriger au tableau par un élève. La classe valide les réponses.
Quand l'exercice est corrigé, écrire au tableau ou projeter les phrases suivantes :
L'objectif est de lutter contre le stress. Le portable provoque du stress.
L'objectif est de réduire les ondes. Les ondes nous entourent.
J'ai fait des choses. Je n'ai pas le temps de faire normalement des choses.
Puis demander aux élèves de réfléchir par trois (et sans regarder le manuel) et de dire quand on utilise *qui / que / qu'* et s'il existe la même chose dans leur langue maternelle.
Mettre les réponses en commun pour obtenir un consensus. Puis comparer la règle obtenue à celle énoncée dans le tableau.

> **Corrigé :**
> **a.** le stress qu'il provoque / qui nous entourent
> **b.** des choses que je n'ai pas le temps

7 Faire lire la consigne et les items. Demander aux élèves de recopier les phrases sur leur cahier et de mettre en évidence le pronom relatif. Laisser suffisamment de temps à chacun. Ceux qui ont fini avant peuvent comparer leurs réponses à celles d'un(e) camarade.
Si possible, projeter les phrases au tableau et demander à un élève de venir les compléter et d'expliquer à voix haute son raisonnement. Faire valider les réponses et le raisonnement par la classe.

LEÇON 1 2 3 4 MODULE 4

Corrigé :
a. C'est un appareil qu'on peut transporter et qui sert à se connecter à Internet… (un téléphone / un ordiphone) b. C'est un appareil qui permet d'écouter de la musique et qu'on peut mettre dans sa poche. (un lecteur MP3 / un Iphone / un ordiphone) c. C'est un appareil que nous utilisons pour regarder des vidéos et qui est connecté à la télé. (un lecteur vidéo, de DVD ou de Blue Ray / une tablette numérique)

8 Faire lire la consigne. Proposer aux élèves de se mettre par deux ou trois pour rédiger une définition et, éventuellement, pour créer une illustration de l'objet dont ils veulent faire deviner le nom. Suggérer qu'ils peuvent s'aider de l'exercice précédent. Quand tous les élèves sont prêts, faire afficher les illustrations puis demander à chaque sous-groupe de lire sa définition. S'assurer de la convivialité en privilégiant les compétences communicatives plutôt que les seules compétences linguistiques.

9 Révise tes maths !
Faire lire la consigne. Laisser assez de temps aux élèves pour trouver l'information dans le texte (60 millions de téléphones pour 65 millions d'habitants) et faire faire le calcul :
(60 × 100) : 65 = 92,3.

Corrigé :
Vrai

▶▶▶ **Activités complémentaires :** Entraîne-toi n°s 1, 2 et 3, p. 56 ; Cahier n° 2, p. 24

LEXIQUE

10 Faire lire le tableau. Puis faire lire la consigne et les items. Solliciter des réponses spontanées.

Proposition de corrigé :
a. 100 % de mes copains ont un portable. 9 de mes copains sur 10 ont un portable. b. La plupart / La majorité de mes copains sont accros aux nouvelles technologies. c. La moitié de mes copains ont une console de jeux. 1 de mes copains sur 2 a une console de jeux.

▶▶▶ **Activités complémentaires :** Entraîne-toi n° 9, p. 57 ; Cahier n° 3, p. 24

à ton tour !

11 Préparation de la tâche
Faire lire la consigne, l'expliciter en donnant éventuellement l'exemple du téléphone portable et faire préciser les différentes étapes demandées. Les élèves doivent être de plus en plus autonomes pour la préparation de la tâche. Préciser la longueur de la production (entre 80 et 120 mots) et rappeler de petites règles de participation à un forum : créer son pseudo, faire attention au langage et aux idées exprimées pour ne vexer personne, ne pas donner d'informations personnelles (adresse, téléphone…).

Je participe au forum sur les objets de ma génération.

	oui	non	remarque
Je présente au moins deux objets indispensables pour ma génération.			
Je dis à quoi ils servent.			
Je dis quelle proportion de jeunes a ces objets.			
Je dis pourquoi ils sont indispensables.			
Je respecte les règles d'orthographe du français.			

Mise en œuvre
Laisser suffisamment de temps aux élèves pour écrire leur production, passer parmi eux pour les soutenir et aider ceux qui en ont le plus besoin.
Quand les élèves sont prêts, leur demander de se mettre par trois et de co-évaluer les productions des uns et des autres à l'aide de la grille ci-après et de corriger ensemble le plus d'erreurs possible.

Procéder à votre évaluation.
Faire recopier les productions, si possible sur un ordinateur, pour pouvoir présenter toutes les productions sous la forme d'un forum.

Tu participes au forum sur les objets de ta génération.

	oui	non	remarque
Tu présentes au moins deux objets indispensables pour ta génération.			....
Tu dis à quoi ils servent.			....
Tu dis quelle proportion de jeunes a ces objets.			....
Tu dis pourquoi ils sont indispensables.			....
Tu respectes les règles d'orthographe du français.			....

Pour aller plus loin

Garder une trace (photocopie, impression, photographie) de la production pour la placer, si l'élève le souhaite, dans le dossier de son portfolio.

Retour sur les productions et l'attitude
Faire un retour collectif à partir des erreurs les plus courantes et les plus importantes. Afficher les productions dans la classe ou à l'extérieur de la classe ou bien, idéalement, les publier sur le blog de la classe.

LEÇON 2 — Sois branché(e) ! : Comment faisait-on avant ?

Inviter les élèves à ouvrir leur manuel p. 50. Lire le titre de la leçon et éventuellement faire une activité courte et ludique autour de *avant / après*. Par exemple, demander aux élèves de lever un bras si la phrase que vous allez énoncer est correcte et de lever un pied si la phrase est incorrecte. Suggestions : *Lundi est avant mardi. / Mars est après février. / Novembre est avant octobre. / 14 heures est avant midi…* Si l'activité fonctionne bien, laisser des élèves proposer des phrases à leur tour.

1 Faire lire la question et demander aux élèves de se mettre par trois pour y répondre. Procéder ensuite à une mise en commun. Si les élèves ont peu de propositions, leur proposer une série d'inventions et leur demander si elles correspondent à la génération de leurs parents (un baladeur, un tourne-disque, une télévision en couleur, le portable, le mp3…). Cette activité peut donner lieu à des échanges surprenants : la génération des parents n'est pas toujours très bien connue !

COMPRÉHENSION

2 Faire lire la consigne. Demander aux élèves de cacher la transcription pour faire l'exercice. Laisser suffisamment de temps. Demander aux élèves de comparer leurs réponses à celles d'un(e) camarade. Puis mettre en commun, si possible, en projetant le document du journal au tableau et en demandant à un(e) élève de barrer ce qui est incorrect et de le corriger. Faire valider les réponses par la classe.

LEÇON 1 2 3 4   MODULE 4

Corrigé :
L'invention la plus ~~inutile~~ importante de tous les temps.
Il était ~~plus facile~~ moins facile / pas aussi facile de s'informer.
Les gens avaient ~~plus~~ moins de temps pour leurs loisirs.

Pour aller plus loin

Proposer à quelques élèves de donner les circonstances (de dire ce qu'on faisait / ne pouvait pas faire avant une invention) et les autres devinent l'invention.

▶▶▶ **Activités complémentaires :** Entraîne-toi n°s 4 et 5, p. 56 ; Cahier n° 1 p. 25

GRAMMAIRE

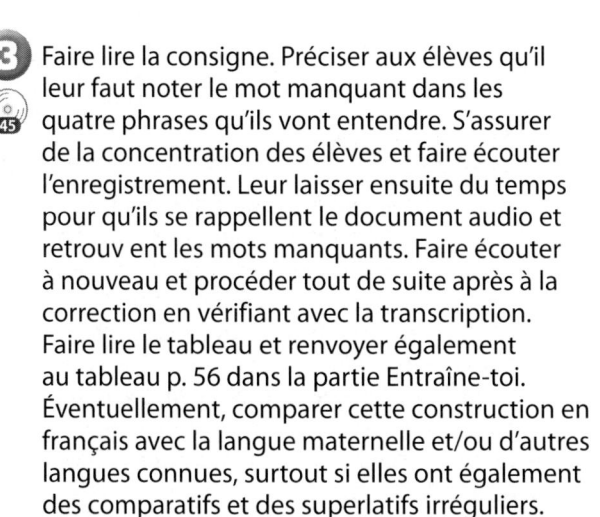

3 Faire lire la consigne. Préciser aux élèves qu'il leur faut noter le mot manquant dans les quatre phrases qu'ils vont entendre. S'assurer de la concentration des élèves et faire écouter l'enregistrement. Leur laisser ensuite du temps pour qu'ils se rappellent le document audio et retrouvent les mots manquants. Faire écouter à nouveau et procéder tout de suite après à la correction en vérifiant avec la transcription. Faire lire le tableau et renvoyer également au tableau p. 56 dans la partie Entraîne-toi. Éventuellement, comparer cette construction en français avec la langue maternelle et/ou d'autres langues connues, surtout si elles ont également des comparatifs et des superlatifs irréguliers.

Transcription
a. Alors, quelle est pour toi l'invention la * importante de tous les temps et pourquoi ?
b. Humm... à mon avis, c'est... Internet parce que, avant, quand Internet n'existait pas, ce n'était pas * facile que maintenant de s'informer ou de communiquer avec ses amis...
c. On devait travailler beaucoup *...
d. et on n'avait pas * temps que maintenant pour les loisirs !

Corrigé :
a. plus – b. aussi – c. plus – d. autant de

LEXIQUE

5 *Révise ton histoire !*
Faire lire la consigne et les items. Demander aux élèves d'émettre des hypothèses et les noter au tableau. Faire écouter l'enregistrement pour valider ou non les hypothèses précédemment émises. Faire lire le tableau après la correction.

Transcription
– L'invention de l'ordinateur date du 20e siècle, de 1940 exactement.
– L'invention de l'iPad date du début du 21e siècle : de 2010.
– L'invention de l'aiguille date de 18 000 ans avant notre ère.
– L'invention de l'imprimerie date de 1450.
– L'invention de la roue date de l'Antiquité : de 3 500 ans avant notre ère.

Corrigé : *Voir transcription.*

Pour aller plus loin

Pour vérifier que les élèves maîtrisent le vocabulaire du temps et des périodes, faire compléter les phrases suivantes : *Un millénaire est une période de … ans ou de … siècles. Un siècle est une période de … ans ou de … décennies. Une décennie est une période de … ans. Un an est une période de … mois.*

Faire lire la consigne de l'activité et laisser du temps aux élèves pour se documenter. Faire une mise en commun en classe et noter au tableau une phrase complète pour chaque nouvelle invention trouvée.

Pour aller plus loin

Demander aux élèves de préparer des diapositives ou un document sous PowerPoint pour constituer une présentation multimédia des inventions qui pourra être placée sur le blog de la classe.   …/…

4 Faire lire la consigne et les items. Proposer aux élèves de se mettre par deux pour écrire leurs réponses. Donner du vocabulaire : *une plume, une bougie, une lampe à huile, un jeu de société / des cartes…* Pour la correction, demander à un ou plusieurs élèves d'écrire les phrases obtenues au tableau. Faire valider par la classe.

Proposition de corrigé :
Quand il n'y avait pas d'avion, on voyageait plus en bateau, en train et en voiture / on polluait moins la planète.
Quand il n'y avait pas de crayons, on utilisait plus de plumes.
Quand il n'y avait pas d'ampoule électrique, on utilisait plus de bougies et de lampes à huile. On avait moins de lumière.
Quand il n'y avait pas de jeux vidéo, on jouait plus aux jeux de société et aux cartes.

…/…
Il sera bon de donner un modèle de diapositive avec le nom de l'invention (en français et dans la langue des élèves), sa date d'invention, son inventeur et une phrase de commentaire.

▶▶▶ **Activités complémentaires :** Entraîne-toi n° 10, p. 57 ; Cahier n° 2, p. 25

COMMUNICATION

6 Faire lire la consigne. Donner un exemple pour demander une opinion et donner une opinion (voir corrigé). Faire rappeler les expressions vues au cours de la leçon 2 du module 1 (manuel p. 15). Puis laisser suffisamment de temps aux élèves pour relire la transcription et comparer leurs réponses. Puis mettre en commun en notant les expressions relevées au tableau. Faire lire le tableau et expliquer les expressions qui ne sont pas dans la transcription.

> **Corrigé :**
> *Demander l'opinion :* Je peux te poser quelques questions ? / Quelle est pour toi / pour vous… ? / Je peux avoir votre opinion ? / Tu n'es pas d'accord avec moi ?
> *Donner l'opinion :* À mon avis, c'est… / Pour moi c'est… / Je crois que…

7 Faire lire la consigne. S'assurer que les élèves sont concentrés et leur proposer de former des sous-groupes de 3 ou 4 élèves pour discuter de chaque phrase qu'ils vont entendre.
Rappeler (ou faire rappeler), à cette occasion, les règles de discussion en groupe : utilisation du français, respect des tours de parole, respect des opinions de chacun et volume sonore contrôlé. Faire écouter une phrase et arrêter l'enregistrement pour laisser chaque sous-groupe en discuter.
Faire un retour sur l'activité quand les trois phrases ont été discutées.

> **Transcription**
> *a.* Quand les portables n'existaient pas, c'était bien : nos parents ne nous appelaient pas toutes les cinq minutes pour savoir où on était ! On avait plus de liberté ! …/…

…/…
b. Internet, c'est bien pour les jeunes comme nous, mais pour les personnes âgées… La plupart ne savent pas l'utiliser !
c. Les jeux vidéo ? Les garçons sont plus forts que les filles. Ça, c'est sûr !

▶▶▶ **Activités complémentaires :** Entraîne-toi n° 12, p. 57 ; Cahier n° 3, p. 25

à ton tour !

8 Préparation avant le cours
Pour animer la classe, former des groupes de 2 puis de 4 élèves, préparer des étiquettes avec d'un côté une lettre de l'alphabet et de l'autre le nom d'un(e) scientifique. Pour former les groupes de 2, les élèves devront trouver le/la camarade qui a la même lettre (il faut donc avoir 2 fois la même lettre !). Pour former les groupes de 4, chaque groupe de 2 doit trouver l'autre groupe qui a le/la même scientifique (il faut donc 4 étiquettes avec le même nom !).

Mise en œuvre de l'activité
Faire lire la consigne. Distribuer les étiquettes et en expliquer l'utilisation. Indiquer aux élèves qu'ils n'ont que 6 à 7 minutes pour trouver leur(s) partenaire(s) et se mettre d'accord par deux puis par quatre. Rappeler les règles de discussion en sous-groupes. Pendant que les élèves font l'activité, passer entre les sous-groupes pour réguler et apporter de l'aide, si nécessaire. Indiquer clairement quand les temps de discussion en sous-groupes de 2 puis de 4 s'arrêtent. Quand les groupes de 4 sont d'accord, procéder à une mise en commun. Faire écrire au tableau les trois inventions retenues et dont le choix est justifié.

Pour aller plus loin
Créer un poster collectif avec les inventions les plus citées.

Retour sur les productions et l'attitude
Faire un retour collectif au sujet des productions langagières et de l'attitude au cours de l'activité.

LEÇON 3 — Sois branché(e) ! — Un étrange stylo

MODULE 4

Inviter les élèves à ouvrir leur manuel p. 52 ou projeter la page au tableau. La faire observer. Demander aux élèves de commenter le dessin librement et d'identifier le plus d'objets possible. Faire lire le titre de la leçon. Demander aux élèves d'émettre des hypothèses sur l'étrange stylo et les noter au tableau.

1 Faire lire la question et solliciter des réponses spontanées. Établir un lien entre le titre et la question pour enrichir, éventuellement, les hypothèses émises précédemment.

COMPRÉHENSION

2 **Préparation possible :** Demander aux élèves de fermer leurs manuels et d'écouter l'enregistrement du texte. Ensuite, faire lire le texte à voix basse individuellement. Préciser aux élèves que le texte contient du vocabulaire qu'ils ne connaissent pas forcément et qu'ils doivent d'accepter de ne pas tout comprendre mais qu'ils peuvent, en cas de blocage, utiliser un dictionnaire.
Quand ils se sentent prêts, ils peuvent répondre à l'écrit et en autonomie aux questions puis comparer leurs réponses à celles d'un(e) camarade. Mettre les réponses en commun.

> Corrigé :
> a. La scène se passe dans une classe. Les personnages sont un professeur et deux élèves.
> b. Le narrateur a honte / est triste (l. 4-5 « J'essayais de ne pas pleurer, de me dominer, de ravaler mes larmes. ») parce qu'il a fait beaucoup de fautes / d'erreurs dans une dictée. c. Parce que c'est un stylo qui fait des fautes / erreurs. d. (proposition) Monsieur Schmytzwersteinblock vend des objets étranges !

Pour aller plus loin

1. Comparer le texte avec les hypothèses émises avant la lecture.
2. Faire imaginer comment ce stylo peut écrire la phrase : « Je suis un stylo qui ne respecte pas l'orthographe. »
3. Inventer d'autres objets bizarres que peut vendre Monsieur Schmytzwersteinblock.

…/…

…/…

4. Lire à voix haute la note sur le passé simple (dont l'étude ne relève pas du niveau A2 ; il ne s'agit ici que de permettre aux élèves de comprendre les formes des verbes du texte). Faire relever oralement les formes au passé simple et demander, toujours oralement, de l'associer à une forme au passé composé que vous aurez écrite au tableau.

> Corrigé :
> l. 11 dis-je → ai-je dit (préciser que la forme inversée ici est littéraire) ; l. 13 : Lulu prit → Lulu a pris ; Il écrivit → Il a écrit ; l. 15 : Je le vis → Je l'ai vu ; l. 18 dit Lulu → a dit Lulu

PHONÉTIQUE

3 Faire lire la consigne et les items. Solliciter une réponse rapide et la faire valider par la classe.

> Corrigé :
> b.

Pour aller plus loin

Demander aux élèves de donner des exemples d'homophones dans leur langue maternelle. Leur demander aussi comment s'appellent les mots comme qui ont l'item **a** comme définition (synonymes) et ceux qui ont l'item **c** comme définition (homographes).

4 Faire lire la consigne. Laisser du temps aux élèves pour faire l'exercice et comparer leurs réponses avec celles d'un(e) camarade. Proposer aux élèves de se servir d'un dictionnaire pour chercher le sens des mots qu'ils ne connaissent pas.
Faire écouter l'enregistrement pour vérifier. Puis corriger en demandant ses réponses à un(e) apprenant(e) et en les faisant valider par la classe.

> **Transcription**
> 1. verre – 2. mètre – 3. fer – 4. fin – 5. laid – 6. met – 7. mer – 8. maire – 9. maître – 10. lait – 11. mais – 12. mère – 13. vert – 14. mes – 15. faim – 16. mettre – 17. vers – 18. faire – 19. les – 20. mai

Corrigé :
[vɛʀ] 1, 13, 17 ; [mɛtʀ] 2, 9, 16 ; [fɛʀ] 3, 18 ; [fɛ̃] 4, 15 ; [lɛ] 5, 10, 19 ; [mɛʀ] 7, 8, 12 ; [me] 6, 11, 14, 20

5 Faire écouter l'enregistrement. Demander aux élèves de s'entraîner à lire le texte à voix basse. Proposer à des volontaires de le lire à voix haute. Valoriser les productions !

> **Transcription**
> *Il était une fois, dans la ville de Foix, une marchande de foie qui s'est dit : « Ma foi, c'est la première fois et la dernière fois, que je vends du foie dans la ville de Foix ! »*

Pour aller plus loin
Proposer aux élèves de créer un rap à partir de cette phrase et d'enregistrer le rap.

▶▶▶ **Activités complémentaires :** Entraîne-toi n°s 13 et 14, p. 57 ; Cahier n°s 2 et 3, p. 26

GRAMMAIRE

6 Faire lire la consigne et les items. Si nécessaire, les expliciter et les recopier au tableau en soulignant *attention* et *évident*. Laisser le temps aux élèves de chercher dans le texte. Puis corriger au tableau en montrant la transformation entre l'adjectif féminin et l'adverbe.
Puis faire écouter « attentivement » l'enregistrement. Faire relire par un élève à voix haute le cas des adverbes en -amment / -emment qui demande une attention particulière.

> **Transcription**
> *Les adverbes en -ment*
> *doux → doucement ; vrai → vraiment ;*
> *suffisant → suffisamment ; patient → patiemment ;*
> *précis → précisément ; profond → profondément ;*
> *énorme → énormément*

Corrigé :
a. attentivement
b. évidemment

7 Faire lire la consigne. Demander aux élèves de recopier l'exercice sur leur cahier, de faire les transformations puis de les comparer avec celles d'un(e) camarade. Pour corriger, projeter, si possible, l'exercice au tableau. Demander à un apprenant d'effectuer les transformations et à un autre de lire le texte obtenu. Faire valider par la classe.

Corrigé :
Toute la classe attendait patiemment sa copie. Le professeur s'est tranquillement approché de moi et m'a tendu ma rédaction ; malheureusement il y avait 100 fautes !!! Lulu a pris le stylo et a écrit nerveusement son prénom. Moi, je pleurais bruyamment : j'avais honte !

▶▶▶ **Activités complémentaires :** Entraîne-toi n°s 6 et 7, p. 56 ; Cahier n° 1, p. 26

COMMUNICATION

8 a. Faire lire la consigne et les noms des objets. Laisser du temps aux élèves pour lire les descriptions et faire les associations. Pour corriger, demander à un élève de lire à voix haute la description de la lampe à bascule (à l'aidant pour la prononciation difficile de *fauteuil*), à un autre de lire celle de l'appareil photo panoramique et finalement à un dernier celle de l'écouteur pour téléphone portable.
b. Faire lire la question et l'expliciter si elle n'est pas comprise. Solliciter des réactions spontanées.

Corrigé :
La lampe à bascule : 2 – l'appareil photo panoramique : 3 – l'écouteur de téléphone portable : 1

à ton tour !
9 Préparation de la tâche
Faire lire la consigne et préciser les différentes étapes demandées :
1. inventer un objet farfelu par deux ;
2. préparer une / des grande(s) feuille(s) de papier, des feutres, trouver (à la maison) une illustration ;
3. préparer la présentation orale ; proposer aux élèves de mettre leur objet en valeur comme dans une émission de télé-achat (voir les descriptions de l'exercice 8) ;
4. auto-évaluer son affiche et sa présentation.

LEÇON 1 2 [3] 4 — **MODULE 4**

Je crée un objet farfelu ....

et le présente avec ....

	oui	non	remarque
Je collabore efficacement et calmement avec mon / ma camarade.			
Je respecte la consigne et utilise un vocabulaire précis.			
Je soigne l'orthographe.			
Je produis une affiche qui respecte les règles graphiques (utilisation de la surface, écriture lisible, caractères de différentes tailles, illustration).			
Je parle clairement et avec entrain.			
Nous parlons chacun notre tour.			

Mise en œuvre
Placarder les affiches et procéder aux présentations avec un sous-groupe et demander aux autres élèves de travailler en autonomie selon la procédure expliquée dans le module 1.
Faire co-évaluer les productions. Veiller à la qualité de cette co-évaluation.

Tu crées un objet farfelu ....

et le présentes avec ....

	oui	non	remarque
Tu collabores efficacement et calmement avec ton / ta camarade.			
Tu respectes la consigne et utilises un vocabulaire précis.			
Tu soignes l'orthographe.			
Tu produis une affiche qui respecte les règles graphiques (utilisation de la surface, écriture lisible, caractères de différentes tailles, illustration).			
Tu parles clairement et avec entrain.			
Vous parlez chacun votre tour.			

Pour aller plus loin

1. Proposer aux élèves de les filmer et de prendre une photo de leur affiche pour qu'ils conservent des traces de leur production dans le dossier de leur portfolio.
2. Faire élire les trois objets les plus farfelus.

Retour sur les productions et l'attitude
Faire un retour sur la qualité des productions, de la co-évaluation et du travail mené en autonomie.

LEÇON 4 — Bande de savants

Inviter les élèves à ouvrir leur manuel p. 54-55 ou projeter la double page au tableau. La faire observer et demander aux élèves de la commenter librement. Faire lire le titre de la leçon et attirer l'attention des élèves sur le jeu de mots entre *bande dessinée* et l'expression familière *bande de savants*.

1 Faire lire les questions et solliciter des réponses spontanées. Suggérer aux élèves d'utiliser le lexique de la description physique du module 2.

2 Faire lire la consigne et les questions. Solliciter des réponses spontanées au fur et à mesure.

> **Corrigé :**
> **a.** 1. Léonard (*Léonard*) – 2. Panoramix (*Astérix et Obélix*) – 3. Isaac Newton (*Rubrique-à-brac*) – 4. Professeur Tournesol (*Tintin*)
> **b.** Ce sont des hommes. Ils sont vieux. Ils ont un doigt levé (ils ont compris quelque chose ou ils ont une idée). Trois savants portent la barbe et un vêtement long.
> **c.** Non.

3 Faire lire la consigne et laisser du temps aux élèves pour lire les informations et faire les associations. Mettre en commun les réponses.

> **Corrigé :**
> 1 – b ; 2 – d ; 3 – a ; 4 – c

4 Faire lire la consigne et l'item **a**. Solliciter des réponses rapides. Corriger puis laisser les élèves travailler sur l'item **b**.

> **Corrigé :**
> **a.** Auguste Piccard – Professeur Tournesol
> **b.** Léonard de Vinci – Léonard **c.** Isaac Newton – Isaac Newton **d.** il y a 2 physiciens : Vrai – il y a 1 philosophe : Faux (il y en a 2) – il y a deux Européens : Faux (il y en a 3) – il y a 1 peintre : Vrai

5 Faire lire la consigne. Puis proposer aux élèves de se mettre par deux pour lire le document et faire les associations. Demander leurs réponses à quatre élèves différents et les faire valider par la classe.

> **Corrigé :**
> a – 2 – A ; b – 4 – D ; c – 1 – C ; d – 3 – B

6 Faire lire la question et demander des réponses immédiates qui sont validées par la classe.

> **Corrigé :**
> 1 – c ; 2 – b ; 3 – a

Pour aller plus loin

Si les élèves montrent un intérêt pour la bande dessinée,
1. ne pas hésiter à leur montrer les ouvrages cités ou d'autres ;
2. enrichir la conversation sur la BD ;
3. leur proposer de présenter les BD qu'ils lisent.

7 À ton tour ! La tâche peut être proposée individuellement ou par deux. Il faudra dans ce cas d'adapter les grilles pour les évaluations.

Préparation de la tâche
Faire lire la consigne et préciser les différentes étapes demandées :
1. choisir un(e) scientifique ;
2. faire des recherches (à la maison) ;
3. le/la dessiner d'une façon à la manière d'une BD (ajouter des traits pour les expressions, agrandir le nez ou les yeux…). Il est toutefois important de ne pas dévaloriser ici les élèves qui ne seraient pas doués en dessin. Au contraire, il faudra valoriser les élèves qui ont soigné le dessin et ceux qui l'auront particulièrement réussi ! ;
4. préparer la présentation et ajouter quelques mots d'ouverture et de clôture ;
5. s'entraîner à présenter le/la scientifique à l'aide de la grille d'auto-évaluation.

Je présente

	oui	non	remarque
Je respecte la consigne.			
J'utilise un vocabulaire précis et varié.			
J'utilise une formule pour commencer et une autre pour finir.			
Je parle fort et je regarde le public.			
J'ai fait un dessin.			

Présentation individuelle
Scinder la classe en sous-groupes : 6 élèves présentent à tour de rôle le/la scientifique, le reste de la classe travaille dans le calme et en autonomie.
Pendant qu'un élève présente le/la scientifique, les cinq autres écoutent et co-évaluent.

Tu présentes

	oui	non	remarque
Tu respectes la consigne.			
Tu utilises un vocabulaire précis et varié.			
Tu utilises une formule pour commencer et une autre pour finir.			
Tu parles fort et tu regardes le public.			
Tu as fait un dessin.			

Utiliser également cette grille pour évaluer et ajouter une rubrique : *La prochaine fois, pense à…*

Pour aller plus loin

Proposer à chaque élève de le filmer pour qu'il / elle mette cette présentation et son dessin dans le dossier de son portfolio.
Placarder les dessins des élèves qui le souhaitent dans la classe ou à l'extérieur de la classe.

Retour sur les productions et l'attitude
S'assurer que chacun a bien compris ce qui a été réussi et ce qui doit être amélioré lors de la présentation suivante. Faire également un retour sur l'attitude de la classe en général pendant la co-évaluation et le travail en autonomie.

▶▶▶ **Activités complémentaires** : Cahier p. 27

Entraîne-toi

GRAMMAIRE

Les pronoms relatifs *qui* et *que / qu'*

1 Laisser autant que possible les élèves travailler en autonomie. Passer dans les rangs et montrer de l'intérêt pour le travail réalisé, soutenir et réguler. Suggérer aux élèves qui ont fini avant les autres de comparer leurs réponses. Pour la correction, si possible, projeter l'exercice et le faire corriger au tableau par un(e) élève. La classe valide les réponses.

> **Corrigé :**
> a. Brahim a acheté le dernier téléphone de la marque Poire qui est très connue. b. Les téléphones Poire sont de vrais bijoux que beaucoup de gens rêvent d'acheter !

2 Démarche identique à celle de l'exercice 1.

> **Corrigé :**
> que certains adorent – qui ne sont pas vraiment fans de Poire – que vous pourrez acheter – qu'il faut absolument avoir

3 Démarche identique à celle de l'exercice 1. Dire aux élèves qu'ils peuvent écrire plusieurs réponses pour chaque item s'ils ont des idées.

> **Proposition de corrigé :**
> a. Avec mon portable, j'écoute la musique que j'aime ! b. Envoyer un SMS avec son portable, c'est une chose qui est très facile. c. *Avatar*, c'est un film que je n'ai pas vu.

La comparaison

4 Faire lire la consigne et les items. Suggérer aux élèves de prendre des notes pendant l'écoute. Passer l'enregistrement. Laisser du temps aux élèves pour noter leurs réponses, faire les modifications et éventuellement les comparer à celles d'un(e) camarade. Procéder à la correction. Puis faire écouter une deuxième fois l'enregistrement.

> **Transcription**
> – Regarde, Zac, c'est mon nouvel ordinateur. Je l'ai eu hier pour mon anniversaire.
> – Moi, j'ai un Tex-300 depuis 2 ans et il fonctionne encore très bien.
> – Mais un Tex-300, c'est vieux et c'est gros ! Ça pèse 3 kg. Mon Mini Pac, il pèse 1 kg et …/…
>
> …/…
> il fonctionne mieux parce qu'il est très rapide.
> – Hum, tu oublies l'environnement : un Mini Pac, ça utilise plus d'énergie qu'un Tex-300. C'est important ça !
> – Tu as raison. Une chose est sûre : toi, tu aimes beaucoup ton ordinateur et moi, j'aime beaucoup mon ordinateur !

> **Corrigé :**
> a. Faux – L'ordinateur de Zac est plus gros que celui d'Élise. b. Faux – Le Tex-300 fonctionne moins bien que le Mini Pac. c. Faux – un Mini Pac, ça utilise plus d'énergie qu'un TEX-300 d. Vrai

5 Démarche identique à celle de l'exercice 1. Éventuellement, expliciter le lexique qui gênerait ou mettre des dictionnaires à disposition des élèves.

> **Proposition de corrigé :**
> La tour Eiffel est le monument payant le plus visité (au monde). La cathédrale Notre-Dame est l'attraction touristique la plus visitée de Paris. La tour Montparnasse est l'immeuble habité le plus haut de France.

Les adverbes en -*ment*

6 Démarche identique à celle de l'exercice 1.

> **Corrigé :**
> facilement – profondément – suffisamment – heureusement – calmement

7 Démarche identique à celle de l'exercice 1. Faire lire les phrases obtenues à voix haute.

> **Corrigé :**
> a. facilement ; b. suffisamment – calmement ; c. profondément / calmement

🏆 Champion !

8 Démarche identique à celle de l'exercice 1.

> **Corrigé :**
> qui sert aux voitures et aux camions – qui – officiellement ouvert depuis 2004 / C'est le pont le plus haut du monde – plus grand que la tour Eiffel – quotidiennement

Évaluation DELF — MODULE 4

LEXIQUE

Exprimer la quantité, les proportions

9 Démarche identique à celle de l'exercice 1.

> **Proposition de corrigé :**
> Envoyer un SMS : Beaucoup d'utilisateurs envoient un SMS. Les trois quarts des utilisateurs envoient un SMS. – Jouer sur Internet : Une minorité d'utilisateurs jouent sur internet. (Très) peu d'utilisateurs jouent sur Internet. – Prendre des photos : La moitié des utilisateurs prend des photos. Un utilisateur sur deux prend des photos. – Écouter de la musique : Un quart des utilisateurs écoutent de la musique. Peu d'utilisateurs écoutent de la musique.

Exprimer une date passée

10 Démarche identique à celle de l'exercice 1.

> **Corrigé :**
> Quand nos parents – À cette époque-là – avant les années 70 – Internet a été créée en 1989 – Avant son invention

COMMUNICATION

Parler des fonctions d'un objet

11 Démarche identique à celle de l'exercice 1.

> **Proposition de corrigé :**
> **a.** Un ordinateur, ça sert à écrire une lettre. Avec un ordinateur, on peut surfer sur Internet. C'est utile pour envoyer un mél. **b.** Un téléphone portable, ça sert à téléphoner ! Avec un téléphone portable, on peut prendre des photos. C'est utile pour envoyer un SMS. **c.** Un couteau suisse, ça sert à couper. Avec un couteau suisse, on peut scier. C'est utile pour ouvrir une bouteille.

Demander, donner et nuancer son opinion

12 Démarche identique à celle de l'exercice 1.

> **Corrigé :**
> Pour – d'accord – À mon – pense / crois – Mais / par contre

PHONÉTIQUE

Les homophones

13 Faire réaliser l'exercice en autonomie. Procéder à la correction en demandant à un(e) ou plusieurs élèves d'écrire leurs réponses au tableau. Faire valider les réponses par la classe.

> **Corrigé :**
> **a.** sans – **b.** d'en – **c.** peu – **d.** paire – **e.** cour

14 Faire lire la consigne. Passer l'enregistrement. Puis procéder à la correction en demandant à un(e) ou plusieurs élèves d'écrire leurs réponses au tableau. Faire valider les réponses par la classe.

> **Transcription**
> 1. Tu cours dans la cour avec ton pantalon trop court.
> 2. Vers 4 h, j'ai laissé mon verre de lait sur le meuble vert.
> 3. Le maître m'a dit de mettre le mètre dans le placard de la classe.

> **Corrigé :**
> **a.** cours – cour – court ; **b.** vers – verre – vert ; **c.** maître – mettre – mètre

apprendre à apprendre

Voir Introduction méthodologique p. 7 et 10 et module 1 p. 35.

Évaluation DELF

Compréhension de l'oral

Mettre les élèves en situation d'examen, sans pour autant leur imposer une pression inutile.

1 Laisser du temps aux élèves pour découvrir les questions. Passer une première fois l'enregistrement. Laisser à nouveau du temps pour répondre aux questions.

> **Transcription**
> *Enquêteur : Allô ? Bonjour, madame Lopez.*
> *Fille : Bonjour, madame Lopez, c'est ma mère. Moi, c'est Anaïs, sa fille.*
> *Enquêteur : Vous avez un téléphone ou un ordinateur de la marque Pac chez vous, je crois. Je voudrais vous poser des questions.*
> *Fille : Oui, j'ai un téléphone Pac, un P.A.6.*

> …/…
> **Enquêteur :** Et vous avez aussi un ordinateur ?
> **Fille :** Moi non. Mais mon grand frère, oui.
> **Enquêteur :** OK. Parlons de votre portable. À quoi vous sert-il le plus ?
> **Fille :** À téléphoner ! Et après, à envoyer des SMS.
> **Enquêteur :** Qu'est-ce que vous faites aussi avec votre mobile ?
> **Fille :** Je fais des photos et des films. J'adore ça !
> **Enquêteur :** À votre avis, que doit faire le téléphone du futur ?
> **Fille :** Je ne sais pas si je peux le dire… faire les devoirs de français !
> **Enquêteur :** Ah, je ne suis pas sûr de ça ! Mais merci pour vos réponses à notre enquête !

Corrigé :
1. a – d *(1 point par réponse correcte)*

2 Passer une deuxième fois l'enregistrement. Laisser les élèves compléter leurs réponses.

Corrigé :
b – f *(1 point par réponse correcte)*

3 Les laisser répondre à la question, puis corriger oralement.

Corrigé :
(Le téléphone du futur doit faire) les devoirs de français. *(1 point – ne pas pénaliser les erreurs d'orthographe)*

Production orale

4 Si possible, évaluer les élèves individuellement pendant que les autres travaillent en autonomie ou leur demander de s'enregistrer.

Grille pour l'évaluation

Respect de la consigne : 5 objets choisis.	0	0,5	1	1,5	2
Construction des phrases (variées) et respect des règles de grammaire.	0	0,5	1	1,5	2
Phonologie et fluidité.	0	0,5	1		

Proposition de corrigé :
Je choisis une boîte d'allumettes parce que c'est utile pour faire à manger ; un livre, pour lire et pour faire du feu ; un couteau suisse pour scier un arbre ; un chapeau qui sert à se protéger du soleil et un téléphone portable pour envoyer des SMS !

Compréhension des écrits

5 Laisser les élèves travailler individuellement, en autonomie et sans aide.

Corrigé :
a. On conseille un ordinateur portable parce qu'il est petit et léger. **b.** On conseille un ordinateur de bureau parce que le clavier est (plus) grand. **c.** On conseille un ordinateur de bureau parce qu'on peut mettre une meilleure carte-son. **d.** On conseille un ordinateur de bureau parce que c'est moins cher. **e.** On conseille un ordinateur de bureau parce qu'il est moins fragile. *(1 point par réponse correcte – Ne pas pénaliser l'orthographe)*

Production écrite

6 Laisser les élèves travailler individuellement, en autonomie et sans aide. Préciser que la production doit être de 60 mots environ.

Grille pour l'évaluation

Respect de la consigne : justification d'un choix d'ordinateur.	0	0,5	1	1,5	2
Lexique précis.	0	0,5	1		
Construction des phrases et respect des règles de grammaire.	0	0,5	1		
Orthographe.	0	0,5	1		

Proposition de corrigé :
Clément : Moi, je préfère un ordinateur de bureau parce que j'aime bien faire des jeux vidéo. Avec un ordinateur de bureau, j'ai une bonne carte-son et un grand écran. C'est plus confortable.
Lucie : Moi, j'ai un ordinateur portable. C'est très utile pour mes reportages, pour écrire mes articles, envoyer des méls… C'est plus simple quand on voyage !

Fais ton cinéma !

MODULE 5

Objectifs du module

p. 59-70

Apprendre à...
- exprimer des goûts cinématographiques
- exprimer l'enthousiasme, la déception ou l'indifférence
- décrire des situations et des événements passés
- comprendre des exagérations en langage familier
- exprimer un désir, une possibilité, un fait imaginaire
- parler du cinéma et des métiers du cinéma

Pour...
- faire le portrait d'un(e) de tes acteurs / actrices préféré(e)s
- donner ton opinion sur un film
- préparer un tournage
- adapter un livre pour le cinéma

Grammaire
- les pronoms *y* (lieu) et *en* (COD)
- l'imparfait et le passé composé
- le conditionnel

Lexique
- le lexique du cinéma
- les genres de films
- les métiers du cinéma

Phonétique
L'élision du *ne* dans le registre familier

Culture
Les adaptations littéraires au cinéma

Discipline
Littérature

Apprendre à apprendre
Comment lire plus souvent ?

Inviter les élèves à ouvrir leur manuel p. 59 et à observer la page. Les laisser réagir librement.
Puis, faire lire le titre du module. Exceptionnellement, on peut proposer directement la question 3 et solliciter une réponse minimale : *On va parler de cinéma*.

Ouverture

1 Faire lire la consigne de l'exercice et demander aux élèves, par deux ou trois, de chercher le plus de mots possible à partir de l'illustration. Ils peuvent éventuellement se référer au lexique thématique p. 123 et essayer d'associer quelques mots inconnus à l'illustration.

Corrigé :
De gauche à droite et de bas en haut : un ticket de cinéma, une étoile bleue, le mot « Cannes » (ville célèbre pour son festival de cinéma qui a lieu en mai tous les ans), un clap, une bobine de film, Marion Cotillard sur un tapis rouge, des lunettes pour regarder un film en 3D, un fauteuil de metteur en scène, un paquet de pop-corn, un verre de soda, Audrey Tautou dans le film *Le Fabuleux Destin d'Amélie Poulain*, un caméraman

2 Faire lire la consigne de l'exercice. S'assurer que les élèves sont concentrés. Leur suggérer de fermer les yeux s'ils le souhaitent. Faire écouter l'enregistrement. Demander des réponses dès la fin de l'écoute. Si les élèves ont des difficultés à faire des propositions, leur demander s'ils ont entendu « Silence, moteur ! » ou « Silence ! Moteur demandé ! ». Réponse : « *Silence ! Moteur demandé* ».

> **Corrigé :**
> Des personnes qui parlent, « Silence ! Moteur demandé ! », « Ça tourne ! Action ! », le début d'une séance de cinéma, « Excusez-moi, je peux m'asseoir ici ? », quelqu'un qui mange du pop-corn, « On se met devant ? », un générique, une scène de film d'action (musique et crissement de pneus de voiture), un bruitage de dessin animé, des rires, un générique de dessin animé

3 Faire lire la question et solliciter une réponse immédiate. Il est intéressant ici de demander une réponse plus précise en demandant aux élèves de s'aider du contrat d'apprentissage.

> **Corrigé :**
> On va parler de cinéma, des acteurs, des films, du tournage d'un film et de l'adaptation d'un livre pour le cinéma.

4 Faire lire la consigne. Si les élèves ne font pas de propositions, il peut être judicieux de leur montrer des photos d'acteurs ou d'actrices francophones.

> **Proposition de corrigé :**
> Gérard Depardieu, Jean Dujardin, Alain Delon, Romain Duris, Vincent Cassel, Jean Reno… Catherine Deneuve, Isabelle Adjani, Cécile de France, Isabelle Huppert, Catherine Frot, Emmanuelle Béart…

LEÇON 1 — Fais ton cinéma ! — Histoires à succès !

Inviter les élèves à ouvrir leur manuel p. 60. Faire lire le titre et demander aux élèves d'émettre des hypothèses sur la nature et le contenu du document. Noter les hypothèses au tableau.

1 Faire lire les questions. Éventuellement en expliciter le sens en donnant un exemple : *Timothée veut être acteur pour avoir une voiture de luxe. La nuit, quand il dort, il rêve qu'il a une voiture de luxe. Une voiture de luxe fait rêver Timothée.* Proposer aux élèves d'y répondre d'abord par deux. Mettre ensuite les réponses en commun.

COMPRÉHENSION

2 Faire lire la consigne et le document. Éventuellement, demander à un élève d'expliciter le mot *casting*. Puis demander sa réponse à un élève. La classe valide la réponse. Valider également les hypothèses émises avant la lecture du document.

> **Corrigé :**
> Le site touslescastings.com sert à s'inscrire comme acteur à la recherche d'un casting et sert aux directeurs de casting pour trouver des acteurs.

3 Faire lire la consigne. Laisser suffisamment de temps aux élèves pour lire les items et le document. Faire les associations puis demander aux élèves de comparer leurs réponses à celles d'un(e) camarade. Demander ensuite leurs associations à des élèves et les faire valider par la classe.

> **Corrigé :**
> **a.** Alice – **b.** Claire – **c.** Claire – **d.** Nils

Pour aller plus loin

Demander aux élèves de préparer par deux d'autres items (2 ou 3) sur le modèle de ceux l'exercice 3 et de les proposer ensuite à leurs camarades.
Suggestions : … va avoir un rôle principal. / … va jouer dans une série télé. / … s'est inscrit sur tous les castings. / … va jouer le rôle d'un magicien.

LEXIQUE

4 Démarche identique à celle l'exercice précédent.

> **Corrigé :**
> a – 2 ; b – 1 ; c – 3 ; d – 6 ; e – 4 ; f – 5

LEÇON 1 2 3 4 — MODULE 5

5 Faire lire le tableau sur les genres de films et les expliquer en donnant des explications, si nécessaire. Faire lire la consigne. Laisser un peu de temps aux élèves pour trouver les réponses. Demander à un(e) élève ses réponses et les faire valider par la classe.

> **Corrigé :**
> a. un documentaire ; b. une comédie romantique ; c. un film d'animation ; d. un film d'aventures

Pour aller plus loin

1. Si possible, prolonger l'exercice en projetant / montrant d'autres affiches de films.
2. Demander aux élèves d'autres exemples pour chaque genre de film. Les exemples peuvent être pris dans n'importe quelle culture.

6 Faire lire la consigne et solliciter des réponses spontanées.

Pour aller plus loin

Organiser un sondage rapide dans la classe : qui aime les comédies romantiques ? qui aime les films d'horreur… ? et faire créer un poster avec les résultats et des illustrations.

▶▶▶ **Activités complémentaires :** Entraîne-toi n° 8, p. 68 et n° 9, p. 69 ; Cahier n° 3, p. 30

GRAMMAIRE

7 a. Faire lire la consigne et les items. Demander à une moitié de la classe de chercher rapidement la réponse pour le premier item et demander à l'autre moitié de la classe de chercher celle pour le second. Le premier élève qui trouve la réponse lève la main. Mettre en commun les réponses.
b. Faire lire la question et solliciter une réponse rapide. La valider en faisant lire le tableau. Rappeler aux élèves qu'ils ont déjà vu le pronom « en » COI dans la leçon 3 du module 1 : *en* avec le verbe *jouer de* : *jouer d'un instrument* → *en jouer*.
c. Faire lire la consigne. Proposer aux élèves de travailler par deux. Pour corriger, si possible, projeter le document de la p. 60 et demander à un élève de souligner les phrases avec *y* ou *en*, d'encadrer les pronoms et de dire ce qu'ils remplacent.

> **Corrigé :**
> a. 1. y - 2. en
> b. *réponse acceptée :* y et en servent à remplacer des mots.
> c. Des petits rôles, à 20 ans, Alice en a déjà eu plusieurs. (*en* remplace « des petits rôles »)
> Il y interprète le personnage d'un magicien. (*y* remplace « un film de science-fiction »)

Pour aller plus loin

Demander aux élèves de comparer ce fait de langue avec ceux de leur langue maternelle et d'autre(s) langue(s) qu'ils connaissent.

8 Faire lire la consigne. Laisser suffisamment de temps aux élèves pour écrire leurs réponses et les comparer à celles d'un(e) camarade. Corriger en faisant lire sous la forme d'un dialogue : un(e) élève lit la question, un(e) autre la réponse. Faire valider par le groupe.

> **Corrigé :**
> a. J'y vais souvent. b. Oui, il y en a beaucoup. / Non, il n'y en a pas beaucoup. c. Il y interprète le rôle d'un policier. d. J'en ai passé deux hier.

▶▶▶ **Activités complémentaires :** Entraîne-toi n°s 1 et 2, p. 68 ; Cahier n°s 1 et 2, p. 30

à ton tour !

9 Préparation de la tâche

Faire lire la consigne et préciser les différentes étapes demandées :
1. choisir un(e) acteur / actrice et chercher (à la maison) les informations indiquées dans la consigne ;
2. à ce stade, si les élèves montrent de l'aisance, il est possible de construire avec eux la grille d'évaluation en consultant des grilles utilisées pour d'anciennes tâches similaires
(M1 L1 : présenter une sélection musicale,
M2 L4 : présenter le style d'une célébrité,
M3 L4 : présenter un animal utilisé comme logo,
M4 L3 : présenter un objet de ton invention,
M4 L4 : faire le portrait d'un scientifique).
Il est également possible d'ajouter des paramètres dans la grille.
3. s'entraîner à le / la présenter.

Je présente l'acteur / l'actrice : ....

	oui	Oui, mais pas de façon complète / maîtrisée	non	remarque
Je donne des informations : – sur ses débuts ; – sur ses succès.				....
Je fais des phrases complètes et correctement construites.				....
J'utilise une formule pour commencer et une autre pour finir.				....
Je parle fort et je regarde le public.				....

Présentation individuelle
Utiliser la procédure connue en regroupant 6 élèves environ (ayant des niveaux hétérogènes mais autant que possible pas trop éloignés pour qu'il y ait une stimulation) qui présentent à tour de rôle l'acteur / actrice qu'ils ont choisi et s'auto-évaluent. Demander aux autres de travailler en autonomie.

Tu présentes l'acteur / l'actrice : ....

	oui	Oui, mais pas de façon complète / maîtrisée	non	remarque
Tu donnes des informations : – sur ses débuts ; – sur ses succès.				....
Tu fais des phrases complètes et correctement construites.				....
Tu utilises une formule pour commencer et une autre pour finir.				....
Tu parles fort et tu regardes le public.				....

Utiliser également cette grille pour évaluer et ajouter une rubrique : *La prochaine fois, pense à…*

Pour aller plus loin
Proposer à chaque élève de le filmer pour qu'il / elle mette cette présentation dans le dossier de son portfolio.

Retour sur les productions et l'attitude
S'assurer que chacun a bien compris ce qui a été réussi et ce qui doit être amélioré lors de la présentation suivante. Faire également un retour sur l'attitude de la classe en général pendant la co-évaluation.

LEÇON 1 [2] 3 4 — MODULE 5

Leçon 2 — Fais ton cinéma : Des goûts et des couleurs

Inviter les élèves à ouvrir leur manuel p. 62. Faire observer l'illustration. Faire identifier les personnages, l'endroit où ils se trouvent et imaginer leur dialogue.

1 Faire lire les questions et solliciter des réponses spontanées et, si possible, nuancées et avec des exemples !

COMPRÉHENSION

2 **3** Les deux exercices peuvent être menés en même temps puisque la réponse du premier est quasiment donnée grâce à l'illustration. Faire lire les consignes et les items. Puis faire écouter l'enregistrement en faisant cacher la transcription. Procéder à la correction.

> Corrigé :
> 2. c – 3. Quatre personnes ont aimé le film et deux ne l'ont pas aimé.

LEXIQUE

4 Faire lire la consigne et les items. Faire à nouveau écouter l'enregistrement. Proposer aux élèves de comparer leurs réponses à celles d'un(e) camarade. Demander à tour de rôle une réponse à un(e) élève et la faire valider par la classe en vérifiant dans la transcription.

> Corrigé :
> a – 3 ; b – 5 ; c – 6 ; d – 1 ; e – 4 ; f - 2

5 Faire lire les questions et solliciter des réponses spontanées.

▶▶▶ Activités complémentaires : Entraîne-toi n° 10, p. 69

COMMUNICATION

6 Faire lire la consigne et les exemples. Demander à une partie de la classe de relever les manières de dire ce qui plaît et à l'autre partie de relever les manières de dire ce qui ne plaît pas. Laisser du temps pour la relecture et la comparaison des réponses. Demander à un(e) élève de chaque partie de la classe d'écrire au tableau les expressions qu'il / elle a relevées et faire valider par son groupe. Puis faire écouter et lire en même temps le tableau.

> Corrigé :
> J'ai beaucoup aimé : C'était incroyable ! / Je n'ai pas vu passer le temps passer ! / J'ai très envie de voir le deuxième ! / Superbe ! / J'ai passé un bon moment : à voir absolument !
> Dommage ! : Bof ! / Je suis un peu déçue : ça ne m'a pas beaucoup plu. / C'est pas très confortable.

7 Faire lire les questions. Demander aux élèves d'y répondre en se mettant par quatre. Mettre en commun les réponses en essayant de dégager des consensus.

▶▶▶ Activités complémentaires : Entraîne-toi n° 12, p. 69 ; Cahier n°s 1, 2, p. 31

8 *Remarque* : L'intention ici n'est pas d'apprendre aux élèves à parler en registre familier mais qu'ils sachent pourquoi, lorsqu'ils entendront un document authentique oral, le « ne » de la négation n'apparaît pas.
Faire lire les questions et donner dans la langue maternelle des élèves un exemple pour les registres standard et familier. Faire écouter l'enregistrement, si possible en l'arrêtant après les items b, d, f et h. Solliciter des réponses rapides et les valider immédiatement. Puis faire écouter et lire en même temps le tableau.

> **Transcription**
> a. On voit pas le temps passer. / b. On ne voit pas le temps passer.
> c. Les acteurs ne jouent pas très bien. / d. Les acteurs jouent pas très bien.
> e. C'est pas très confortable. / f. Ce n'est pas très confortable.
> g. Ça ne m'a pas beaucoup plus. / h. Ça m'a pas beaucoup plu.

> Corrigé :
> a. familier ; b. standard ; c. standard ; d. familier ; e. familier ; f. standard ; g. standard ; h. familier

9 Faire lire l'énoncé. Faire écouter chaque phrase séparément en laissant suffisamment de temps aux élèves pour les écrire en registre standard. À la fin de l'écoute, demander à un(e) élève différent(e) d'écrire chaque phrase au tableau. Faire valider la transformation et l'orthographe par le groupe. Remercier l'élève qui a pris un risque en allant au tableau.

> **Transcription**
> *a. Il y avait pas beaucoup de monde dans la salle.*
> *b. Ce film est pas très bon !*
> *c. C'est pas mon acteur préféré.*
> *d. J'ai pas beaucoup aimé !*
> *e. Ça t'a pas plu ?*

> **Corrigé :**
> **a.** Il n'y avait pas beaucoup de monde dans la salle. **b.** Ce film n'est pas très bon ! **c.** Ce n'est pas mon acteur préféré. **d.** Je n'ai pas beaucoup aimé ! **e.** Ça ne t'a pas plu ?

▶▶▶ **Activité complémentaire :** Cahier n° 2, p. 31

GRAMMAIRE

10 Faire lire la consigne, la phrase en couleur et les items. Expliciter *ponctuelle* en donnant un synonyme comme *courte*. Si ce fait de langue est problématique pour les apprenants – car différent dans leur langue maternelle –, ne pas hésiter à leur faire vivre la phrase en leur demandant de s'imaginer dans la salle de cinéma et d'applaudir en allumant les lumières après un moment. Demander ensuite la réponse à un élève et la faire valider par la classe. Enfin, lire le tableau avec la classe.
NB : Ce fait de langue est difficile. Il demande un long entraînement et des révisions régulières. Il sera révisé dans *Adosphère 4*.

> **Corrigé :**
> Quand les lumières se sont allumées → b ;
> la salle applaudissait encore. → a

11 Faire lire la consigne. Demander aux élèves de recopier les phrases et de les compléter dans leur cahier puis de comparer leurs réponses à celles d'un(e) camarade. Projeter l'exercice, si possible, et demander à un(e) élève de le corriger au tableau. Faire valider les réponses par la classe.

> **Corrigé :**
> **a.** Tu as vu le dernier film de James Cameron ? Moi, avant je n'aimais pas ce réalisateur, mais j'ai bien aimé son dernier film. **b.** Hier, on est allés au cinéma, il y avait beaucoup de monde et on a eu peur de ne pas pouvoir entrer.

▶▶▶ **Activités complémentaires :** Entraîne-toi n°s 3 et 4, p. 68 ; Cahier n° 4, p. 31

à ton tour !

12 Préparation de la tâche

Faire lire la consigne et préciser les différentes étapes demandées :
1. parler du dernier film vu et donner son opinion ;
2. simuler le fait de laisser un message sur un répondeur. Faire rappeler ici des actes de parole pour laisser un message : *Allô ! Bonjour, je m'appelle… Au revoir.*
3. à nouveau, si les élèves montrent de l'aisance, il est possible de construire avec eux la grille d'auto-évaluation en consultant des grilles utilisées pour d'anciennes tâches similaires. Il est également possible d'ajouter des paramètres dans la grille.
4. s'entraîner à donner son opinion.

Je laisse un message au sujet du film ....

	oui	Oui, mais pas de façon complète / maîtrisée	non	remarque
Je donne le titre du film et je raconte très simplement l'histoire.				....
Je dis pourquoi j'ai aimé ou non le film.				....
J'utilise une formule pour commencer et une autre pour finir.				....
Je parle clairement.				

LEÇON 1 2 [3] 4 MODULE 5

Présentation individuelle
Si possible, pour simuler le fait de laisser un message, demander aux élèves de s'enregistrer à l'aide de leur téléphone portable ou d'un ordinateur. Faire ensuite évaluer le message par un ou deux autres élèves.

Tu laisses un message au sujet du film ....

	oui	Oui, mais pas de façon complète / maîtrisée	non	remarque
Tu donnes le titre du film et tu racontes très simplement l'histoire.				
Tu dis pourquoi tu as aimé ou non le film.				
Tu utilises une formule pour commencer et une autre pour finir.				
Tu parles clairement.				

Utiliser également cette grille pour évaluer et ajouter une rubrique : *La prochaine fois, pense à…*

Pour aller plus loin
Proposer à chaque élève de placer son enregistrement (ou un lien vers son enregistrement) dans le dossier de son portfolio (électronique).

Retour sur les productions et l'attitude
S'assurer que chacun a bien compris ce qui a été réussi et ce qui doit être amélioré. Faire également un retour sur l'attitude de la classe en général pendant la co-évaluation.

LEÇON 3 Fais ton cinéma !
J'aimerais trop avoir une caméra !

Inviter les élèves à ouvrir leur manuel p. 64 ou projeter la page au tableau. La faire observer. Demander aux élèves de décrire l'illustration, éventuellement en s'aidant du lexique thématique p. 123 (*C'est le tournage d'un film. On voit une actrice.*). Faire lire le titre de la leçon et émettre des hypothèses sur la personne / le personnage du dessin qui peut dire cette phrase.

1 Faire lire les questions et solliciter des réponses spontanées.

COMPRÉHENSION

Préparation possible : Lire l'introduction en italique à voix haute. Demander aux élèves de fermer leurs manuels, d'écouter l'enregistrement et d'accepter de ne pas tout comprendre. Ensuite, faire lire le texte à voix basse individuellement. Quand les élèves se sentent prêts, ils peuvent faire en autonomie les questions de compréhension 2 et 3a puis comparer leurs réponses avec celles d'un(e) camarade.

2 Faire lire la consigne et les questions. Mettre les réponses en commun et les faire valider par la classe.

> **Corrigé :**
> **a.** Il s'agit d'un journal intime. L'auteur utilise « je ». Il indique des dates. **b.** Bastien est un ado de 15 ans qui écrit le journal intime. Clément est le petit frère de Bastien. Maxime est un ami de Clément qui a une caméra et veut devenir acteur. **c.** Le mardi 10, Bastien assiste à un tournage. Il rêve de tourner un film. Il a besoin d'une caméra. Son ami Maxime a une caméra.

3 **a.** Faire lire la consigne et la question. Mettre en commun les réponses qui peuvent toutes être acceptées.
b. Faire lire les questions et demander aux élèves d'y répondre par groupe de trois. Mettre ensuite les réponses en commun. Accepter toutes les réponses.

LEXIQUE

4 Faire lire la consigne. Laisser du temps aux élèves pour chercher les réponses dans le texte et comparer leurs réponses. Demander au tour de rôle à plusieurs élèves leur réponse et la faire valider par la classe.

> **Corrigé :**
> **a.** un projecteur – **b.** le tournage d'un film – **c.** « Moteur ! » ; « Action ! » – **d.** un court-métrage

5 Faire lire les questions et solliciter des réponses rapides.

> **Corrigé :**
> Musique : zique ; la première syllabe a disparu.
> Sympathique : sympa ; la dernière syllabe a disparu.

6 Faire lire la consigne et les items. Demander à tour de rôle à des élèves la réponse à un item et la faire valider par la classe.

> **Corrigé :**
> **a.** une moto – **b.** un micro – **c.** le métro – **d.** un bus – **e.** un stylo – **f.** la météo – **g.** une auto

7 Faire lire la consigne. Demander aux élèves d'écrire à deux leurs réponses sur un cahier. Demander à plusieurs élèves d'écrire leurs réponses au tableau. Puis faire écouter l'enregistrement pour vérifier. Valider également l'orthographe (éventuellement, à l'aide d'un dictionnaire).
Il s'agit ici de langage familier et très courant.

> **Transcription**
> **a.** un restaurant – **b.** un professeur – **c.** le cinéma – **d.** la télévision – **e.** un adolescent – **f.** un après-midi – **g.** un petit-déjeuner – **h.** l'Internet

> **Corrigé :**
> *Voir transcription.*

▶▶▶ **Activités complémentaires :** Cahier n° 1, p. 32

COMMUNICATION

8 Faire lire la consigne et les items. Diviser la classe en deux groupes ; le premier cherche les réponses a et b (qu'ils trouveront très rapidement) et le second celle de l'item c. Mettre les réponses en commun au tableau. Puis faire lire le tableau.

> **Corrigé :**
> **a.** hyper – **b.** trop – **c.** super

9 Faire lire la consigne. Laisser du temps aux élèves pour écrire par deux les phrases transformées dans leur cahier. Demander ensuite à trois élèves différents d'écrire une phrase au tableau. Faire valider ces phrases par la classe.

> **Corrigé :**
> **a.** Ce film est très intéressant ! **b.** J'aime beaucoup cet acteur, il joue très bien ! **c.** Ce cinéma est bien !

▶▶▶ **Activités complémentaires :** Entraîne-toi n°s 13 et 14, p. 69 ; Cahier n° 2, p. 32

GRAMMAIRE

10 Faire lire la consigne et les deux phrases. Solliciter une réponse immédiate et la faire valider par la classe. Puis faire lire le tableau et donner toutes les explications nécessaires.

> **Corrigé :**
> **a.** un désir – **b.** une possibilité

11 Faire lire la consigne. Demander aux élèves de recopier les phrases et de les compléter sur leur cahier puis de comparer leurs réponses avec celles d'un(e) camarade. Projeter, si possible, l'exercice et demander à un(e) élève de le corriger au tableau. Faire valider les réponses par la classe. Rappeler aux élèves qu'ils peuvent consulter le tableau de conjugaison, p. 118-119.

> **Corrigé :**
> Maintenant que j'ai une caméra, je pourrais faire un film et vous seriez les acteurs principaux ? On organiserait un ciné-club au lycée et les autres élèves viendraient voir notre film. On deviendrait très connus dans le lycée !

▶▶▶ **Activités complémentaires :** Entraîne-toi n°s 5, 6 et 7, p. 68 ; Cahier n° 3, p. 32

LEÇON 1 2 **3** 4 — MODULE **5**

à ton tour !

12 Préparation de la tâche et mise en œuvre

Faire lire la consigne, constituer des groupes de trois (par tirage au sort ou par affinité) et préciser les différentes étapes demandées :
1. décider où pourrait être tourné le court-métrage, son thème, son genre, le nombre d'acteurs, leur rôle et son titre ;
2. préparer une affiche ou une présentation multimédia ;
3. s'entraîner à présenter le projet de court-métrage ;
4. s'auto-évaluer.

Pendant que chaque groupe prépare son tournage de court-métrage, passer dans la classe et observer les élèves.

Je prépare un court-métrage avec ....

	oui	Oui, mais pas de façon complète / maîtrisée	non	remarque
J'écoute les idées de mes camarades et j'en donne aussi.				....
Nous donnons les informations demandées sur notre court-métrage.				....
Nous soignons la présentation du poster ou la présentation multimédia (orthographe, disposition, couleurs, illustrations).				....
Nous parlons fort et regardons les autres élèves quand nous leur présentons notre projet de court-métrage.				....

Présentation des courts-métrages

Chaque groupe présente à tour de rôle son court-métrage. Les autres groupes évaluent les présentations. Quand tous les groupes ont fait leur présentation, chaque groupe choisit le meilleur projet de court-métrage à l'aide des critères établis par la classe ou les suivants.
Le projet est :
• réaliste (demande des moyens que nous avons),
• adapté à nos compétences en français (pas trop difficile, pas trop facile),
• adapté à nos goûts cinématographiques.

Vous préparez un court-métrage avec ....

	oui	Oui, mais pas de façon complète / maîtrisée	non	remarque
Vous donnez les informations demandées sur votre court-métrage.				....
Vous soignez la présentation du poster ou la présentation multimédia (orthographe, disposition, couleurs, illustrations).				....
Vous parlez fort et regardez les autres élèves quand vous leur présentez votre projet de court-métrage.				....

Pour l'observation et l'évaluation, utiliser la grille suivante précédente pendant que les élèves travaillent en groupe et lors de la présentation de l'affiche.

Pour aller plus loin

1. Proposer aux élèves de se filmer pour garder une trace de leur production et la placer, s'ils le souhaitent, dans le dossier de leur portfolio.
2. Si l'école est équipée (ou si vous l'êtes), proposer aux élèves de tourner le projet choisi, de le monter et de le montrer à d'autres classes ou de le mettre en ligne sur le blog de la classe.

Retour sur les productions et l'attitude
S'assurer que chacun a bien compris ce qui a été réussi et ce qui doit être amélioré lors du prochain travail en groupe et de la prochaine présentation en groupe.

LEÇON 4 — Fais ton cinéma : Des mots à l'image

Inviter les élèves à ouvrir leur manuel p. 66-67 ou projeter la double page au tableau. La faire observer et demander aux élèves de la commenter librement. Sans lire les textes, leur demander d'émettre des hypothèses le sens du titre des petites illustrations sur les grandes illustrations. Fournir, si nécessaire, les mots *affiche* et *couverture*.

1 Faire lire la consigne et solliciter des exemples d'adaptations cinématographiques connues des élèves. Éventuellement poursuivre le questionnement : *Que penses-tu des adaptations de romans au cinéma ? As-tu déjà été déçu(e) ? Enthousiaste ?*

2 Laisser les élèves lire la consigne, le document et répondre aux items en autonomie, puis leur proposer de comparer leurs réponses avec celles d'un(e) camarade. Procéder ensuite à la correction en demandant à plusieurs élèves leur réponse et en la faisant valider par la classe.

> **Corrigé :**
> a. *De la Terre à la Lune* de Jules Verne. b. Le grand écran et le septième art. c. Vrai (*Les Trois Mousquetaires* et *Les Misérables*). d. L'entrée de la banse dessinée, les adaptations de plus en plus nombreuses, la création d'un prix.

Infos

Méliès est un des pionniers du cinéma avec les frères Lumière. Il est connu pour avoir été l'inventeur des premiers effets spéciaux.
Les Césars, équivalent français des célèbres Oscars américains, sont remis une fois par an, fin février, aux meilleurs professionnels du cinéma par leurs …/…

…/…
confrères. Ils doivent leur nom au sculpteur qui les a créé la statuette remise aux lauréats.

3 **Révise ton cours de littérature !**
Faire lire la consigne puis demander à un élève de lire un titre et de lui associer tout de suite un auteur. Faire valider la réponse par la classe.

> **Corrigé :**
> a – 4 ; b – 3 ; c – 2 ; d – 6 ; e – 1 ; f - 5

Pour aller plus loin

Si les élèves connaissent d'autres adaptions, leur proposer de faire deviner le nom de l'auteur du roman à la classe.

4 Faire lire les consignes. Solliciter des réponses immédiates pour l'item a (il est possible que les élèves ne reconnaissent pas d'acteurs même en lisant les noms sur les affiches, ne pas insister si c'est le cas) et laisser du temps aux élèves pour lire les fiches et faire les associations (item b). Mettre en commun ensuite les réponses et les faire valider par la classe.

> **Corrigé :**
> a. Sur l'affiche du *Petit Nicolas*, les deux acteurs les plus connus sont Valérie Lemercier et Kad Merad, sur l'affiche d'*Ensemble, c'est tout*, on peut reconnaître Audrey Tautou et Guillaume Canet.
> b. a - 2 ; b - 3 ; c - 4 ; d - 1 ; e - 5

5-6 Faire lire les questions et demander aux élèves d'y répondre d'abord dans par groupes de 4 à 5. Mettre ensuite les réponses en commun.

LEÇON 1 2 3 [4] MODULE 5

à ton tour !

7 Préparation de la tâche

Faire lire la consigne, expliciter *synopsis* en renvoyant aux fiches de la p. 67 du manuel et préciser les différentes étapes demandées :

1. choisir un livre ;
2. rédiger le synopsis de l'adaptation ;
3. s'auto-évaluer ;
4. rédiger la version finale du synopsis.

Je rédige le synopsis de l'adaptation du livre

	oui	Oui, mais pas de façon complète / maîtrisée	non	remarque
Je rédige un texte de 60 mots environ.				
J'adapte en changeant au moins un élément du livre.				
J'utilise un vocabulaire précis.				
Je respecte les règles d'orthographe du français.				

Mise en œuvre

Laisser suffisamment de temps aux élèves pour écrire leur production, passer parmi eux pour les soutenir et aider ceux qui en ont le plus besoin.

Quand les élèves sont prêts, leur demander de se mettre par trois et de co-évaluer les productions des uns et des autres à l'aide de la grille ci-dessous et de corriger ensemble le plus d'erreurs possible.

L'enseignant procédera ensuite à une évaluation. Autant que possible, adopter un code pour corriger les productions écrites.

Tu rédiges le synopsis de l'adaptation du livre

	oui	oui, mais pas de façon complète / maîtrisée	non	remarque
Tu rédiges un texte de 60 mots environ.				
Tu adaptes en changeant au moins un élément du livre.				
Tu utilises un vocabulaire précis.				
Tu respectes les règles d'orthographe du français.				

Pour aller plus loin

1. Faire lire à voix haute le synopsis. Les élèves (ceux qui ne l'ont pas co-évalué) doivent deviner quel est le livre qui a été adapté.
2. Si les élèves le souhaitent, leur proposer de créer l'affiche du film.
3. Garder une trace (photocopie, impression, photographie) de la production pour la placer, si l'élève le souhaite, dans le dossier de son portfolio.

Retour sur les productions et l'attitude

Faire un retour collectif à partir des erreurs les plus courantes et les plus importantes. Rédiger un texte commun. Afficher les productions dans la classe ou à l'extérieur de la classe, ou bien, idéalement, les publier sur le blog de la classe.

▶▶▶ Activités complémentaires : Cahier, p. 33

Entraîne-toi

GRAMMAIRE

Les pronoms relatifs *y* et *en*

1 Laisser autant que possible les élèves travailler en autonomie. Passer dans les rangs et montrer de l'intérêt pour le travail réalisé, soutenir et réguler. Suggérer aux élèves qui ont fini avant les autres de comparer leurs réponses. Pour la correction, si possible, projeter l'exercice et le faire corriger au tableau par un(e) élève. La classe valide les réponses.

> **Corrigé :**
> J'y vais environ 8 fois – Ah oui, j'en regarde beaucoup ! – Oui, j'en achète et mes parents m'en offrent de temps en temps – quand j'y vais avec des copains.

2 Laisser du temps aux élèves pour répondre aux questions et échanger les rôles. Demander à deux ou trois groupes volontaires de jouer le dialogue devant la classe. Remercier les élèves volontaires.

L'imparfait et le passé composé

3 Démarche identique à celle de l'exercice 1.

> **Corrigé :**
> a – 4 ; b – 2 ; c – 1 ; d – 3 et 2

4 Démarche identique à celle de l'exercice 1.

> **Corrigé :**
> j'ai vu – étaient – jouaient – m'a beaucoup plu – se passait – étaient – a trouvé – a pris – n'as pas vu

Le conditionnel

5 Faire lire la consigne. Laisser du temps aux élèves pour imaginer et écrire individuellement la fin des phrases. Passer dans les rangs pour valider le plus de phrases possibles. Mettre en commun oralement et à l'écrit au tableau en demandant à plusieurs élèves d'y écrire une phrase. Faire valider par la classe.

> **Proposition de corrigé :**
> a. Avec une caméra, nous pourrions faire un film. b. Avec des lunettes plus confortables, les films 3D seraient plus agréables à regarder. c. Avec un peu de chance, tu pourrais jouer dans un film !

🏆 Champion !

6 Faire lire la consigne et demander à quel temps correspondent les différentes formes verbales données dans la consigne. Si nécessaire, rappeler aux élèves qu'ils peuvent consulter le tableau de conjugaison, p. 118-119 (respectivement : futur simple, conditionnel présent, imparfait, passé composé). Puis laisser suffisamment de temps aux élèves pour recopier et compléter les phrases sur leur cahier et comparer leurs réponses avec celles d'un(e) camarade. Si possible, projeter l'exercice au tableau et demander à un élève de le compléter et de justifier ses réponses. La classe valide. Rassurer les élèves s'ils ont des difficultés en leur disant que les francophones ont également du mal à distinguer le futur simple et le conditionnel avec *je* !

> **Corrigé :**
> a. j'allais (habitude dans le passé) ; b. j'irai (événement futur) ; c. j'irais (possibilité) ; d. j'ai vu (événement passé et ponctuel)

7 Démarche identique à celle de l'exercice précédent. Veiller à la prononciation correcte de *faisait* !

> **Corrigé :**
> a. tu ferais (possibilité) ; b. elle a fait (événement passé et ponctuel) ; c. il faisait (habitude dans le passé) ; d. je ferai (événement futur)

LEXIQUE

Le cinéma

8 Démarche identique à celle de l'exercice 1. Rappeler en corrigeant les items 1 et 2 que l'on ne met pas d'article avant un nom de métier.

> **Corrigé :**
> actrice – figurante – casting – jouer – personnage – écran – cinéma – interpréter – rôle principal – film

Les genres de films

9 Démarche identique à celle de l'exercice 1.

> **Corrigé :**
> a – 1 ; b – 5 ; c – 3 ; d – 4 ; e – 6 ; f – 1

> **Pour aller plus loin**
> Si cela est possible, montrer un extrait ou deux de l'un de ces films !

🏆 Champion !

10 Faire lire la consigne et les items. Puis faire écouter une première fois l'enregistrement. Suggérer aux élèves de prendre des notes

ENTRAÎNE-TOI

MODULE 5

pendant l'écoute. Leur laisser du temps pour compléter les phrases et comparer leurs réponses avec celles d'un(e) camarade. Puis passer l'enregistrement une deuxième fois, juste avant de corriger. Demander à plusieurs élèves leurs réponses et les faire valider par la classe. Écrire ou faire écrire les réponses au tableau.

> **Transcription**
> Il y a trois nouveaux films cette semaine sur les écrans. Mon préféré, c'est 2034, la Terre. C'est un film de science-fiction. Il y a des décors superbes. J'ai adoré les images de l'espace et les effets spéciaux. On ne s'ennuie pas. Dommage, les acteurs ne sont pas toujours très bons.
> Le second, Forces spéciales, c'est un film policier avec des scènes d'action très réussies dans Paris. Bravo aux acteurs !
> Le troisième m'a vraiment déçu. Ailleurs n'est pas un bon film. L'actrice principale, Catherine Laneuve est excellente mais ne me permet pas de vous dire : « Allez voir ce film ». Non, vraiment, n'y allez pas !

> **Corrigé :**
> a. Dans le premier film, les aspects positifs sont les décors, les images et les effets spéciaux. b. Dans le second film, les aspects positifs sont les scènes d'actions dans Paris et les acteurs. c. Dans le troisième film, l'aspect positif est l'actrice principale, Catherine Laneuve.

Les métiers du cinéma

11 Démarche identique à celle de l'exercice 1.

> **Corrigé :**
> A – d – 3 ; B – a – 5 ; C – b – 7 ; D – h – 4 ; E – c – 1 ;
> F – e – 2 ; G – f – 6 ; H – g – 8

COMMUNICATION

Exprimer l'enthousiasme, la déception ou l'indifférence

12 Faire lire la consigne. S'assurer que les élèves sont concentrés et faire écouter l'enregistrement. Corriger immédiatement après l'écoute en demandant à tour de rôle à des élèves leur réponse. La faire valider par la classe.

> **Transcription**
> a. Les décors, l'histoire… non, ça ne m'a pas plu.
> b. C'est extraordinaire. Marion Cotillard a joué son meilleur rôle !
> c. Les scènes d'actions sont impressionnantes !
> d. Les acteurs et la musique, ça va. Mais les décors sont nuls. Je suis très déçue.
> e. C'était pas mal, mais pas exceptionnel.

> **Corrigé :**
> a. la déception – b. l'enthousiasme –
> c. l'enthousiasme – d. la déception –
> e. l'indifférence

Exagérer une information (dans le registre familier)

13 Faire lire la consigne et, à tour de rôle, les items. Demander de transformer immédiatement les phrases et faire valider par la classe.

> **Corrigé :**
> a. Danny Boon est très drôle dans *Bienvenue chez les Ch'tis*. b. J'aime beaucoup Romain Duris dans *L'Auberge espagnole*. c. Les films d'horreur me font très peur. Les dialogues des films de Jean-Pierre Bacri sont très bien.

PHONÉTIQUE

Le registre familier

14 Faire lire la consigne et faire écouter les phrases. Puis les faire transformer et écrire. Demander à un élève de les écrire au tableau en registre standard et faire valider par la classe.

> **Corrigé :**
> a. Je ne vais pas au cinéma ce soir ; je suis très fatigué. b. Ne crie pas dans le micro : ça fait très mal aux oreilles ! c. Ce professeur de mathématiques n'est pas sévère et il est très sympathique !

apprendre à apprendre

Voir Introduction méthodologique p. 7 et 10 et module 1 p. 35.

Évaluation DELF

Compréhension de l'oral

Mettre les élèves en situation d'examen, sans pour autant leur imposer une pression inutile.

1 Laisser du temps aux élèves pour découvrir les questions. Passer une première fois l'enregistrement. Leur laisser à nouveau du temps pour répondre aux questions.

> **Transcription :**
> *Présentateur : Bonjour à tous. Aujourd'hui, dans* Qui est le champion ?, *nous parlons de cinéma. Attention, Julien, Marine, écoutez bien ! Première question. Complétez le titre : Le Fabuleux Destin…*
> *Marine : … d'Amélie Poulain !*
> *Présentateur : Le Fabuleux Destin d'Amélie Poulain ! 1 point ! Quelle actrice y joue le rôle principal ?*
> *Marine : Audrey Tautou ! Je suis trop forte !*
> *Présentateur : Bravo, encore 1 point. Allez, Julien. Quel est le genre d'Avatar ?*
> *Julien : Science-fiction !*
> *Présentateur : Bravo. Tu as vu ce film, Julien ?*
> *Julien : J'adore. J'ai vu ce film en 3D au cinéma et en DVD à la maison. Les effets spéciaux sont extraordinaires.*
> *Présentateur : Et toi, Marine ?*
> *Marine : Moi, j'ai aimé l'histoire. Mais, les lunettes, c'était pas super.*
> *Présentateur : OK, nouvelle question : quel film les Français ont-ils le plus vu au cinéma ?*
> *Marine : Bienvenue chez les Ch'tis.*
> *Julien : Titanic.*
> *Présentateur : Et c'est Julien qui gagne le point ! Attention : Qui a réalisé Titanic ET Avatar ?*
> *Marine et Julien : James Cameron !!!*

Corrigé :
a. 1 ; b. 3 *(0,5 point par réponse correcte)*

2 Passer une deuxième fois l'enregistrement. Laisser les élèves répondre aux questions par écrit.

Corrigé :
a. On parle de **quatre** films. *(accepter « 4 »)*
b. On parle d'**une** actrice. *(accepter 1)*
c. Julien a aimé **les effets spéciaux**.
d. Marine a aimé **l'histoire**.
(1 point par réponse correcte. Les mots en gras suffisent. Ne pas sanctionner l'orthographe incorrecte ici.)

Production orale

3 Si possible, évaluer les élèves individuellement pendant que les autres travaillent en autonomie ou leur demander de s'enregistrer.

Grille pour l'évaluation

Respect de la consigne.	0	0,5	1	1,5
Vocabulaire précis et varié.	0	0,5	1	1,5
Construction des phrases (variées) et respect des règles de grammaire.	0	0,5	1	
Phonologie et fluidité.	0	0,5	1	

Corrigé :
a. Le cinéma me plaît beaucoup et j'aimerais être un jour réalisateur. J'ai déjà fait un film avec mon téléphone et mes anciens Playmobil ! Mais j'aimerais avoir une vraie équipe de cinéma et dire : « Silence ! Ça tourne. Action. » Je pourrais décider si une scène est bien jouée ou si les acteurs doivent la recommencer. Je pourrais choisir les lumières, la musique. Mon rêve, c'est de tourner un film historique avec des costumes !
b. Je vais au cinéma environ huit fois par an. J'y vais avec des amis. Souvent, on va voir des films d'action. Quand il y a un film de science-fiction, j'y vais. J'adore, ce style ! Le dernier film que j'ai vu, c'est justement un film de science-fiction. C'est le film *Tron, l'héritage*. L'histoire est un peu bizarre. Mais les effets spéciaux sont extraordinaires !

Compréhension des écrits

4 Laisser les élèves travailler individuellement, en autonomie et sans aide.

Corrigé :
L'article parle de la Fête du cinéma. *(1 point)*

5 Corrigé :
a. Faux. La Fête du cinéma existe depuis plus de vingt ans. b. Vrai. c. Faux. Sophia voit au moins cinq films pendant la Fête du cinéma (et un peu le reste de l'année.) d. Vrai
(1 point par réponse correcte ; 0,5 point si la réponse est bonne mais que la correction de l'erreur n'est pas correcte.)

Évaluation DELF MODULE 5

📖 Production écrite

6 Laisser les élèves travailler individuellement, en autonomie et sans aide.

Grille pour l'évaluation

Respect de la consigne*.	0	0,5	1	
Lexique précis.	0	0,5	1	1,5
Construction des phrases et respect des règles de grammaire.	0	0,5	1	1,5
Orthographe.	0	0,5	1	

* Pour le sujet b, ne pas exiger de formule de politesse particulière à la fin de la lettre puisque cela n'a pas encore été étudié, accepter une mise en page qui correspond à celle d'une lettre.

Proposition de corrigé :

a. Le livre mais pas le film
Vous avez sûrement aimé le roman *Mystères*. Nous sommes plus de 3 millions à l'avoir lu ! Nous attendions tous l'adaptation. Je l'ai vue la semaine dernière… Et là, je suis déçue, très déçue. Le personnage de Tony est nul dans le film. L'acteur joue mal et n'est pas beau ! Lisez le livre mais n'allez pas voir l'adaptation !
Sylvain

b. Paris, le 5 mars 201…
Madame la directrice,
J'aimerais ouvrir un ciné-club dans le collège. J'adore le cinéma. Je voudrais montrer des films aux autres élèves et discuter avec eux des films que l'on regarde. Je voudrais aussi inviter des gens qui travaillent dans le cinéma.
Pouvons-nous avoir la salle 66 le mercredi après-midi pour faire le ciné-club ?
Veuillez recevoir, Madame, l'expression de mes meilleurs sentiments.
Cynthia Raymond

Croque la Vie !

MODULE 6

p. 71-82

Objectifs du module

Apprendre à…
- parler des habitudes alimentaires
- décrire une recette de cuisine
- donner des indications (ordres, demandes polies, suggestions)
- identifier des plats
- parler de la nourriture et de l'art de la table

Pour…
- faire un sondage sur les habitudes alimentaires
- constituer un recueil de recettes
- écrire un poème à la manière d'une recette
- raconter l'histoire d'une spécialité

Grammaire
- les adjectifs et les pronoms indéfinis
- les semi-auxiliaires (*aller, commencer à, être en train de, venir de* + inf.)

Lexique
- les plats
- les ingrédients
- les recettes

Phonétique
La prononciation de *tous*
Le *e* muet

Culture
L'origine de quelques spécialités

Discipline
Biologie

Apprendre à apprendre
Comment organiser ton apprentissage ?

Ouverture

Inviter les élèves à ouvrir leur manuel p. 71 et à observer la page. Les laisser réagir librement. Puis, faire lire le titre du module.

1 Faire lire la consigne de l'exercice et demander aux élèves, par deux ou trois, de chercher le plus de mots possible à partir de l'illustration. Ils trouveront d'autres mots et du vocabulaire nouveau dans le lexique thématique p. 123.

Pour aller plus loin

Comme le thème a déjà été abordé dans *Adosphère 2*, l'activité peut être poursuivie en demandant aux élèves, toujours en sous-groupes, de donner le plus de mots possible liés à l'alimentation.

Corrigé :
De gauche à droite et de bas en haut : une fourchette, une tartine / une tranche du pain avec de la confiture, deux fraises, une serviette ou une nappe à carreaux, une pomme, un couteau, un croissant, une pelure d'orange, une assiette blanche et bleue, une tasse et une cuillère / un capuccino, des petits pois / des légumes, une cocotte en fonte /
un fait-tout, une cuillère en bois, un couscous avec la Marianne, un couteau et une fourchette.

2 Faire lire la consigne de l'exercice. S'assurer que les élèves sont concentrés. Leur suggérer de fermer les yeux s'ils le souhaitent. Faire écouter l'enregistrement. Demander des réponses dès la fin de l'écoute. Si les élèves éprouvent des difficultés à identifier en français les différents indices, leur demander combien de fois on entend un serveur parler. Réponse attendue : *3 fois*.

LEÇON 1 2 3 4   **MODULE 6**

Infos

« Chaud devant » est une expression utilisée en restauration pour dire : « Attention, je passe avec un plateau. »

Corrigé :
Un minuteur, une sonnerie, « À table ! C'est prêt. », des couverts, quelqu'un qui sert une boisson, « Hum, c'est bon ! », des couverts, des conversations dans un restaurant, « Je ne sais pas ce que je vais choisir. Ah, si, je sais. », « Et un lapin à la moutarde, un. », quelqu'un qui sert une boisson pétillante, de la friture, « Un café pour la 12 », bruits de cuisson, « Ça manque un peu de sel, Benjamin », « C'est délicieux. », « Chaud, devant », bruit de porte, bris de verre

3 Faire lire la question et solliciter une réponse immédiate. Il est intéressant ici de demander une réponse plus précise en proposant aux élèves de s'aider du contrat d'apprentissage.

Corrigé :
Nous allons parler des habitudes alimentaires, de recettes de cuisine, de nourriture et de l'art de la table.

4 Faire lire la consigne et laisser les élèves réagir spontanément. S'ils ont peu d'idées, leur demander lequel des plats suivants est français : *le couscous, la pizza, la quiche lorraine*. Réponse attendue : *la quiche lorraine*.

Proposition de corrigé :
Le steak frites, le gratin dauphinois, la choucroute, le bœuf bourguignon, les crêpes…
Joël Robuchon, Paul Bocuse, Alain Ducasse, Marc Veyrat, Thierry Marx, Hélène Darroze, Anne-Sophie Pic…

LEÇON 1 — Croque la vie ! Restauration rapide ou petits plats ?

Inviter les élèves à ouvrir le manuel p. 72, à observer les photos, lire le titre et émettre des hypothèses sur le contenu de la leçon.

1 Faire lire la question et solliciter des réponses spontanées. Aider les élèves à traduire le nom des plats qu'ils aiment et qu'ils ne connaitraient pas en français.

COMPRÉHENSION

2 Faire lire la consigne et l'introduction. Expliciter, si nécessaire, la métaphore *les assiettes* qui signifie *ce que mangent*. Laisser les élèves émettre des hypothèses par deux. Noter les hypothèses au tableau pour les valider ou non après l'écoute du document.

3 Faire lire la consigne et les items. Demander aux élèves de cacher le document ou de fermer le livre et faire écouter l'enregistrement. Solliciter une réponse immédiatement après l'écoute.

Corrigé :
b.

4 Faire lire les consignes a et b ainsi que leurs items respectifs. Faire écouter à nouveau l'enregistrement (le document écrit est toujours caché). Laisser du temps aux élèves pour répondre et comparer leurs réponses avec celles d'un(e) camarade. Procéder à une mise en commun des réponses et à la vérification dans la transcription.
Faire lire la consigne c. Demander aux élèves de se mettre par trois et de proposer d'autres questions.

Corrigé :
a. 1. C'est pratique et plus rapide. 2. parler, rigoler, bien manger
b. Qu'est-ce que tu aimes manger ?
– Est-ce que tu manges souvent dans des fast-foods ? – Où et avec qui manges-tu en général ?
c. *(propositions)* Est-ce que tu cuisines parfois ? Est-ce que tu manges bio ?

LEXIQUE

5 **a.** Faire lire la consigne et les items. Faire à nouveau écouter l'enregistrement. Demander tout de suite après l'écoute la réponse d'un élève et la faire valider par la classe.
b. Faire lire les questions et solliciter des réponses spontanées.

> **Corrigé :**
> **a.** la purée de pommes de terre et le canard à l'orange

6 Faire lire la consigne. Si possible, projeter l'exercice au tableau et demander à un(e) élève de le compléter sous la dictée de la classe. Demander aux élèves de décrire très rapidement (éventuellement dans leur langue maternelle) le canard à l'orange pour leur montrer que l'orange n'est pas l'ingrédient principal. Faire décrire une purée de pommes de terre et montrer que, dans ce cas, il n'y a pratiquement que des pommes de terre. Faire lire ensuite le tableau.

> **Corrigé :**
> **a.** la blanquette de veau – **b.** la purée de pommes de terre – **c.** le canard à l'orange – **d.** le lapin à la moutarde – **e.** le gâteau au chocolat

7 Faire lire la consigne. Demander aux élèves de recopier l'exercice dans leur cahier, de le compléter et de comparer leurs réponses avec celles d'un(e) camarade. Pour la correction, si possible, projeter l'exercice et le faire compléter par un(e) ou deux élèves. Faire valider les réponses par la classe.

> **Corrigé :**
> **1.** un pâté de canard – **2.** une tarte au citron – **3.** une glace à la vanille – **4.** une pizza aux quatre fromages – **5.** une côtelette de porc – **6.** un steak au poivre vert

8 **a.** et **b.** Faire lire la consigne et la transcription. Demander à un(e) élève d'écrire au tableau en colonne les noms des plats qu'il / elle a relevés. Demander ensuite à un(e) autre élève d'écrire en face l'origine des plats.
c. et **d.** Faire lire les questions. Avant que les élèves y répondent en sous-groupes de 3 ou 4, réactiver les noms des aliments connus sous la forme d'une carte mentale. Mettre ensuite en commun des réponses.

> **Corrigé :**
> **a.** et **b.** un sandwich jambon-fromage (française) ; un hamburger (anglo-saxonne) ; une pizza (italienne) ; un taco (mexicaine) ; un kebab (turque)

▶▶▶ **Activités complémentaires :** Entraîne-toi n°s 7, 8 et 9, p. 80 ; Cahier n°s 1 et 2, p. 36

GRAMMAIRE

9 Faire lire la consigne. Si possible, projeter l'exercice et demander à un(e) élève de le compléter sous la dictée de la classe. Faire lire le tableau.

> **Corrigé :**
> **a.** Ils aiment bien aussi se faire certains petits plaisirs. **b.** Certains font parfois quelques exceptions. **c.** Ça m'arrive plusieurs fois par mois. **d.** Tout le monde parle, mange bien, rigole.

Pour aller plus loin

Éventuellement, faire rappeler par les élèves à quoi sert un pronom et quels pronoms ils connaissent déjà. Renvoyer au Précis grammatical, p. 112-113.

10 Faire lire la consigne. Laisser quelques minutes aux élèves pour lire les items et procéder rapidement à une correction orale. Faire valider les choix par la classe.

> **Corrigé :**
> **a.** À la cantine chaque élève peut choisir son menu. **b.** Donne-moi quelques idées de plats **c.** On a mangé trois glaces chacune ! **d.** Tu veux quelques légumes ?

▶▶▶ **Activités complémentaires :** Entraîne-toi n°s 1, 2, 3 et 4, p. 80 et 15, p. 81 ; Cahier n° 3, p. 36

à ton tour !

11 **Préparation de la tâche**
Faire lire la consigne et préciser les différentes étapes demandées :
1. former des groupes de quatre, éventuellement en faisant tirer au sort des cartes sur lesquelles sont inscrits quatre fruits, quatre légumes, quatre plats de la restauration rapide, quatre plats cuisinés, quatre desserts… ;
2. mettre au point des questions sur les habitudes alimentaires (goûts, horaires, lieux, personnes…) ;
3. interroger d'autres groupes (écrire au tableau quel groupe interroge quels groupes) ;
4. faire une synthèse des réponses obtenues ;
5. préparer la présentation de la synthèse (poster ou présentation multimédia).

Élaborer avec la classe, qui connaît bien cet outil maintenant, la grille pour l'évaluation.
Critères suggérés : collaboration, pertinence des questions, soin apporté à la présentation écrite, soin apporté à la présentation orale.

LEÇON 1 **2** 3 4 — MODULE 6

Mise en œuvre
Procéder aux présentations des différents groupes. Faire co-évaluer les productions.

Retour sur les productions et l'attitude
Faire un retour sur la qualité de la collaboration, des productions et de la co-évaluation.

Pour aller plus loin
Proposer aux élèves de les filmer et de prendre une photo de leur poster pour qu'ils conservent des traces de leur production dans le dossier de leur portfolio.

LEÇON 2 — Croque la vie ! — Souvenirs, souvenirs...

Inviter les élèves à ouvrir leur manuel p. 74. Faire lire le titre et émettre des hypothèses sur le thème de la leçon.

1 Faire lire la question et solliciter des réponses spontanées.

COMPRÉHENSION

2 Faire lire la consigne et le document. Solliciter une réponse rapide en demandant aux élèves de lever le bras dès qu'ils peuvent répondre. Demander sa réponse à un(e) élève et la faire valider par la classe.

> Corrigé :
> c.

Pour aller plus loin
Enrichir l'exercice en demandant qui donne une recette et laquelle. Réponses attendues : *Maité81 et la recette des tartines du Docteur B****.

3 Faire lire la consigne et les items. Si possible, projeter le document et demander à un(e) élève de montrer le passage concerné et de justifier ses réponses. Faire valider par la classe.

> Corrigé :
> a. encadré jaune en bas à droite (liste d'ingrédients + liste d'infinitifs) ; b. en bas à gauche (utilisation de l'imparfait) ; c. en haut (envoyer vos souvenirs et recettes d'enfance…)

4 Révise ton cours de biologie !
a. Faire lire la consigne et les items. Veiller à la prononciation correcte d'*œil, yeux, ouïe* et *oreille*.
b et c. Faire lire les questions et demander aux élèves d'y répondre par sous-groupes de trois. Mettre ensuite les réponses en commun.

> Corrigé :
> a. le goût – la langue ; l'odorat – le nez ; la vue – l'œil (les yeux) ; le toucher – la peau ; l'ouïe – l'oreille

COMMUNICATION

5 a. Faire lire la consigne et laisser du temps aux élèves pour retrouver les associations dans la recette. Demander aux élèves d'écrire les réponses sur leur cahier. Proposer aux élèves de comparer leurs réponses avec celles d'un(e) camarade quand ils ont fini. Si possible, projeter la recette et demander à un élève d'encadrer les verbes de l'exercice et de souligner leur complément.

Pour aller plus loin
Demander aux élèves de mimer chaque verbe !

b. Faire lire la consigne. Expliciter, si nécessaire, *puis*, *d'abord* et *enfin* en donnant un exemple dans un contexte différent : *D'abord, nous sommes des enfants, puis des adolescents et enfin des adultes et des personnes âgées !* Laisser du temps aux élèves puis demander à l'un(e) de lire la recette obtenue. Faire valider par la classe. Faire lire ensuite le tableau.

Corrigé :
a. ajouter du sel et du poivre ; faire cuire la béchamel ; faire fondre le beurre ; faire griller les tranches de pain ; tartiner les tranches de pain ; verser la farine / le lait froid
b. D'abord, il faut faire fondre le beurre, verser la farine et le lait froid, ajouter du sel et du poivre et faire cuire la béchamel. Puis, il faut tartiner les tranches de pain. Enfin, il faut faire griller les tranches de pain.

6 a. Faire lire la consigne. Proposer aux élèves de se mettre par deux pour rédiger la recette. Faire lire ensuite leur recette par plusieurs élèves. Ne pas valider à ce stade.
b. Faire écouter l'enregistrement et corriger si nécessaire la première version de la recette. Si besoin, faire lire à nouveau les groupes qui avaient commis des erreurs dans leur première version. (Faire) écrire au tableau la correction.

> **Transcription :**
> *Pour la recette des crêpes : premièrement verser la farine dans un saladier ; puis faire fondre le beurre ; ajouter les œufs un à un ; ensuite ajouter le lait, puis le beurre fondu ; finalement faire cuire la pâte dans une poêle.*

Corrigé :
Voir transcription.

▶▶▶ **Activités complémentaires :** Entraîne-toi n°s 10, 11, 12 et 13, p. 81 ; Cahier n°s 1 et 2, p. 37

GRAMMAIRE

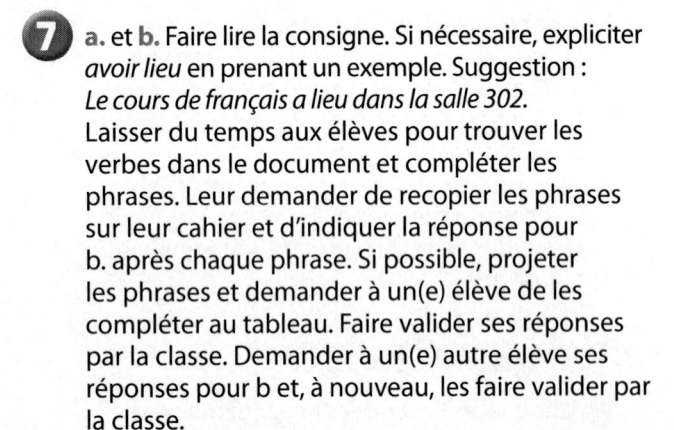

7 a. et b. Faire lire la consigne. Si nécessaire, expliciter *avoir lieu* en prenant un exemple. Suggestion : *Le cours de français a lieu dans la salle 302.*
Laisser du temps aux élèves pour trouver les verbes dans le document et compléter les phrases. Leur demander de recopier les phrases sur leur cahier et d'indiquer la réponse pour b. après chaque phrase. Si possible, projeter les phrases et demander à un(e) élève de les compléter au tableau. Faire valider ses réponses par la classe. Demander à un(e) autre élève ses réponses pour b et, à nouveau, les faire valider par la classe.
Comparer avec la langue maternelle des élèves ou une autre langue connue. Faire lire le tableau.

Corrigé :
a. et b. 1. Vous venez de rentrer de l'école. (l'action a eu lieu) ; 2. Vous allez goûter. (l'action va avoir lieu) ; 3. Votre père est en train de préparer son fameux pot-au-feu. (l'action a lieu) ; 4. Un jour, j'ai commencé à rassembler toutes ces recettes. (l'action a lieu)

8 Faire lire la consigne. Proposer aux élèves de rédiger les phrases par deux. Demander ensuite à des élèves différents d'écrire une phrase au tableau. Faire valider les phrases par la classe. Veiller aux graphies correctes des *-é* et *-er*.

Corrigé :
a. Il va manger. b. Il a commencé à manger.
c. Il est en train de manger. d. Il vient de manger.

▶▶▶ **Activités complémentaires :** Entraîne-toi n°s 5 et 6, p. 80 ; Cahier n° 3, p. 37

à ton tour !

9 **Préparation de la tâche**
Faire lire la consigne et préciser les différentes étapes demandées :
1. choisir (à la maison) un plat de son enfance et dire à quels souvenirs et sensations il est associé ;
2. écrire une courte introduction pour présenter la recette et écrire la recette elle-même pour la mettre dans un recueil ;
3. s'auto-évaluer.

Élaborer avec la classe la grille pour d'évaluation.
Critères suggérés : respect de la consigne, vocabulaire varié et précis, présentation correcte et soignée, respect des règles d'orthographe et de grammaire.

Mise en œuvre
Proposer aux élèves de se mettre par trois pour relire, corriger et co-évaluer leur production respective.
Corriger en montrant aux élèves ce qui doit être amélioré. Demander aux élèves de rédiger une version finale.

> **Pour aller plus loin**
>
> 1. Mettre les recettes en ligne sur le blog de la classe ou les exposer en dehors de la classe.
> 2. Goûter les plats lors d'une fête du français !
> 3. Proposer aux élèves de les filmer et de prendre une photo de leur poster pour qu'ils conservent des traces de leur production dans le dossier de leur portfolio.

Retour sur les productions et l'attitude
Faire un retour sur les productions et la co-évaluation.

LEÇON 1 2 3 4

MODULE 6

LEÇON 3 — Croque la vie !
L'art de la table

Inviter les élèves à ouvrir leur manuel p. 76 ou projeter la page au tableau. La faire observer. Demander aux élèves de commenter les dessins librement. Faire lire le titre de la leçon.

1 Faire lire la consigne et les items. Expliciter le titre du premier document en précisant qu'un art poétique est un ensemble de conseils pour écrire de la poésie. Laisser assez de temps aux élèves pour découvrir les documents. Puis solliciter plusieurs réponses. Permettre les échanges de points de vue et insister sur la justification des réponses.

> **Corrigé :**
> Document A : C'est un poème (disposition).
> Document B : C'est un extrait de roman (disposition).

COMPRÉHENSION

2 **Préparation possible :** Faire écouter l'enregistrement.
Ensuite demander aux élèves de répondre en autonomie à l'exercice 2 et de comparer leurs réponses avec celles d'un(e) camarade. Préciser qu'ils peuvent consulter librement un dictionnaire, s'ils le souhaitent. Quand la classe est prête, procéder à une mise en commun. Éventuellement, selon l'intérêt pour le texte et le temps disponible, répondre à la question 4 a. après les questions de compréhension.

> **Corrigé :**
> a. On trouve ces mots dans une recette.
> b. Les ingrédients : un mot, du sens, de l'innocence, des étoiles. Il s'agit d'une recette pour écrire un poème. c. On s'adresse aux personnes qui veulent écrire pour les aider.

Pour aller plus loin

Faire écouter à nouveau le poème. Comme les poèmes se prêtent particulièrement à la déclamation, on pourra proposer ici et à titre exceptionnel une activité de lecture à voix haute ou de « mise en voix ». Demander aux élèves de préparer la lecture à voix haute : repérer les mots difficiles à prononcer (*œufs, sens, technique, énigmatiques*), repérer les poses, varier les intonations (ordres, questions)… ; s'entraîner ; puis quand on est prêt, lire debout et devant la classe. Valoriser les productions en préférant le respect de la prononciation et de l'intonation plutôt que l'apprentissage par cœur du texte.

Proposer aux élèves qui le souhaitent de les enregistrer ou de les filmer pour qu'ils gardent une trace de cette production dans leur portfolio.

3 **Préparation possible :** Faire écouter l'enregistrement.
a. et b. Demander à nouveau aux élèves de travailler en autonomie, éventuellement avec l'aide d'un dictionnaire, et de comparer leurs réponses avec leur camarade. Mettre ensuite en commun.

> **Corrigé :**
> a. La scène se passe à table. Un narrateur se souvient des ordres qu'on lui donnait pour apprendre « l'art » de manger / se tenir à table.
> b. 1. Tiens-toi droit. 2. Coupe ta viande en petits morceaux. 3. Ce n'est pas comme ça qu'on tient sa fourchette. 4. Ne te balance pas sur ta chaise. 5. Ne parle pas la bouche pleine. 6. Ne met pas tes coudes sur la table.

c. Faire lire la consigne. Laisser du temps aux élèves pour constituer les sous-groupes, choisir des ordres et mettre au point leur mise en scène. Proposer à ceux qui le souhaitent de les filmer ou de prendre des photos pour qu'ils placent cette production dans leur portfolio. Privilégier la bonne humeur lors des prestations !

4 Faire lire les consignes. Il est possible ici de diviser la classe en deux avec un groupe qui répond à la question a et un autre à la question b. Un ou deux rapporteurs sont désignés dans chaque groupe pour présenter aux autres les résultats de la discussion.

COMMUNICATION

5 Faire lire les questions. Suggérer aux élèves de consulter les tableaux de conjugaison, p. 118-119. Expliciter la différence entre *ordre* et *instructions* en donnant deux exemples ; respectivement : *Prenez une feuille.* et *Verser la farine, faites cuire le beurre.* Demander une réponse à un(e) élève et la faire valider par la classe. Ensuite, faire lire le tableau.

Corrigé :
a. Les verbes des deux documents sont (majoritairement) à l'impératif présent. Les verbes du document A à la deuxième personne du pluriel (vous) et ceux du document B à la deuxième personne du singulier (tu).
b. Le document A donne des instructions. Le document B donne des ordres.

6 Faire lire la consigne. Pour chaque item, solliciter le plus de variantes possibles à l'oral. Encourager les productions très expressives !

Corrigé :
a. Pourriez-vous m'apporter une bouteille d'eau, s'il vous plaît ? / Je pourrais avoir une bouteille d'eau, s'il vous plaît ? b. Tu peux / Tu pourrais me passer le sel, s'il te plaît ? c. Tu peux / Tu pourrais / Tu veux bien me prêter ton stylo rouge (, s'il te plaît) ?

Pour aller plus loin

Proposer aux élèves des expressions particulièrement châtiées comme : *Auriez-vous l'extrême amabilité de m'apporter une bouteille d'eau, s'il vous plaît, mon cher ?*… et leur demander de les utiliser de temps en temps avec humour dans la classe. Encourager les élèves à utiliser des formules indirectes lors de leurs échanges en classe.

▶▶▶ **Activités complémentaires :** Entraîne-toi n° 14, p. 81 ; Cahier nos 1 et 2, p. 38

7 Faire lire la consigne et le tableau. Comparer éventuellement avec les règles d'écriture poétique dans la langue maternelle des élèves. Faire lire à nouveau le document A en insistant sur la métrique. Puis faire à nouveau écouter l'enregistrement. Faire compter les rimes à partir de l'enregistrement et mettre les réponses en commun.

Corrigé :
c. 5 rimes différentes : eu, ence, ique, oiles, ir

Pour aller plus loin

Si les élèves montrent un intérêt pour ce point de stylistique, leur indiquer des règles plus détaillées sur le *e* caduc :
C'est un « e » non accentué qu'on peut trouver :
– à la fin d'un mot : il ne se prononce pas (*poétique*, *faites*), excepté le COD *le* : *faites-le* ; il se prononce alors comme *deux*.
– au milieu d'un mot : il ne se prononce pas quand il est après une consonne (*lentement*), mais il se prononce quand il est après deux consonnes (*prenez*).

▶▶▶ **Activité complémentaire :** Entraîne-toi n° 16, p. 81

à ton tour !

8 Préparation de la tâche
Faire lire la consigne et proposer aux élèves d'écrire le poème à deux, s'ils le souhaitent. Préciser ensuite les différentes étapes demandées :
1. choisir l'objectif du poème ;
2. utiliser (librement) le texte de Queneau et le compléter (voir squelette ci-dessous) ;
3. soigner la présentation du poème obtenue qui sera affiché, mis en ligne, photocopié et distribué… ;
4. s'auto-évaluer.

Critères possibles pour la grille d'évaluation : utilisation du texte de Queneau, respect des règles d'orthographe, vocabulaire précis, varié… et poétique, soin apporté à la présentation.

Pour un art poétique

Prenez .... prenez-en deux

faites-les cuire comme ....

prenez un petit bout de ....

puis un grand morceau de ....

faites chauffer ....

au petit feu de ....

versez la sauce ....

saupoudrez de ....

poivrez et ....

Où voulez vous donc en venir ?

À ....

Vraiment ? À .... ?

Mise en œuvre
Photocopier et distribuer les poèmes dans la classe. Les faire co-évaluer. Veiller à la qualité de cette co-évaluation.

Pour aller plus loin

1. Diffuser les poèmes : les mettre en ligne, les afficher à l'extérieur de la classe, les distribuer dans l'établissement…
2. Proposer aux élèves de les placer dans le dossier de leur portfolio.

Retour sur les productions et l'attitude
Faire un retour sur la qualité des productions, de la co-évaluation et du travail mené en autonomie.

LEÇON 4 — Histoire(s) gourmande(s)

Croque la vie !

LEÇON 1 2 3 **4** — MODULE **6**

Inviter les élèves à ouvrir leur manuel p. 78-79 ou projeter la double page au tableau.
La faire observer et demander aux élèves de la commenter librement. Faire lire le titre de la leçon et attirer l'attention sur les parenthèses et le double sens du mot *histoire* : l'Histoire et les histoires.

1 Faire lire les questions. Dresser une liste des spécialités et en faire chercher (sur Internet ou dans un livre de recettes en français si vous en avez un) la traduction en français. Solliciter des réponses spontanées quant à la préparation.

2 Faire lire la consigne et les items. Expliciter *grandes occasions* si nécessaire. Demander aux élèves de se mettre par trois pour répondre aux questions. Mettre ensuite en commun les réponses.

> **Corrigé :**
> a. Faux (1960). b. Foie gras et truffe. c. Le tournedos Rossini est un plat pour les grandes occasions. d. L'origine de la tarte Tatin est une erreur.

3 Démarche identique à celle de l'exercice précédent. Pour la correction, si possible, projeter le tableau et demander à quatre élèves différents (un pour chaque colonne) de le compléter sous la dictée de la classe et, peut-être, avec votre aide.

> **Corrigé :**
> Couscous : Dans les années 1960 – adaptation d'un plat importé – Les Maghrébins – (d'après le document) poulet et merguez – Du Maghreb
> Tournedos Rossini : Au XIXe siècle – imagination – Rossini – Bœuf, foie gras, truffe – De Paris
> Tarte Tatin : En 1850 / Dans les années 1850 – erreur – Caroline et Stéphanie Tatin – (d'après le document) des pommes et du sucre – Centre de la France

Pour aller plus loin

Proposer aux élèves de faire des recherches sur les ingrédients nécessaires pour faire un couscous puisque le document n'en cite que très peu.

à ton tour !

4 **Préparation de la tâche**
Faire lire la consigne et créer des groupes, par exemple en écrivant les noms des spécialités sur des étiquettes que les élèves tirent au sort. D'autres spécialités peuvent être proposées : le croque-monsieur, la crêpe Suzette, la bouchée-à-la-reine, la pêche Melba…

Préciser ensuite les différentes étapes demandées :
1. chercher l'origine de la spécialité et rédiger une histoire inventée ou non ;
2. raconter l'histoire à la classe ;
3. répartir les rôles dans le groupe (recherche, rédaction, lecture) ;
4. s'auto-évaluer.

Critères possibles pour la grille d'évaluation : collaboration, efficacité des recherches, rédaction de l'histoire, lecture de l'histoire.

Infos

Site où trouver l'origine des plats : http://www.marmiton.org/magazine/histoires-gourmandes.aspx

Mise en œuvre
Demander à chaque groupe à tour de rôle de lire son histoire et de faire deviner aux autres si elle est correcte ou non.
Procéder ensuite au vote pour l'histoire qui a le plus plu ! Puis, demander aux groupes qui ont donné une fausse histoire de raconter la vraie histoire de la spécialité.

Pour aller plus loin

1. Faire des posters autour des spécialités (et de leurs vraies histoires) et les afficher en dehors de la classe.
2. En faire des photos et proposer aux élèves de les placer dans le dossier de leur portfolio.

Retour sur les productions et l'attitude
Faire un retour sur la qualité des productions.

▶▶▶ **Activités complémentaires :** Cahier p. 39

Entraîne-toi

GRAMMAIRE

Les adjectifs et les pronoms indéfinis

1 Laisser autant que possible les élèves travailler en autonomie. Passer dans les rangs et montrer de l'intérêt pour le travail réalisé, soutenir et réguler. Suggérer aux élèves qui ont fini avant les autres de comparer leurs réponses. Pour la correction, si possible, projeter l'exercice et le faire corriger au tableau par un(e) élève. La classe valide les réponses.

> **Corrigé :**
> **a.** chacun ; **b.** chaque ; **c.** certaines, d'autres ; **d.** quelques-uns ; **e.** tous

2 Démarche identique à celle de l'exercice 1.

> **Corrigé :**
> **a.** pronom ; **b.** adjectif ; **c.** pronom, pronom ; **d.** pronom ; **e.** adjectif

3 Démarche identique à celle de l'exercice 1.

> **Corrigé :**
> Toutes les filles ont répondu à l'enquête mais certains / quelques garçons (3 exactement) n'ont pas répondu. La majorité des élèves trouvent la cantine bonne et certains / plusieurs excellente : 28 au total. Aucune fille ne la trouve mauvaise.

🏆 Champions !

4 Faire lire la consigne. Constituer les groupes. Laisser du temps aux élèves pour mener une discussion et en faire la synthèse. Procéder ensuite à la présentation des résultats.

Les semi-auxiliaires

5 Démarche identique à celle de l'exercice 1.

> **Corrigé :**
> **a.** Elle va faire un gâteau / une crème / un plat. **b.** Il est en train d'écrire. **c.** Il vient de cuire un gâteau / un plat. **d.** Ils sont en train de manger.

6 Faire lire la consigne. Le cours suivant, procéder à la présentation des photos devant la classe ou en sous-groupes.

LEXIQUE

Les noms de plats

7 Démarche identique à celle de l'exercice 1.

> **Corrigé :**
> **a.** Plats cuisinés : du veau, une choucroute, du lapin, un steak-frites, du canard
> Plats de restauration rapide : un hamburger, un pizza, un sandwich jambon-beurre, un kebab

8 Faire lire la consigne et encourager la créativité pour cet exercice qui fait appel à une forme créative et artistique d'expression. Proposer aux élèves d'utiliser un dictionnaire pour enrichir leurs productions.

> **Proposition de corrigé :**
> **a.** un pâté de légumes – **b.** une glace aux fleurs – **c.** une tarte aux mots d'amour – **d.** une salade de lettres

🏆 Champion !

9 Démarche identique à celle de l'exercice 1.

> **Corrigé :**
> Ma grand-mère allait / préparer une tarte *aux* fraises. Elle venait *de* cueillir des fraises dans son jardin et était en train *de* préparer la pâte. Quand je commençais juste *à* mettre la table. Mais notre petit frère est arrivé et a dit : « Je préfère un gâteau *au* chocolat ! »

Les ingrédients

10 Démarche identique à celle de l'exercice 1.

> **Corrigé :**
> **a.** des carottes – plat 2 ; **b.** du sucre – plat 3 ; **c.** du poivre – plat 1

11 Démarche identique à celle de l'exercice 1.

> **Corrigé :**
> **1.** un gâteau au chocolat ; **2.** une salade de fruits ; **3.** une purée de pommes de terre

Les recettes

12 Démarche identique à celle de l'exercice 1.

> **Corrigé :**
> 1 – f ; 2 – c ; 3 – d ; 4 – e ; 5 – b ; 6 – a

Évaluation DELF — MODULE 6

COMMUNICATION

Indiquer l'ordre des étapes

13 Démarche identique à celle de l'exercice 1.

> **Proposition de corrigé :**
> Premièrement, couper des tranches de pain (d).
> Deuxièmement, passer le pain dans le lait sucré (a).
> Puis, passer le pain dans l'œuf (c). Ensuite, faire cuire dans une poêle avec du beurre (e). Enfin, sucrer et déguster (b).

Donner des ordres, des instructions

14 Faire lire la consigne. Mettez les élèves par deux et proposez-leur de prendre chacun deux items. Leur demander de jouer les scènes directement sans les écrire afin de privilégier la spontanéité.

> **Proposition de corrigé :**
> a. Je pourrais avoir du pain, s'il vous plaît ?
> b. Je peux vous conseiller, monsieur / madame ?
> c. Vous devriez vous dépêcher !
> d. Tiens-toi correctement !

PHONÉTIQUE

La prononciation de *tous*

15 Faire lire la consigne. Demander à plusieurs élèves de lire une phrase. Faire écouter l'enregistrement au fur et à mesure. Faire justifier les prononciations en demandant si *tous* est pronom ou adjectif.

> **Transcription :**
> a. Tous les élèves de ma classe mangent à la cantine.
> b. Dans ma classe, nous mangeons tous à la cantine.
> c. Taisez-vous tous !
> d. Écoutez tous les exemples.

Le e caduc

16 Faire lire la consigne. Demander aux élèves de s'entraîner à lire le poème et de prêter une attention particulière aux vers soulignés. Faire lire plusieurs fois le poème à voix haute. Puis faire écouter l'enregistrement. Si des élèves le souhaitent, ils peuvent encore lire le poème.

> **Transcription :**
> *Il a mis le café dans la tasse*
> *Il a mis le lait dans la tasse de café*
> *Il a mis le sucre dans le café au lait*
> *Avec la petite cuiller, il a tourné*
> *Il a bu le café au lait*
>
> Jacques Prévert, *Paroles*, Gallimard, 1976

apprendre à apprendre

Voir Introduction méthodologique p. 7 et 10 et module 1 p. 35.

Évaluation DELF

Compréhension de l'oral

Mettre les élèves en situation d'examen, sans pour autant leur imposer une pression inutile.
Préparer une feuille avec les questions et surtout le texte de l'exercice 2 à compléter pour éviter aux élèves de le recopier.

1 Laisser du temps aux élèves pour découvrir les questions. Passer une première fois l'enregistrement. Laisser à nouveau du temps pour répondre à la question.

> **Transcription :**
> *Fille :* Bonjour à tous ! Le micro de Radio Jules Verne est aujourd'hui à la cantine du collège. Nous interviewons monsieur Letellier, le responsable de la cantine. M. Letellier, combien d'élèves mangent ici tous les jours ?
> *Homme :* 150 élèves environ mangent tous les midis à la cantine et beaucoup nous disent qu'ils sont très contents.
> …/…

Fille : Quels plats servez-vous ?
Homme : Eh bien, il y a tous les jours des plats classiques : steak-frites, jambon-purée… Ils ont beaucoup de succès. Mais régulièrement il y a des plats plus originaux : couscous, paella… Nous invitons une fois par an un chef à venir cuisiner.
Fille : Comme Laurent Vergne la semaine dernière ?
Homme : Oui, par exemple. Laurent est un cuisinier célèbre de notre ville. Il a cuisiné des légumes bio et montré aux élèves comment faire…
Fille : C'était délicieux ! Il y aura d'autres actions comme ça ?
Homme : Eh bien, oui…

Corrigé :
b. *(1 point si réponse correcte)*

2 Laisser les élèves lire le texte à compléter. Puis passer une deuxième fois l'enregistrement. Laisser les élèves compléter le texte.

Corrigé :
cent cinquante / 150 – steak frites – jambon-purée – couscous – paëlla – un cuisinier / un chef

🗣 Production orale

3 Si possible, évaluer les élèves individuellement pendant que les autres travaillent en autonomie ou leur demander de s'enregistrer.

Grille pour l'évaluation

Respect de la consigne.	0	0,5	1	
Vocabulaire précis et varié.	0	0,5	1	1,5
Construction des phrases (variées) et respect des règles de grammaire.	0	0,5	1	1,5
Phonologie et fluidité.	0	0,5	1	

Proposition de corrigé :
a. J'aime beaucoup la mousse au chocolat. D'abord, parce que je suis gourmande et que j'adore le chocolat. Mais aussi parce que ma grand-mère faisait une très grande mousse le dimanche quand elle invitait ses enfants et petits-enfants. C'était délicieux ! Et après, je jouais dans son jardin avec mes cousins et mes cousines. C'est un très bon souvenir.
b. Je n'aime pas toujours les plats de la cantine car ils sont souvent froids et ils ne changent pas souvent. Il faudrait donner des assiettes chaudes et varier les menus. Il faudrait aussi varier les ingrédients et proposer des découvertes de légumes, de soupes, de desserts : soupe aux asperges, épinards à la crème, carpaccio de fraises…

📖 Compréhension des écrits

4 Laisser les élèves travailler individuellement, en autonomie et sans aide.

Corrigé :
c. *(1 point si réponse correcte)*

5 Consigne identique à la précédente.

Corrigé :
a. Faux (vous savez que les légumes sont bons pour la santé et vous en mangez régulièrement). **b.** Faux (il n'y a plus de viande dans le restaurant d'Alain Passard) **c.** Faux (nos ingrédients sont des légumes frais de saison) **d.** Vrai (Le végétal est la grande gastronomie de demain.)
(0,5 point par réponse correcte et 0,5 point par justification correcte)

🖱 Production écrite

6 Laisser les élèves travailler individuellement, en autonomie et sans aide.

Grille pour l'évaluation

Respect de la consigne : rédaction et mise en page de type mél.	0	0,5	1	
Lexique précis.	0	0,5	1	1,5
Construction des phrases et respect des règles de grammaire.	0	0,5	1	1,5
Orthographe.	0	0,5	1	

Proposition de corrigé :
Chère Sylvie,
J'ai lu votre article sur les légumes et je dois vous dire que je suis d'accord et pas d'accord !
Je suis d'accord parce que j'ai appris que les légumes sont bons pour la santé. À la maison, on mange des légumes tous les jours. Ma mère fait une soupe de légumes tous les soirs, mais on n'est pas obligés d'en manger. Et je n'irai pas dans un restaurant de soupes ! Vraiment pas ! Si je vais au restaurant, c'est pour manger des plats que je ne mange pas chez moi.
Bien cordialement,
Aurélien

Mets tes baskets !

MODULE 7

Objectifs du module

p. 83-94

Apprendre à…
- parler de sports et de qualités sportives
- exprimer le but
- faire une hypothèse (1)
- expliquer la pratique d'un sport, un règlement
- parler d'exploits sportifs
- parler de sports

Pour…
- faire des recommandations sur la pratique d'un sport
- expliquer les règles d'une jeu inventé
- réaliser une vignette de BD sur des sportifs
- organiser une rencontre sportive

Grammaire
- *si* et *même si*
- le pronom *y* (COI)
- la place du superlatif (2)

Lexique
- les sports, sportifs et événements sportifs
- les qualités sportives

Phonétique
Les groupes consonantiques à l'initiale des mots

Culture
Les sports de rue

Discipline
Éducation physique

Apprendre à apprendre
Comment trouver la prononciation d'un mot nouveau ?

Ouverture

Inviter les élèves à ouvrir leur manuel p. 83 et à observer la page. Les laisser réagir librement. Puis, faire lire le titre du module. Il est possible que les élèves répondent spontanément à la question 3. Dans ce cas, privilégier la spontanéité et valider immédiatement la réponse.

1 Faire lire la consigne de l'exercice et demander aux élèves, par deux ou trois, de chercher le plus de mots possible à partir de l'illustration. Ils peuvent s'aider du lexique thématique p. 124.

Pour varier
Demander aux élèves de fermer le livre et de se mettre par deux ou trois et de proposer le plus de noms de sports possible avec ou sans aide. Écrire ou faire écrire ces noms au tableau. Faire ensuite ouvrir le livre et le groupe qui a cité le plus de sports illustrés sur la page 83 gagne.

> **Corrigé :**
> *De gauche à droite et de bas en haut :* une médaille (d'or), un vélo / un VTT / un cycliste / un vététiste, des anneaux olympiques, une raquette de tennis, un casque d'équitation / une bombe, des rames, une balle de tennis, des chaussons de danse / des pointes, un couloir de piste d'athlétisme, un ballon de foot(ball), un skieur, Gaston Lagaffe en footballeur, un ballon de rugby

2 Faire lire la consigne de l'exercice. S'assurer que les élèves sont concentrés. Leur suggérer de fermer les yeux s'ils le souhaitent. Faire écouter l'enregistrement. Demander des réponses dès la fin de l'écoute. Si les élèves éprouvent des difficultés à identifier en français les différents indices, demander combien de fois on entend quelqu'un courir. Réponse attendue : *4 fois*.

> **Corrigé :**
> Des applaudissements et des cris de supporters, « Allez les bleus, allez les bleus, allez » (2 fois), « But », des cris de joie, un coureur / un joggeur, un ballon (de basket), le bruit d'un ballon de basket dans un panier, des cris, un coureur / un joggeur, une balle / un match de tennis, des applaudissements, un coureur / un joggeur, des bruits dans une piscine, un coup de sifflet, un saut dans l'eau, des applaudissements, une annonce, un coureur / un joggeur, une balle / un match de ping-pong

3 Si les élèves n'y ont pas déjà répondu, faire lire la consigne et solliciter une réponse immédiate.

> **Corrigé :**
> Nous allons parler de sports et de sportifs.

4 Faire lire la consigne et laisser les élèves réagir spontanément. S'ils ont peu d'idées, leur soumettre des photos de sportifs et d'événements qu'ils peuvent connaître.

> **Proposition de corrigé :**
> Sportifs : Zinedine Zidane, Thierry Henry, Franc Ribéry, Tony Parker, Alain Bernard, Tessa Worley…
> Événements : le Tour de France, Roland-Garros, le championnat / la coupe de France de football…

LEÇON 1 — Mets tes baskets ! — À chacun son sport

Inviter les élèves à ouvrir le manuel p. 84, à observer les photos, à lire le titre et à émettre des hypothèses sur le contenu de la leçon.

1 Faire lire les questions et solliciter des réponses spontanées. Éventuellement, faire des suggestions pour faciliter la discussion : s'amuser, se dépenser, faire des compétitions, être en bonne santé, être en forme, se détendre, se muscler…

> **Pour aller plus loin**
> Encourager les élèves à apporter des photos d'eux-mêmes pratiquant un sport et à décrire leur activité en français.

COMPRÉHENSION

2 Faire lire la consigne et les items. Demander aux élèves de cacher le document ou de fermer le livre et faire écouter l'enregistrement. Solliciter une réponse immédiate après l'écoute. Demander à un(e) élève ses réponses et les faire valider par la classe.

> **Corrigé :**
> a. Evelyne Carrier est la spécialiste sports d'une radio. Théo, Oriane, Maxime et Anne-Sophie sont des auditeurs.
> b. Théo – B ; Orianne – A ; Maxime – C

3 Faire lire la consigne et les items. Puis passer une nouvelle fois l'enregistrement. Proposer aux élèves de comparer leurs réponses à celles d'un(e) camarade avant de corriger. Demander à un(e) élève ses réponses et les faire valider par la classe.

> **Corrigé :**
> la natation, l'équitation, le karaté

> **Pour aller plus loin**
> Proposer aux élèves de faire un poster ou une présentation multimédia des sports.

LEXIQUE

4 Faire lire la consigne et les items. Proposer aux élèves de travailler par deux pour cet exercice. Demander ensuite à un(e) élève d'écrire ses réponses au tableau. Les faire valider par la classe.

Corrigé :
a. (b) la force (la planche à voile, l'aviron), l'équilibre (le tai-chi), la souplesse (le yoga), la précision, la concentration (le golf, le tir à l'arc, l'escrime), l'endurance (le marathon, le cyclisme, le tennis)

5) Faire lire les questions. Demander aux élèves de se mettre par 3 pour y répondre. Faire une mise en commun rapide.

6) Faire lire la consigne et solliciter des réponses rapides pour l'item a. Proposer aux élèves de faire de recherches par deux pour b.

Corrigé :
a. 1. le tennis - Roland-Garros, 2. la marche – le Marathon des Sables, 3. le cyclisme – le Tour de France

7) Faire lire la consigne et suggérer aux élèves de consulter des sites en français.

Infos

http://www.olympic.org/fr/sports
http://franceolympique.com/art/822-sports_olympiques.html

▶▶▶ **Activités complémentaires :** Entraîne-toi nos 7 et 8, p. 92 ; Cahier n° 1, p. 42

COMMUNICATION

8) Faire lire la consigne. Laisser suffisamment de temps aux élèves pour relire la transcription et comparer leurs réponses avec celles d'un(e) camarade. Procéder à la correction en demandant à des élèves de lire les phrases qu'ils ont obtenues. Faire valider les réponses par la classe. Faire lire le tableau et multiplier les exemples à l'oral.

Corrigé :
a – 3 ; b – 1 ; c – 2

9) Faire lire la consigne et les items. Laisser du temps aux élèves pour rédiger individuellement ou par deux, selon les besoins, la fin de la phrase. Mettre en commun les réponses.

Proposition de corrigé :
a. Le sport, c'est bon pour la santé. b. Je fais de la gym pour être souple. c. Tous les jours, je fais 30 minutes de footing afin d'avoir de l'endurance.

▶▶▶ **Activités complémentaires :** Entraîne-toi n° 12, p. 93 ; Cahier n° 2, p. 42

LEÇON 1 2 3 4   MODULE 7

GRAMMAIRE

10) Faire lire la consigne et les items. Laisser du temps aux élèves, individuellement ou par deux, selon les besoins, pour recopier les phrases et les compléter. Pour corriger, si possible, projeter l'exercice au tableau et demander à un(e) élève de le corriger. Faire valider les réponses par la classe. Puis faire lire le tableau et donner des explications, si nécessaire.

Corrigé :
a. Même si Oriane n'a pas l'habitude de faire de l'exercice, je lui recommande le tai-chi.
b. Même si tu n'as pas beaucoup de temps, tu peux aller au lycée à pied.

11) Faire lire la consigne. Laisser du temps aux élèves pour faire l'exercice et comparer leurs réponses avec celles d'un(e) camarade. Demander à un(e) élève ses réponses et les faire valider par la classe.

Corrigé :
a – 3 ; b – 4 ; c – 1 ; d – 2

▶▶▶ **Activités complémentaires :** Entraîne-toi nos 1 et 2, p. 92 ; Cahier n° 3, p. 42

à ton tour ! 12) Mise en œuvre

Faire lire la consigne et suivre les différentes étapes proposées :
1. faire écrire aux élèves une question sur un sport ou sur la pratique sportive en général ;
2. regrouper les questions et faire tirer au sort un papier par élève ;
3. faire une recommandation à partir de la question reçue ;
4. faire une brochure avec les questions et les recommandations.

Pour aller plus loin

Distribuer la brochure à d'autres classes de français.

LEÇON 2 — Drôles de sports !

Mets tes baskets !

Inviter les élèves à ouvrir leur manuel p. 86. Faire observer les illustrations et lire le titre. Demander aux élèves d'expliciter le titre en donnant un synonyme. Réponse attendue : *Sports étranges / bizarres / farfelus* mais aussi avec l'idée qu'ils sont drôles parce qu'ils sont farfelus.

1 Faire lire la question et solliciter des réponses spontanées.

COMPRÉHENSION

2 Demander aux élèves de répondre aux questions en autonomie. Puis corriger en demandant des réponses à plusieurs élèves et les faire valider par la classe.

> **Corrigé :**
> **a.** proposer des sports qui n'existent pas et donner leur avis sur de nouveaux sports. **b.** 1. la course à pied en piscine, 2. le ski de montée, 3. le volley-foot / le bossaball, 4. le rugtennis ; **c.** le volley-foot

3 Faire lire la consigne et demander aux élèves de se mettre par deux ou trois pour faire l'exercice. Proposer aux élèves d'utiliser un dictionnaire bilingue pour chercher les mots qu'ils ne connaissent pas. Demander ensuite à plusieurs groupes de donner leurs réponses.

> **Proposition de corrigé :**
> **a.** Il faut faire une course (25 ou 50 m) dans une piscine. On peut marcher ou courir mais on ne doit pas nager !
> **b.** 1. la course à pied en piscine ; dans une piscine ; individuel (1 participant) ou par deux (en relais) ; un maillot de bain – 2. le ski de montée ; la / en montagne – une piste de ski ; individuel ; des skis – 3. le volley-foot ; (un terrain de volley sur) une plage ; deux équipes de trois ; un filet et un ballon de volley – 4. le rugtennis ; un court de tennis ; individuel ou par deux / en double ; une raquette de tennis et une balle spéciale en forme de ballon de rugby

4 **Révise ton cours d'éducation physique !**
Faire lire la consigne. Pour l'item a, solliciter des réponses rapides que la classe valide. Pour les items b et c, encourager les élèves à consulter des dictionnaires par deux ou trois. Puis mettre les réponses en commun.

> **Corrigé :**
> **a.** 1. le ski – 2. le rugby, le football, la course à pied – 3. Le volley-ball, la capoeira – 4. le tennis – 5. la natation.
> **b.** (c.) *proposition de corrigé :* 1. l'escalade (une corde, un piolet, des crampons), la randonnée (des chaussures de marche), le bobsleigh (un bob)… – 2. l'athlétisme (des baskets, un short) – 3. la gymnastique (des agrès – un cheval, des barres, des anneaux, une poutre), le basket-ball (une balle), le hand-ball (une balle)… – 5. le water-polo (un maillot de bain, un bonnet de bain, une balle, des buts), la natation synchronisée (un maillot de bain, de la musique), le plongeon (un maillot de bain, un plongeoir)

COMMUNICATION

5 Faire lire la question et demander à plusieurs élèves de retrouver et de relire oralement les règles dans le document. Puis faire lire le tableau.

> **Corrigé :**
> Le ski de montée : il s'agit de faire la course sur une piste de ski, mais pour la remonter ! On doit respecter une seule règle : ne pas marcher dans la neige ! Il est donc strictement interdit d'enlever ses skis.
> Le rugtennis : ça consisterait à jouer sur un court de tennis normal, avec une raquette normale, mais avec une balle spéciale en forme de ballon de rugby. On pourrait y jouer individuellement ou en double.
> Le volley-foot : il faut faire au maximum trois passes et on peut toucher le ballon avec les mains et les pieds, mais il ne doit pas tomber par terre. Pour l'équipement : on dessine le terrain sur le sable et on a seulement besoin d'un filet et d'un ballon. On peut y jouer à un contre un ou en équipe.

6 Faire lire la consigne et éventuellement donner un exemple avant de laisser les élèves faire l'activité par deux à l'aide d'un dictionnaire, s'ils le souhaitent.

Exemple :
On a besoin d'un terrain, de deux buts et d'un ballon. On joue à 11 contre 11. Il faut envoyer le ballon dans le but de l'autre équipe. Il est strictement interdit de jouer avec les mains. Réponse : *le foot.*

▶▶▶ **Activités complémentaires :** Entraîne-toi n°s 13 et 14, p. 93 ; Cahier n°s 1 et 2, p. 43

LEÇON 1 2 [3] 4

MODULE 7

GRAMMAIRE

7 a. Faire lire la consigne. Si possible, projeter les items et demander à un(e) élève de les compléter sous la dictée de la classe.
b. Faire lire la question et solliciter une réponse immédiate. Puis faire lire le tableau.

> Corrigé :
> a. On y joue sur la plage. On peut y jouer un contre un. Ça existe, j'y ai déjà joué.
> b. Le pronom y se place entre le sujet et le verbe ou entre le verbe conjugué et un verbe à l'infinitif.

8 Faire lire la consigne. Puis demander à des élèves à tour de rôle de lire les items et de faire la transformation à l'oral. Faire écouter au fur et à mesure l'enregistrement pour vérification.

> **Transcription**
> 1. On peut y jouer à 13 ou à 15.
> 2. J'aime bien le tennis mais je ne sais pas y jouer.
> 3. Tu joues au hand-ball ? Moi, je n'y ai jamais joué.

> Corrigé :
> Voir transcription.

▶▶▶ **Activités complémentaires :** Entraîne-toi n⁰ˢ 3, 4 et 5, p. 92 ; Cahier n° 3, p. 43

PHONÉTIQUE

9 Faire lire la consigne. Pour l'item a, faire écouter l'enregistrement puis faire répéter par deux élèves. Pour l'item b, faire lire les phrases par des élèves différents et faire écouter l'enregistrement au fur et à mesure.

à ton tour !

10 Préparation de la tâche
Faire lire la consigne et préciser les différentes étapes demandées :
1. constituer des groupes de trois, par exemple en faisant tirer au sort des noms de sports ou d'équipements ;
2. élaborer avec la classe la grille pour l'évaluation ;
Critères suggérés : collaboration, respect de la consigne, précision des informations, clarté de la présentation orale ;
3. imaginer en groupe un nouveau sport et donner les informations demandées ;
4. s'entraîner à présenter oralement le nouveau sport ;
5. s'auto-évaluer.

Mise en œuvre
Procéder aux présentations de la moitié des groupes pendant que le reste de la classe travaille en autonomie. Faire co-évaluer les productions.

Pour aller plus loin

1. Proposer aux élèves de les filmer pour qu'ils conservent une trace de leur production dans le dossier de leur portfolio.
2. Si la classe possède un blog, mettre les présentations en ligne et demander aux élèves de les commenter comme dans le document de la leçon.

Retour sur les productions et l'attitude
Faire un retour sur la qualité de la collaboration, des productions et de la co-évaluation.

Leçon 3 — Mets tes baskets ! Exploits sportifs

Inviter les élèves à ouvrir leur manuel p. 88 ou projeter la page au tableau. La faire observer. Demander aux élèves de la commenter librement. Faire lire le titre de la leçon et demander quels exploits sportifs rendent les élèves les plus admiratifs.

1 Faire lire la question et solliciter des réponses spontanées.

2 Faire lire la consigne (donner éventuellement à cette occasion le lexique de la BD : une planche, une vignette, une bulle, une onomatopée) et les items. Demander des réponses rapides et les faire valider par la classe.

> Corrigé :
> a – 5 ; b – 1 ; c – 4 ; d – 3 ; e – 2

Pour aller plus loin

Donner aux élèves le sens de *gaffe* (une erreur) et en faire déduire le trait de caractère de Gaston. Proposer également de consulter le site de la BD : http://www.gastonlagaffe.com/

COMPRÉHENSION

3 **Préparation possible :** faire écouter l'enregistrement.
Ensuite demander aux élèves de répondre en autonomie aux exercices 3 à 5 et de comparer leurs réponses avec celles d'un(e) camarade. Préciser qu'ils peuvent consulter librement un dictionnaire, s'ils le souhaitent. Quand la classe est prête, procéder à une mise en commun.

> **Corrigé :**
> **a.** le sommet (vignette 2), un avant-centre (vignette 3), meurtrier (vignette 5), la gloire (vignette 6)
> **b.** But !

Pour aller plus loin

Enrichir la question 2b en cherchant le cri qui correspond dans d'autres langues. Faire chercher, si la classe montre de l'intérêt pour le foot, les autres noms de postes dans une équipe (un gardien de but, un attaquant, un défenseur). Ils peuvent faire la même chose pour le rugby.

4 Laisser les élèves travailler en autonomie.

> **Corrigé :**
> **a.** Lagaffe est au bureau. Il rêve (qu'il fait / accomplit des exploits sportifs). **b.** L'autre personnage est son chef.

5 Laisser les élèves travailler en autonomie.

> **Proposition de corrigé :**
> Le rêve de Lagaffe / Les exploits de Lagaffe

Pour aller plus loin

Demander aux élèves (éventuellement, uniquement aux plus compétents pour faire de la différenciation) de résumer la planche en deux ou trois phrases. Proposition : *Gaston est un héros des stades, de la route et du ring ! Ah non, Gaston rêve au lieu de travailler.*

GRAMMAIRE

6 Faire lire la consigne. Éventuellement, rappeler la règle concernant *C'est / Ce sont* (Module 2, p. 29). Si possible, projeter l'exercice et demander à plusieurs élèves à tour de rôle de le compléter et de lire à voix haute les phrases obtenues. Faire valider les réponses par la classe. Demander aux élèves, sans lire le tableau, de chercher par deux la règle concernant la place du superlatif. Mettre en commun la réflexion. Puis faire lire le tableau. Rappeler aux élèves qu'ils peuvent consulter l'ensemble des règles concernant le superlatif dans aux pages 116-117 du Précis grammatical.

> **Corrigé :**
> **a.** Ce sont les plus redoutables sprinters.
> **b.** C'est le meilleur avant-centre d'Europe.
> **c.** C'est le meilleur homme sur le terrain.
> **d.** C'est le punch le plus meurtrier.

7 Faire lire la consigne. Laisser du temps aux élèves pour écrire les phrases obtenues sur leur cahier. Demander ensuite à plusieurs élèves d'écrire une phrase au tableau. Faire valider par la classe.

> **Corrigé :**
> **a.** C'est le meilleur sportif de l'année. **b.** C'est le sportif le plus rapide de la course. **c.** C'est le meilleur joueur de son équipe. **d.** C'est le pire joueur de la compétition.

▶▶▶ **Activités complémentaires :** Entraîne-toi n° 6, p. 92 ; Cahier n° 1, p. 44

LEXIQUE

8 Faire lire la consigne. Laisser du temps aux élèves pour répondre, éventuellement consulter un dictionnaire et comparer leurs réponses avec celles d'un(e) camarade. Mettre ensuite les réponses en commun.

> **Corrigé :**
> **a.** et **b.** la course à pied, le cyclisme ; **c.** le football ; **d.** le rugby ; **e.** la boxe ; **f.** le football, le rugby ; **g.** le cyclisme ; **h.** le cyclisme, le football (pour le gardien de but), la boxe.

9 Faire lire la consigne et les items. Demander une réponse immédiate et la faire valider par la classe.

> **Corrigé :**
> 1 – c ; 2 – d ; 3 – a ; 4 – b

▶▶▶ **Activités complémentaires :** Entraîne-toi n°s 9, 10 et 11, p. 93 ; Cahier n° 2, p. 44

LEÇON 1 2 3 **4** MODULE **7**

à ton tour !

10 Préparation de la tâche

Faire lire la consigne et préciser les différentes étapes demandées :
1. constituer des groupes de trois, par exemple en faisant tirer au sort de nouveaux noms de sports ou de sportifs ;
2. élaborer avec la classe la grille pour l'évaluation ;
Critères suggérés : collaboration, respect de la consigne, emploi correct du superlatif, soin apporté à la production (illustration, écriture soignée).
3. se mettre d'accord sur les sportifs choisis et réaliser les vignettes ;
4. s'entraîner à présenter oralement les vignettes ;
5. s'auto-évaluer.

Mise en œuvre
Procéder aux présentations de la moitié des groupes pendant que le reste de la classe travaille en autonomie. Faire co-évaluer les productions.

Chaque moitié de classe choisit les meilleures vignettes. S'il y a des doublons entre les deux moitiés de classe, procéder à un nouveau vote avec la classe entière.

Pour aller plus loin

1. Proposer aux élèves de les filmer et de photographier l'affiche pour qu'ils conservent une trace de leur production dans le dossier de leur portfolio.
2. Si la classe possède un blog, mettre les affiches en ligne, éventuellement sous la forme d'une présentation multimédia.

Retour sur les productions et l'attitude
Faire un retour sur la qualité de la collaboration, des productions et de la co-évaluation.

LEÇON 4 — Mets tes baskets ! La rue est à nous !

Inviter les élèves à ouvrir leur manuel p. 90 ou projeter la double page au tableau. La faire observer. Faire lire le titre de la leçon et demander aux élèves de formuler des hypothèses sur le contenu de la leçon. Faire rappeler le sens d'*urbain* vu dans le Module 2, p. 31.

Infos

Fédération des sports urbains, www.sportsurbains.fr
Fédération française de double dutch, www.ffdd.fr
Fédération française de cyclisme, www.ffc.fr
Fédération française d'échasses urbaines, www.ffeu.fr

1 Faire lire les questions. Solliciter des réponses rapides. Ne pas insister si les élèves ne connaissent pas les sports représentés. Ils auront les réponses dans le document suivant.

Corrigé :
On voit du skate, du football (freestyle), du double dutch, du golf (urbain).

2 Laisser du temps aux élèves pour lire le document et répondre aux questions en autonomie puis comparer leurs réponses en sous-groupes. Mettre ensuite les réponses en commun.

Corrigé :
a. Faux (dans les années 80) ; b. le ministère de la Santé et des Sports pour faire connaître ces nouvelles disciplines et les développer ; c. le skate (déplacement et glisse), les échasses urbaines (déplacement), le double dutch (corde), le BMX (cycle et glisse), le golf urbain (balle), l'art du déplacement (déplacement), le football (ballon)

3 Faire lire la question et solliciter des réponses spontanées.

4 Faire lire les consignes et les items. Pour l'item a, proposer aux élèves de remplir un tableau à plusieurs. Projeter ensuite le tableau vide et demander à un(e) élève de le compléter sous la dictée de la classe. Pour les items b et c, solliciter des réponses spontanées.

115

Corrigé :
a. Les échasses urbaines ; 2000 ; Allemagne ; Échasses ; Individuel et collectif – Le double dutch ; Années 70 ; États-Unis ; Deux cordes ; Collectif – Le BMX street ; ? ; États-Unis ; Un BMX ; Individuel – L'art du déplacement ; France ; Murs, bâtiments, tours ; Collectif.
b. trottinette, street-hockey…
c. *Proposition* : Je pense que l'art du déplacement est un sport extrême car une chute peut être très dangereuse.

5 Faire lire la consigne. Laisser du temps aux élèves pour observer l'affiche. Puis faire lire le texte lentement par un(e) élève. Les autres lèvent la main dès qu'ils entendent une erreur.

Corrigé :
Le FISE, le plus grand Festival *International* de Sport Extrême, revient pour une *14ᵉ* édition, avec du BMX, du skate-board… dans un cadre 100 % urbain. Cette année, c'est à *Montpellier*, du 12 au 16 *mai* qu'aura lieu cet événement très attendu par tous. Entrée : *gratuite*.

6 Faire lire les questions et solliciter des réponses spontanées.

à ton tour !

7 **Préparation de la tâche**
Faire lire la consigne et préciser les différentes étapes demandées :
1. constituer des groupes de cinq ou six, par exemple en faisant tirer au sort des noms de sports urbains ;
2. élaborer avec la classe la grille pour l'évaluation ;
Critères suggérés : collaboration, respect de la consigne, soin apporté à la production (illustration, écriture soignée).
3. se mettre d'accord sur l'événement ;
4. créer l'affiche (si possible à l'aide d'un ordinateur) ;
5. s'entraîner à présenter oralement les vignettes ;
6. s'auto-évaluer.

Mise en œuvre
Procéder aux présentations des affiches. Faire co-évaluer les productions.

Pour aller plus loin

1. Proposer aux élèves de les filmer et de photographier l'affiche pour qu'ils conservent une trace de leur production dans le dossier de leur portfolio.
2. Si la classe possède un blog, mettre les affiches en ligne.
3. Placarder les affiches à l'extérieur de la classe.

Retour sur les productions et l'attitude
Faire un retour sur la qualité de la collaboration, des productions et de la co-évaluation.

▶▶▶ **Activités complémentaires :** Cahier p. 45

Entraîne-toi

GRAMMAIRE

L'hypothèse (1)

1 Laisser autant que possible les élèves travailler en autonomie. Leur demander de recopier les phrases et de les compléter dans leur cahier. Passer dans les rangs et montrer de l'intérêt pour le travail réalisé, soutenir et réguler. Suggérer aux élèves qui ont fini avant les autres de comparer leurs réponses. Pour la correction, si possible, projeter l'exercice et le faire corriger au tableau par un(e) élève. La classe valide les réponses.

Corrigé :
a. Si tu veux te faire de nouveaux amis, fais un sport d'équipe. b. Même si tu souhaites développer ta force, tu ne devrais pas faire de la musculation trop jeune. c. Même si Johan est handicapé, il fait du sport. d. Si mes parents sont d'accord, ce week-end je fais du canyonisme.

2 Démarche identique à celle de l'exercice 1.

Proposition de corrigé :
a. Même si tu n'aimes pas beaucoup le sport / tu n'es pas très sportif… b. On peut faire du sport, même si on n'est pas un champion ! c. Même si tu es très fort en foot, tu peux demander des conseils à un équipier.

ENTRAÎNE-TOI

MODULE 7

Le pronom *y* complément d'objet indirect

3 Démarche identique à celle de l'exercice 1. Demander aux élèves d'écrire les phrases transformées dans leur cahier.

> **Corrigé :**
> **a.** Tu peux y répondre ? **b.** Timothée y joue depuis l'âge de 5 ans. **c.** Tu n'y participes pas ? **d.** J'y ai bien réfléchi.

4 Faire lire l'énoncé et les questions et, pour plus de spontanéité, solliciter des réponses rapides à l'oral sinon suivre la même démarche que celle de l'exercice 1.

> **Corrigé :**
> **a.** Oui, J'y joue. / Non, je n'y joue pas. **b.** J'y ai participé … fois. / Je n'y ai pas / jamais participé. **c.** Oui, je veux y assister. / Non, je ne veux pas y assister.

Pour aller plus loin

Proposer aux élèves d'écrire une question concernant le sport et qui demande une réponse avec *y* sur un petit papier. Ramasser les questions et les redistribuer au hasard. À tour de rôle (et rapidement), les élèves lisent la question qu'ils ont reçu et y répondent en utilisant *y* !

🏆 **Champion !**

5 Démarche identique à celle de l'exercice 1.

> **Corrigé :**
> « La natation, c'est ma passion ! », dit Lola. C'est vrai qu'elle *en* fait cinq à six fois par semaine et elle *y* pense tout le temps ! Du mardi au samedi, elle va à la piscine pour *y* nager pendant 2 heures. Le dimanche, il *y* a les compétitions. Lola adore *en* faire. « Mon secret, c'est la motivation. » Il *en* faut beaucoup, c'est sûr !

La place du superlatif

6 Démarche identique à celle de l'exercice 1. Demander aux élèves d'écrire les phrases obtenues dans leur cahier.

> **Corrigé :**
> **a.** C'est le joueur le meilleur de son équipe. / C'est le meilleur joueur de son équipe. **b.** C'est l'athlète le plus fort de la compétition. **c.** C'est l'avant-centre le plus rapide du foot français. / C'est le plus rapide avant-centre du foot français.

LEXIQUE

Les sports

7 Faire lire l'énoncé et les questions et, pour plus de spontanéité, solliciter des réponses rapides à l'oral sinon suivre la même démarche que celle de l'exercice 1.

> **Corrigé :**
> **a.** la musculation : pas un sport aquatique / pas d'eau ; **b.** le tir à l'arc : pas un sport avec un ballon / pas un sport collectif ; **c.** l'escrime : pas un sport en extérieur

Les qualités sportives

8 Faire lire l'énoncé et les questions et, pour plus de spontanéité, solliciter des réponses rapides à l'oral sinon suivre la même démarche que celle de l'exercice 1.

> **Corrigé :**
> **a.** la concentration ; **b.** l'équilibre ; **c.** la précision ; **d.** la force ; **e.** l'endurance ; **f.** la souplesse

Le vocabulaire du sport

9 Faire lire la consigne et l'exemple. Puis laisser du temps aux élèves, par deux, pour faire l'activité. Éventuellement, leur demander de changer deux ou trois fois de partenaire pour enrichir les interactions.

🏆 **Champion !**

10 Faire lire la consigne. Établir avec la classe, d'abord livre fermé, une liste de sports individuels et collectifs. Puis avec le livre et le cahier, enrichir les listes. Attribuer, par tirage au sort, un sport individuel et un sport collectif à chaque équipe de trois. Les laisser recopier et compléter les fiches pendant quelques minutes. Faire une mise en commun orale en grand groupe.

Pour aller plus loin

Placarder les fiches dans la classe ou les mettre en ligne sur le blog de la classe.

Les titres des journaux

11 Faire lire la consigne et les items. S'assurer que les élèves sont concentrés avant de passer l'enregistrement. Leur proposer de comparer leurs réponses avant de corriger.

> **Transcription**
> 1. Aux Championnats d'Europe de natation, Camille Lacourt a gagné 3 médailles d'or. Le nageur de Marseille espère être à nouveau le meilleur et entendre encore la Marseillaise aux Championnats du monde et surtout aux Jeux olympiques.
> 2. Que dire de Justine Henin ? Avec son retour au sommet du tennis mondial après un an sans compétition, elle écrit sa propre légende !
> 3. Le meilleur passeur du championnat 2010, Didier Drogba, a marqué trois buts ce week-end.
> 4. Savez-vous combien de fois Jeannie Longo a été championne de France ? 57 fois ! Oui, vous avez bien entendu : 57 fois. Quand on sait que le vélo s'appelle aussi parfois « la petite reine ». On peut dire de Jeannie, qu'elle est une GRANDE reine !

> **Corrigé :**
> a. (b.) 1. C La grande et la petite reine (1. Jeannie Longo) ; 2. A L'as de la passe (4. Didier Drogba) ; 3. D Des Marseillaises pour un Marseillais (2. Camille Lacourt) ; 4. B Une légende du tennis (3. Justine Hénin)

COMMUNICATION

Exprimer le but

12 Démarche identique à celle de l'exercice 1.

> **Proposition de corrigé :**
> a. Alex s'entraîne pour une compétition. b. Alex s'entraine pour être champion. c. Je me suis inscrit dans un club afin de connaître des gens de mon âge. d. Il faut s'entraîner beaucoup afin d'être le meilleur.

Expliquer les règles d'un sport

13 Démarche identique à celle de l'exercice 1.

> **Corrigé :**
> a – 2 ; b – 4 ; c – 1 ; d – 3 ; e – 5

14 Faire lire la consigne et demander aux élèves d'écrire des devinettes pour les proposer ensuite à la classe.

PHONÉTIQUE

Les groupes consonantiques avec s en début de mots

15 Faire lire la consigne et les items. Laisser du temps aux élèves pour écrire une phrase. Puis leur demander de la lire à tour de rôle.

> **Proposition de corrigé :**
> Pendant ce match de squash, les spectateurs ont vu des smashs spectaculaires.
> Ce stade est spécial et permet de faire du skateboard.

apprendre à apprendre

Voir Introduction méthodologique p. 7 et 10 et module 1 p. 35.

Évaluation DELF

Compréhension de l'oral

Mettre les élèves en situation d'examen, sans pour autant leur imposer une pression inutile.

1 Laisser du temps aux élèves pour découvrir les questions. Passer une première fois l'enregistrement. Laisser à nouveau du temps pour répondre à la question.

> **Transcription :**
> Garçon : Maman, pendant les vacances, je voudrais aller à Vichy pour faire un stage d'aviron.
> Femme : Un stage à Vichy ?
> Garçon : Oui, un entraînement intensif pour me préparer pour les compétitions de l'an prochain.
> Femme : À Vichy ? Mais combien coûtent ces stages ? Et comment tu y vas, à Vichy ? Et tu as besoin de quel équipement ?
> Garçon : Regarde ce site : on y trouve toutes les informations nécessaires !
> Femme : Fais voir… Tiens, il y a aussi des stages « Multi-sports » avec du tennis, du basket, …/…

Évaluation DELF — MODULE 7

> *de la planche à voile, de l'aviron, du vélo… C'est une bonne idée pour découvrir de nouveaux sports…*
> *Garçon : Maman… Du tennis et du basket, j'en fais tous les week-ends. Et je ne veux pas faire un autre sport, je veux faire de l'aviron !!*
> *Femme : Bon, nous allons y réfléchir : même si ce n'est pas très cher, il faut en parler à papa avant de décider !*

Corrigé :
c. « stage », « entraînement » *(0,5 point)*

2 Faire écouter à nouveau l'enregistrement et laisser du temps aux élèves pour répondre aux questions suivantes.

Corrigé :
a, e *(0,25 point par réponse correcte – s'il y a plus de deux réponses incorrectes ne pas accorder 0,5 point)*

3 **Corrigé :**
a. (Timothée veut faire un stage d'aviron) pour préparer les compétitions (de l'année prochaine). b. (Sa mère lui propose les stages « Multi-sports ») pour découvrir de nouveaux sports. c. Il n'accepte pas. / Non. Parce qu'il veut faire de l'aviron et fait déjà du basket et de tennis le week-end. d. Non. / La mère ne prend pas de décision. Parce qu'il faut en parler au père (avant de décider).
(1 point par réponse correcte)

🗣 Production orale

4 Si possible, évaluer les élèves individuellement pendant que les autres travaillent en autonomie ou leur demander de s'enregistrer.

Grille pour l'évaluation

Respect de la consigne.	0	0,5	1	
Vocabulaire précis et varié.	0	0,5	1	1,5
Construction des phrases (variées) et respect des règles de grammaire.	0	0,5	1	1,5
Phonologie et fluidité.	0	0,5	1	

Proposition de corrigé :
Le basket à cheval consiste à mettre un ballon dans le panier de l'équipe adverse, comme au basket, mais il faut être sur un cheval, comme au polo. Il faut un grand terrain, deux paniers de basket, une balle et un cheval pour chaque équipier. Les qualités nécessaires sont l'équilibre, la souplesse, la précision et l'esprit d'équipe. J'aimerais bien essayer parce que j'adore les chevaux mais je pense que ce n'est pas facile au début.

📖 Compréhension des écrits

5 Laisser les élèves travailler individuellement, en autonomie et sans aide.

Proposition de corrigé :
Les villes les plus sportives / Les villes sportives / Le sport en ville *(1 point)*

6 **Corrigé :**
a. Sélestat et Lorient ; b. Sélestat ; c. Lorient
(1 point par réponse correcte)

7 **Corrigé :**
Parce qu'il y a deux catégories : ville de plus de 20 000 habitants et ville de moins de 20 000 habitants.
(1 point – accepter une formulation moins précise mais correcte par rapport au sens)

📖 Production écrite

8 Laisser les élèves travailler individuellement, en autonomie et sans aide.

Grille pour l'évaluation

Respect de la consigne : rédaction et mise en page d'un article.	0	0,5	1	
Lexique précis.	0	0,5	1	1,5
Construction des phrases et respect des règles de grammaire.	0	0,5	1	1,5
Orthographe.	0	0,5	1	

Proposition de corrigé :
Mon sportif préféré est Sébastien Loeb car il gagne tous les rallyes et championnats automobiles auxquels il participe. Il a du courage, de l'endurance à chaque course. Il peut aussi se concentrer pendant les compétitions. Pour moi, c'est le plus grand champion de rallye automobile. Mais il est aussi généreux : il s'engage dans des associations pour réaliser les rêves d'enfants malades.

Explore le monde !

MODULE 8

Objectifs du module
p. 95-106

Apprendre à…
- exprimer la provenance
- exprimer des impressions sur un voyage
- parler de destinations de voyages
- faire une hypothèse (2)
- exprimer des sentiments, des états d'âme
- parler de voyages et de vacances

Pour…
- choisir et justifier le choix d'une destination
- identifier des destinations de rêve
- interagir avec des passagers lors d'un voyage
- présenter un explorateur, ses exploits ou découvertes

Grammaire
- prépositions et noms de villes, pays ou îles
- *si* + imparfait / conditionnel
- la phrase exclamative

Lexique
- les préfixes et les suffixes des adjectifs
- les voyages
- le mot *truc*

Phonétique
L'intonation

Culture
Les grands explorateurs

Discipline
La géographie

Apprendre à apprendre
Comment expliquer un mot à quelqu'un ?

Ouverture

Inviter les élèves à ouvrir leur manuel p. 95 et à observer la page. Les laisser réagir librement. Puis, faire lire le titre du module. Il est possible que les élèves répondent spontanément à la question 3. Dans ce cas, privilégier la spontanéité et valider immédiatement la réponse.

1 Faire lire la consigne de l'exercice et demander aux élèves, par deux ou trois, de chercher le plus de mots possible à partir de l'illustration. Ils peuvent s'aider du lexique thématique p. 124.

Corrigé :
De gauche à droite et de bas en haut : un chapeau de soleil, un palmier, un château de sable, un train (un TGV), une boussole (la flèche et les points cardinaux Nord, Est, Sud, Ouest), des drapeaux (français, belge, suisse, québequois, canadien), une carte de l'Europe et de l'Asie, un panneau qui indique un musée, un autocollant « J'aime Toulouse. », un ballon / une montgolfière, un avion, un randonneur, un bateau

2 Faire lire la consigne de l'exercice. S'assurer que les élèves sont concentrés. Leur suggérer de fermer les yeux s'ils le souhaitent. Faire écouter l'enregistrement. Demander des réponses dès la fin de l'écoute. Si les élèves éprouvent des difficultés à identifier en français les différents indices, demander quelles langues différentes ils entendent. Réponse attendue : *l'allemand, l'espagnol, le français.*

> **Corrigé :**
> Un train, des discussions, de l'allemand, de la musique andalouse (guitare), une annonce dans un aéroport : « Les passagers du vol 738 à destination de Madrid sont attendus porte 10 à l'embarquement », de l'espagnol, un avion qui s'envole, de la musique africaine, une sirène de bateau, des mouettes, du français, de l'anglais, de la musique indienne

3 Si les élèves n'y ont pas déjà répondu, faire lire la consigne et solliciter une réponse immédiate.

> **Corrigé :**
> Nous allons parler de voyages, d'explorateurs et de découvertes.

4 Faire lire la consigne et laisser les élèves réagir spontanément. S'ils ont peu d'idées, leur soumettre une carte de la francophonie.

Infos

Site de l'Organisation Internationale de la Francophonie :
– carte : http://www.francophonie.org/IMG/pdf/carte_monde_francophonie_2011.pdf
– jeu : http://www.francophonie.org/spip.php?page=jeu

LEÇON 1 — Séjours en France

Inviter les élèves à ouvrir le manuel p. 96. Ne pas faire lire le titre de la leçon !

1 Faire lire les questions, observer les photos et identifier les différents lieux (a. le désert en Australie, b. Le Taj Mahal en Inde, c. la jungle en Malaisie, d. le château de Neuschwanstein en Allemagne). Solliciter des réponses spontanées.

Pour aller plus loin

1. Demander aux élèves d'imaginer sans lire la transcription ce que dit chacun des personnages. Faire ensuite écouter une première fois l'enregistrement pour comparer les propositions et le document. Si des élèves avaient fait attention au titre de la leçon et émis des hypothèses proches du document, les féliciter !
2. S'ils ont la possibilité de voyager, demander aux élèves ce qu'ils attendent d'un voyage : connaître d'autres cultures, visiter des lieux touristiques, apprendre une langue…

COMPRÉHENSION

2 Faire lire la consigne et les items. Puis passer à nouveau l'enregistrement – en faisant cacher la transcription ou fermer le livre – et demander à plusieurs élèves de donner une réponse. La faire valider par la classe.

> **Corrigé :**
> a. vrai (originaires des cinq continents…) ;
> b. faux (Ils passent une année / un an en France.) ;
> c. faux (un an) ; d. vrai (interviewer à la fin de leur séjour… Ce qui m'a plu en France…)

3 Faire lire la question et demander oralement à un(e) élève le prénom de chaque personnage, sans lire la transcription ! Faire valider les réponses par la classe.

> **Corrigé :**
> a. John – b. Farah – c. Adhira – d. Tobias

4 Faire lire la consigne. Il est possible ici de faire de la différenciation et de demander à certains élèves de faire l'exercice en écoutant à nouveau l'enregistrement et à d'autres de lire la transcription. Laisser suffisamment de temps aux élèves pour rédiger les phrases. Puis les mettre en commun en demandant à un(e) élève d'écrire les phrases obtenues sous la dictée de la classe.

Corrigé :
a. John aime / s'étonne de l'architecture des villes françaises. b. Farah aime la culture et la littérature françaises. Farah n'aimait pas au début de son séjour certains plats français. c. Adhira s'étonne de la relation des Français avec les animaux. Adhira déteste certains plats français. d. Tobias s'étonne des horaires, des rythmes de vie en France.

Pour aller plus loin
Demander aux élèves qui ont déjà voyagé dans d'autres régions de leur pays ou dans d'autres pays ce qu'ils ont aimé (ou pas) et ce qui les a éventuellement surpris.

GRAMMAIRE

5. Faire lire la consigne et les items en les faisant compléter directement. Faire rappeler autant que possible les prépositions utilisées avec les noms de pays, d'îles et de villes (vues dans *Adosphère 1*, Module 7). Puis faire lire le tableau et faire construire des phrases avec les éléments. Faire écouter à nouveau l'enregistrement, si besoin. Préciser que les noms féminins sont ceux qui finissent par « e ». Rappeler que les 4 exceptions de noms masculins qui finissent par « e » sont : *Mozambique*, *Mexique*, *Zimbabwe* et *Cambodge*.

Corrigé :
a. Tobias vient d'Allemagne. b. Farah vient de Bornéo. c. John d'Australie. d. Adhira vient d'Inde.

6. Faire lire la consigne. Faire identifier les îles (ou archipels), les villes et les pays. Puis demander aux élèves de recopier l'exercice sur leur cahier et de le compléter puis de comparer leurs réponses avec celles d'un(e) camarade. Pour corriger, si possible, projeter l'exercice et demander à un(e) élève de le compléter. Faire valider les réponses par la classe.

Corrigé :
a. Tu viens de France ou d'Italie ? b. Mon rêve, c'est de partir un an aux Antilles : à la Martinique, par exemple. c. Moi, je reviens du Mexique, de Puebla mais j'aimerais aller à Toronto, au Canada. d. Mon professeur revient du Québec ; il est allé faire un stage à Montréal.

▶▶▶ **Activités complémentaires :** Entraîne-toi n° 1, p. 104 ; Cahier n° 1, p. 48

LEXIQUE

7. Faire lire la consigne et les items. Demander aux élèves d'écrire les réponses sur leur cahier et de les comparer avec celles d'un(e) camarade. Pour corriger, demander à un(e) élève d'écrire les mots au tableau. Faire ensuite lire le tableau et demander à un(e) autre élève d'encadrer les préfixes et de souligner les suffixes des mots écrits au tableau.

Corrigé :
a. semblable – b. incroyable – c. immangeable – d. impensable – e. impossible

Pour aller plus loin
Comparer le suffixe *-able* avec *to be able to* en anglais.

8. Faire lire la consigne et les items. Demander des réponses immédiates et les faire valider par la classe.

Corrigé :
a. un accent que l'on ne peut pas comprendre ;
b. des paysages que l'on ne peut pas oublier ;
c. des moments que l'on ne peut pas imaginer

▶▶▶ **Activités complémentaires :** Entraîne-toi n°s 7 et 8, p. 105 ; Cahier n° 2, p. 48

COMMUNICATION

9. Faire lire la consigne et les items. Si possible, demander une réponse immédiate. Puis faire lire le tableau et faire créer des phrases sur les différents modèles.

Corrigé :
Ce qui m'a plu en France, c'est l'architecture.

10. Faire lire la consigne et les items. Demander aux élèves d'y répondre en sous-groupes de 4 ou 5. Mettre ensuite les réponses en commun.

Pour aller plus loin
Imaginer ce que des étrangers pourraient répondre au sujet de la propre ville / région des apprenants et faire la même activité.

▶▶▶ **Activités complémentaires :** Entraîne-toi n° 11, p. 105 ; Cahier n° 3, p. 48

LEÇON 1 [2] 3 4

MODULE 8

11 Préparation de la tâche

Faire lire la consigne et préciser les différentes étapes demandées :
1. s'informer sur un pays francophone ;
2. le présenter et dire pourquoi on voudrait y étudier pendant un an ;
3. s'entraîner et s'auto-évaluer.

Élaborer avec la classe la grille pour d'évaluation.
Critères suggérés : respect de la consigne ; informations pertinentes et détaillées ; respect des règles de grammaire ; clarté de l'élocution ; aisance (regards, gestes).

Mise en œuvre
Procéder aux présentations en sous-groupes : cinq ou six élèves font leur présentation et se co-évaluent pendant que les autres travaillent en autonomie. Faire co-évaluer les productions.

Pour aller plus loin

Proposer aux élèves de les filmer ou de les enregistrer pour qu'ils conservent une trace de leur production dans le dossier de leur portfolio.

Retour sur les productions et l'attitude
Faire un retour sur la qualité des productions, de la co-évaluation et du travail en autonomie.

LEÇON 2 — Vacances de rêve

Inviter les élèves à ouvrir leur manuel p. 98. Faire lire le titre et émettre des hypothèses sur le thème de la leçon.

1
Faire lire les questions et solliciter des réponses spontanées.

COMPRÉHENSION

2
Faire lire la consigne et le document (mais pas les réponses). Solliciter une réponse rapide.

Corrigé :
b.

3
Faire lire la consigne et les items. Laisser du temps aux élèves pour trouver les réponses et les comparer avec celles d'un(e) camarade. Puis corriger en demandant à un(e) élève ses réponses et en les faisant valider par la classe.

Corrigé :
a – 1 ; b – 2 ; c – 3 ; d – 1 et 2 ; e – 2

4
Faire lire la consigne. Laisser suffisamment de temps aux élèves pour faire le test en autonomie. Puis mettre en commun les réponses et résultats du test.

Pour aller plus loin

1. Proposer aux élèves d'apporter des souvenirs de leurs vacances « de rêve » ou non, réels et imaginaires, et de les présenter à la classe.
2. Engager une discussion sur les tests des magazines et leur validité.

Corrigé :
A. – ● ; B. – ▲ ; C. – ■

5 Révise ton cours de géo !
Faire lire les consignes, items et questions. Mettre en commun les réponses et les discussions.

Infos

Site de géo-localisation : http://www.google.fr/intl/fr/earth/index.html

Corrigé :
a. Les Alpes – Europe ; les Bahamas – Amérique ; l'Islande – Europe ; la Guadeloupe – Amérique ; Majorque – Europe ; le Machu Picchu – Amérique ; Paris – Europe ; St-Malo – Europe ; les volcans d'Auvergne – Europe ; le Kilimandjaro – Afrique
c. ▲ : les Bahamas, la Guadeloupe, Majorque, St-Malo ; ● : Paris, St-Malo, le Machu Picchu ; ■ : les Alpes, l'Islande, le Machu Picchu, les volcans d'Auvergne, le Kilimandjaro

LEXIQUE

6 Faire lire la consigne et les items. Corriger au fur et à mesure les items a et b. Laisser les élèves faire par deux l'item c. Puis mettre en commun des définitions.

> **Corrigé :**
> **a.** « tester des trucs fous » → une chose ; « 100 trucs pour survivre à tout » → moyen inventif pour résoudre un problème. **b.** 1. moyen inventif pour résoudre un problème ; 2. une chose.
> **c.** *(proposition)* 2. C'est un truc qui sert à prendre des photos. 3. C'est un truc très pratique avec beaucoup de trucs pour soigner une petite blessure.

Pour aller plus loin

1. Montrer / projeter des photos d'objets (exemples : une clé, un masque et un tuba, un sac isotherme, une pagaie, le contenu d'un kit de premiers secours…) et demander aux élèves de formuler des définitions en utilisant *truc* et, éventuellement, un dictionnaire !
2. Demander aux élèves à quel(s) mot(s) correspond *truc* dans les langues qu'ils connaissent et dans quelles circonstances ils l'utilisent dans leur langue maternelle pour faire émerger le concept de contexte formel / contexte informel.

▶▶▶ **Activités complémentaires :** Entraîne-toi nos 9 et 10, p. 105 ; Cahier n° 1, p. 49

GRAMMAIRE

7 Faire lire la consigne et les items. Si possible, projeter l'exercice et demander à un(e) élève de le compléter sous la dictée de la classe. Pour l'item b, suggérer aux élèves de chercher la réponse dans les tableaux de conjugaison p.118-119. Faire ensuite lire le tableau.
Rappeler les autres emplois du conditionnel : pour exprimer un désir ou une action possible (Module 5 – p. 65), pour exprimer une hypothèse suivie d'une opposition (Module 7 – p. 85), pour exprimer un fait imaginaire (Module 7 – p. 87) et une hypothèse (*Adosphère* 2).

> **Corrigé :**
> **a.** 1. Si tu pouvais choisir toi-même tes vacances idéales, que rechercherais-tu ? 2. Si tu devais mettre seulement une seule chose dans ta valise, que prendrais-tu ?
> **b.** *Pouvais* et *devais* sont à l'imparfait de l'indicatif. *Rechercherais* et *prendrais* sont au conditionnel présent.

8 Faire lire la consigne et l'exemple. Ce jeu sert de préparation à la tâche.

Pour aller plus loin

Demander aux élèves de faire l'activité par écrit, comme le jeu des cadavres exquis : un élève écrit la première phrase en haut du feuille de papier, puis replie le papier de manière à ce que le 2e élève ne voit que la fin de la phrase (à partir du verbe au conditionnel), ainsi de suite… Finalement, un élève lit toutes les phrases à la suite.
Demander aux élèves, une fois les phrases corrigées, de les écrire sur une affiche sous forme de poèmes qui pourront être affichés dans la classe.

▶▶▶ **Activités complémentaires :** Entraîne-toi nos 2 et 3, p. 104 ; Cahier n° 3, p. 49

à ton tour !

9 **Préparation de la tâche**
Faire lire la consigne. Présenter le jeu et demander aux élèves s'ils le connaissent dans leur langue maternelle. Répondre aux questions de l'exemple proposé dans le manuel. Réponses attendues : *Si je devais parler une langue, je parlerais le japonais. Si je photographiais un monument, ce serait un temple.*

Infos

Le portrait chinois est une activité ludique et communicative qui consiste à décrire à l'aide de métaphores (une personne, un pays, une ville…) en répondant à la question : *Si tu étais / vous étiez + un nom, tu serais / vous seriez… ?*

Puis préciser les différentes étapes demandées :
1. former des groupes de quatre, éventuellement en faisant tirer au sort des cartes sur lesquelles sont inscrits quatre noms de pays identiques ou quatre noms de pays situés sur le même continent ;
2. choisir un pays, trouver des informations pour répondre aux questions des autres groupes et répartir les rôles au sein du groupe ;
3. préparer cinq questions à poser aux autres groupes ;
4. s'auto-évaluer.
Élaborer avec la classe, qui connaît bien cet outil maintenant, la grille pour l'évaluation.

LEÇON 1 2 [3] 4   MODULE 8

Critères suggérés : collaboration, pertinence des questions, pertinence des réponses, correction des productions orales.

Mise en œuvre
Faire en sorte que chaque groupe ait l'occasion de poser des questions à chacun des autres groupes en se déplaçant (rapidement et calmement).

Pour aller plus loin

Proposer aux élèves de réaliser un poster avec des illustrations et les questions que les groupes leur ont posées. Photographier le poster pour qu'ils conservent des traces de leur production dans le dossier de leur portfolio.

Retour sur les productions et l'attitude
Faire un retour sur la qualité de la collaboration et des productions.

LEÇON 3 – Explore le monde : Le vol dans l'espace

Inviter les élèves à ouvrir leur manuel p. 100. Faire observer et commenter librement la page. Les mots *fusée* et *navette spatiale* ont été vus dans le Module 4. Donner, si nécessaire, *un hublot* pour commenter l'illustration du bas de la page. Faire lire le titre de la leçon.

1 Faire lire la question et solliciter des réponses à la fois spontanées et autant que possible argumentées.

COMPRÉHENSION

2 **Préparation possible :** faire écouter l'enregistrement. (34)
Faire lire la consigne et la question a. Si les élèves ne connaissent pas *pièce de théâtre*, leur donner plusieurs propositions : *un article de journal, un extrait de roman* ou *des extraits d'une pièce de théâtre*.
Ensuite demander aux élèves de répondre en autonomie aux questions suivantes et à l'exercice 3, puis de comparer leurs réponses à celles d'un(e) camarade. Quand la classe est prête, procéder à une mise en commun.

Corrigé :
a. Il s'agit d'extraits d'une pièce de théâtre. **b.** Les personnages sont des élèves et un guide. **c.** Dans la scène 1, ils sont sur Terre dans / à l'intérieur / à bord d'une fusée. Dans la scène 2, ils sont toujours dans la fusée, qui est dans l'air. Dans la scène 3, ils sont sur un astéroïde. **d.** Faux (Le décollage n'était pas prévu.)

3 Demander aux élèves de recopier l'exercice dans leur cahier. Pour la correction, si possible projeter l'exercice et le faire compléter par un(e) élève. La classe valide les réponses.

Corrigé :
Un groupe d'adolescents, à bord d'une fusée arrivent sur un astéroïde car Ombeline, qui n'écoutait pas l'explication du guide, a appuyé sur un bouton et la fusée a décollé.

COMMUNICATION

4 Faire lire la consigne. Si possible, projeter l'exercice et demander à un(e) élève de le compléter sous la dictée de la classe.

Corrigé :
Pendant le voyage, chacun réagit d'une manière différente : Jérôme est très content de vivre cette nouvelle aventure ; Michaël reste très calme et Driss aussi car il a un sandwich dans son sac ; le guide, lui, est très inquiet et Ombeline, qui est désolée d'être la responsable de cette situation, a très peur : elle est effrayée !

5 **a.** Faire lire la consigne et les items. Si nécessaire, demander à la classe de les expliciter (éventuellement à l'aide d'un dictionnaire). Puis demander aux élèves de se mettre par deux ou trois pour faire l'activité dans le calme.
b. Demander à des élèves volontaires de faire deviner des sentiments et des états d'âme aux autres élèves. S'il n'y a pas de volontaire, proposer aux élèves de chercher et de montrer à la classe des photos (sur Internet) sur lesquelles une personne exprime un sentiment ou un état d'âme.

6 Faire lire les questions. Demander aux élèves d'y répondre d'abord par groupe de quatre ou cinq. Puis mettre en commun les réponses.

▶▶▶ **Activités complémentaires :** Entraîne-toi n° 12, p. 105 ; Cahier n° 1, p. 50

GRAMMAIRE

7 Faire lire les questions. Profiter de l'item a pour rappeler comment on appelle les signes de ponctuation en français : (.) point, (?) point d'interrogation, (!) point d'exclamation, (…) points de suspension…
Puis demander des réponses rapides validées par le groupe. Enfin faire écouter (et pas lire car un exercice sera consacré à la prononciation des phrases exclamatives) l'enregistrement du tableau en faisant remarquer l'intonation variable selon le sentiment exprimé.

> **Transcription**
> *Quelle catastrophe ! Quels jolis boutons !*
> *Heureusement que j'ai un sandwich en réserve !*
> *Comme c'est beau ! / Comme tu es intelligent !*

> **Corrigé :**
> **a.** les phrases exclamatives – **b.** exprimer des sentiments

Pour aller plus loin

Rappeler l'intonation des autres types de phrases :
– énonciative / déclarative (intonation neutre) ; *Ils visitent une fusée.* → information, explication…
– interrogative : *Est-ce qu'ils visitent une fusée ? / Ils visitent une fusée ? / Visitent-ils une fusée ?* → demande d'information, incrédulité (seulement pour interrogation avec intonation)…

8 Faire lire la consigne et les items. Demander à trois élèves différents d'écrire les phrases obtenues au tableau (mais pas de les lire). Faire valider par le groupe.

> **Corrigé :**
> **a.** Comme la Terre est petite vue d'ici ! **b.** Oh, quelle chance nous avons ! **c.** Heureusement qu'on a une carte de l'espace !

▶▶▶ **Activités complémentaires :** Entraîne-toi n°s 4, 5 et 6, p. 104 ; Cahier n° 2, p. 50

PHONÉTIQUE

9 Faire lire la consigne. Laisser du temps aux élèves pour retrouver les répliques et trouver le ton approprié. Demander à plusieurs élèves de lire avec expression une réplique. La classe doit identifier le sentiment ou l'état d'âme et choisir la meilleure lecture. Faire ensuite écouter l'enregistrement pour comparer.

> **Transcription**
> – (réplique 7) (autoritaire) voix d'homme 1 : le guide : Exactement ! Interdiction formelle d'y toucher !
> – (réplique 8) (étourdie/naïve) voix de fille 1 : Oh ! Le joli bouton ! Qu'est-ce que c'est ?
> – (réplique 9) (qui ont peur) voix de plusieurs adolescents : Non !
> – (réplique 10) (qui a peur) voix d'homme 1 : le guide : Quelle catastrophe !
> – (réplique 14) (content) voix de garçon 4 : Regardez la terre ! Elle est minuscule ! Formidable !
> – (réplique 16) (calme) voix de garçon 2 : Ne dites pas de bêtises ! Il faut envisager la situation avec calme.
> – (réplique 17) (désolée) voix de fille 1 : Je suis désolée !
> – (réplique 18) (content) voix de garçon 4 : Mais non ! Grâce à toi, nous allons découvrir un nouveau monde ! C'est le plus beau jour de ma vie !
> – (réplique 19) (qui a peur) voix de fille 1 : J'ai peur !

▶▶▶ **Activités complémentaires :** Entraîne-toi n°s 13 et 14, p. 105

10 **Préparation de la tâche**
Faire lire la consigne. Puis préciser les différentes étapes demandées :
1. former des groupes de quatre ;
2. se répartir les rôles et écrire les répliques d'une scène de théâtre ;
3. s'entraîner à jouer le plus naturellement possible mais en montrant bien les sentiments et les états d'âmes des personnages ;
4. s'auto-évaluer.

Élaborer avec la classe la grille pour d'évaluation.
Critères suggérés : collaboration, vocabulaire précis et varié, expressions des sentiments et des états d'âmes, qualité de l'interprétation.

Mise en œuvre
Faire jouer successivement les groupes en veillant à ce que l'ambiance soit très cordiale. Demander aux groupes qui regardent d'évaluer la prestation.

Pour aller plus loin
Proposer aux élèves de les filmer pour qu'ils conservent une trace de leur production dans le dossier de leur portfolio.

Retour sur les productions et l'attitude
Faire un retour sur la qualité de la collaboration et des productions.

LEÇON 4 — Explorateurs d'hier et d'aujourd'hui

Inviter les élèves à ouvrir leur manuel p. 104 ou projeter la double page au tableau. La faire observer. Faire lire le titre de la leçon et demander aux élèves de formuler des hypothèses sur le contenu de la leçon.

1 Faire lire les questions et demander des réponses spontanées.
Si les élèves sont à court d'idées, leur proposer d'associer ces explorateurs à leur découverte : Christophe Colomb (l'Amérique en 1492 et les Caraïbes), Vasco de Gama (la route des Indes), Marco Polo (la Chine, l'Asie du Sud-Est et l'Inde), Ferdinand Magellan (le détroit de Magellan ! – pointe sud de l'Amérique du Sud), Bartolomeo Diaz (les côtes de l'Afrique).

2 Faire lire la question 2a. Solliciter des réponses spontanées et les noter au tableau.
Faire lire la consigne 2b et laisser assez de temps aux élèves pour lire le document. Demander une réponse à l'oral à un(e) élève et la faire valider par la classe. Puis comparer avec les réponses données précédemment pour 2a.

> *Corrigé :*
> 2. b. Un grand voyageur explore des régions de la Terre méconnues, fait des recherches dans des zones difficiles d'accès, y étudie la faune et la flore, rencontre des tribus oubliées, escalade des sommets pour la première fois ou navigue sur des routes maritimes extrêmes.

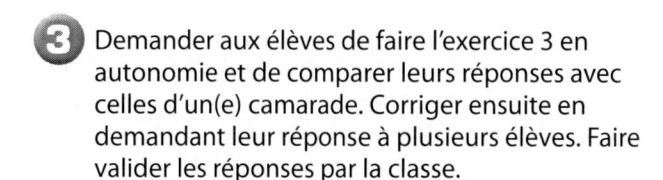

3 Demander aux élèves de faire l'exercice 3 en autonomie et de comparer leurs réponses avec celles d'un(e) camarade. Corriger ensuite en demandant leur réponse à plusieurs élèves. Faire valider les réponses par la classe.

> *Corrigé :*
> a. Faux (la Société des Explorateurs Français).
> b. Ils sont aussi aventuriers, écrivains, scientifiques, reporters et ethnologues. c. C'est un livre (qui réunit des hommes et femmes qui ont marqué l'histoire de l'exploration).

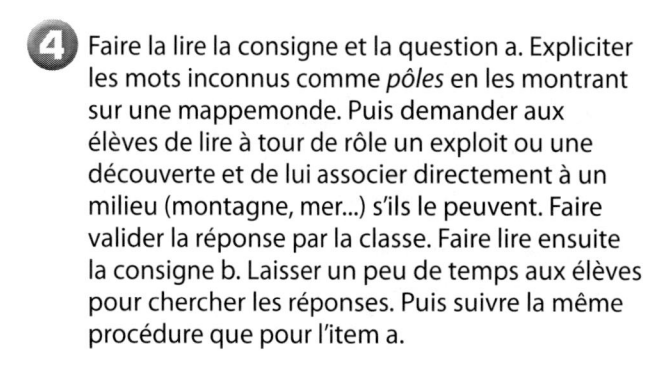

4 Faire la lire la consigne et la question a. Expliciter les mots inconnus comme *pôles* en les montrant sur une mappemonde. Puis demander aux élèves de lire à tour de rôle un exploit ou une découverte et de lui associer directement à un milieu (montagne, mer...) s'ils le peuvent. Faire valider la réponse par la classe. Faire lire ensuite la consigne b. Laisser un peu de temps aux élèves pour chercher les réponses. Puis suivre la même procédure que pour l'item a.

> *Corrigé :*
> a. 1 – déserts ; 2 – montagne ; 3 – mers ; 4 – montagne ; 5 – pôles ; 6 – déserts et montagne ; 7 – airs / espace ; 8 – airs
> b. a – 8 ; b – 4 ; c – 1 ; d – 3 ; e – 2 ; f – 5 ; g – 7 ; h – 6

5 Faire lire les questions et demander aux élèves d'y répondre d'abord par groupe de trois ou quatre puis mettre en commun les réponses.

6 Demander aux élèves de faire l'exercice par trois en autonomie, éventuellement en s'aidant d'un dictionnaire. Corriger ensuite collectivement. Si possible, projeter en grand le planisphère et suivre les différentes étapes citées dans les documents.

> **Corrigé :**
> **a.** Lapérouse – itinéraire vert ; Pasteur – itinéraire rouge ; **b.** 1. vrai, 2. vrai ; **c.** Ils voyagent en bateau à voile. Ils découvrent des peuples inconnus ou méconnus **d.** Lapérouse : dessiner les cartes des mers et obtenir des informations ; Pasteur : recherche de nouvelles rencontres et émotions

à ton tour !

7 Préparation de la tâche

Faire lire la consigne. Proposer aux élèves de faire cette tâche individuellement, par deux ou trois, selon leur convenance. Puis préciser les différentes étapes demandées :
1. choisir un explorateur ou une exploratrice (un de ceux de l'activité 4 ou un autre au choix) ;
2. chercher des informations ;
3. préparer une présentation, autant que possible à l'aide d'une présentation multimédia (s'aider de celles de Lapérouse et Pasteur) ;
4. s'entraîner à le/la présenter à l'oral
5. s'auto-évaluer.

Élaborer avec la classe la grille pour d'évaluation.
Critères suggérés : collaboration (si le travail est effectué en groupe), vocabulaire précis et varié, respect de la grammaire, soin apporté à la présentation multimédia, clarté de l'élocution.

Mise en œuvre
Pour cette dernière présentation, demander à toute la classe d'écouter les présentations successives et de les co-évaluer.

> **Pour aller plus loin**
> Proposer aux élèves de placer leur présentation multimédia avec l'enregistrement de leur présentation orale dans le dossier de leur portfolio, s'ils le souhaitent.

Retour sur les productions et l'attitude
Faire un retour sur la qualité des productions et mettre en perspective ces présentations avec celles qui ont été faites tout au long de l'année (montrer la progression) et celles qui seront demandées à l'avenir (ouvrir les perspectives et créer des attentes).

> **Pour aller plus loin**
> Proposer aux élèves de faire le carnet de voyage de l'explorateur ou de l'exploratrice qu'ils ont présenté(e).

▶▶▶ **Activités complémentaires :** Cahier p. 51

Entraîne-toi

GRAMMAIRE

Les prépositions qui indiquent la provenance

1 Faire lire la consigne et donner un exemple de fiche et de dialogue entre deux élèves pour le premier nom pour retrouver les informations afin que les élèves comprennent bien ce qu'ils doivent faire.

Exemple :
Élève : Laurane Martin
Lieu de naissance : Grenoble
Lieux de séjour : Oxford
– Il s'appelle Filip Bauer ?
– Non.
– Elle s'appelle Laurane Martin ?
– Oui.
– Elle est née à Rotterdam ?
– Non.
…
– J'ai trouvé ! Laurane Martin est née à Grenoble. Elle a habité à Oxford en Grande-Bretagne.
– C'est ça ! Bravo !

ENTRAÎNE-TOI

MODULE 8

L'hypothèse (2)

2 Laisser autant que possible les élèves travailler en autonomie. Passer dans les rangs et montrer de l'intérêt pour le travail réalisé, soutenir et réguler. Pour la correction, si possible, projeter l'exercice et le faire corriger au tableau par un(e) élève. La classe valide les réponses.

Variante
Pour ajouter un côté ludique, constituer quatre à cinq groupes et demander à chaque groupe d'envoyer l'un ou l'une de ses membres au tableau pour écrire le plus rapidement possible les réponses en colonne. Les différentes réponses sont ensuite comparées et validées. Le groupe qui a le plus de réponses correctes et le plus rapidement gagne.

> **Corrigé :**
> **a.** tu aurais ; **b.** nous choisissions ; **c.** elle ira ; **d.** il irait ; **e.** vous vouliez ; **f.** on prendrait ; **g.** on prenait ; **h.** tu pourrais ; **i.** je mettrai ; **j.** je mettrais

3 Démarche identique à celle de l'exercice 2. Lors de la correction, solliciter plusieurs réponses.

> **Corrigé :**
> **a.** Si tu gagnais un billet de train pour une ville française de ton choix, où irais-tu ? **b.** Si tu devais faire un voyage transatlantique, quel moyen de transport utiliserais-tu de préférence ? **c.** Si tu partais un mois sur une île déserte, quel objet emporterais-tu absolument avec toi ? **d.** Si tu rencontrais un extra-terrestre, que lui dirais-tu ? **e.** Que ferais-tu, si tu gagnais à la loterie ?

La phrase exclamative

4 Démarche identique à celle de l'exercice 2.

> **Corrigé :**
> – Quelles villes magnifiques !
> – Comme les musées sont intéressants !
> – Et quels parcs : grands, verts, avec des lacs. C'est extraordinaire !
> – Et puis, quelle météo. Le soleil ! Heureusement que j'avais pris une casquette !

5 Faire lire la consigne et demander à nouveau aux élèves de se mettre par deux. Mettre ensuite en commun quelques phrases exclamatives pour chaque illustration.

> **Proposition de corrigé :**
> **a.** Quelle catastrophe ! On ne peut plus boire de thé maintenant ! Heureusement qu'il reste une tasse !
> **b.** Ah, j'ai peur ! Quelles dents ! Au secours !
> **c.** Waouh, comme elle est belle ! Quelle vitesse ! Comme j'aimerais la conduire ! **d.** Comme c'est bon ! J'adore le chocolat ! Dommage, tu fais un régime !

Pour aller plus loin

Poursuivre l'activité avec des photos – trouvées sur Internet ou non – qui permettent de formuler des phrases exclamatives.

🏆 Champion !

6 Faire lire la consigne et les items. Demander aux élèves de se mettre par trois (ou plus) et d'inventer un dialogue court avec les éléments. Chaque groupe interprète ensuite son dialogue, si possible sans le lire mais avec l'aide d'un souffleur.

> **Proposition de corrigé :**
> – Je suis fatigué(e) ! Heureusement qu'on est bientôt en vacances !
> – Oui, moi je vais en France. Et toi ?
> – Comme c'est amusant ! Moi aussi ! Et où vas-tu, à Paris ?
> – Exactement ! Mais si je pouvais, j'irais à l'île de Ré.
> – L'île de Ré ! Quelle belle île !

LEXIQUE

Préfixes et suffixes des adjectifs

7 Démarche identique à celle de l'exercice 2. Demander aux élèves d'écrire les réponses sur leur cahier.

> **Corrigé :**
> **a.** aim/able → aimer ; **b.** ir/répar/able → réparer ; **c.** in/fais/able → faire ; **d.** ris/ible → rire ; **e.** im/poss/ible → pouvoir ; **f.** il/lis/ible → lire

8 Démarche identique à celle de l'exercice 2. Lors de la mise en commun, solliciter plusieurs élèves pour chaque adjectif.

> **Corrigé :**
> **a.** Merci de m'aider, c'est très aimable !
> **b.** Ma calculatrice est tombée et est irréparable.
> **c.** Bouh, cet exercice est infaisable ! **d.** L'attitude de Bérengère est risible. **e.** Napoléon a dit : « Impossible n'est pas français ! » **f.** Cette écriture est illisible.

Les voyages

9 Faire lire la consigne et l'exemple. L'activité doit être menée rapidement et dans la bonne humeur. Si la classe le permet, il est souhaitable de former un cercle pour que les tours de parole soient plus rapides. Recommencer plusieurs fois si les élèves apprécient.

Un *truc*

10 Démarche identique à celle de l'exercice 2.

> **Corrigé :**
> **a.** À Paris, il y a beaucoup de musées / expositions / bâtiments / endroits / parcs à visiter. **b.** Tu n'as pas vu mon kit de secours / spray désinfectant pour soigner les blessures en randonnée. **c.** Il faut que je trouve une bonne raison / un moyen pour convaincre mes parents de me laisser voyager seul. **d.** Waouh, ça serait bien de prendre un coussin / un livre / un CD de musique classique / un DVD d'une série télé pour faire un très long voyage ! **e.** J'aimerais bien te parler mais je dois finir un devoir / un travail / un exercice / un livre.

COMMUNICATION

Mettre en valeur une opinion

11 Démarche identique à celle de l'exercice 2.

> **Corrigé :**
> **a.** Ce qui attire beaucoup les touristes, c'est le musée du Louvre. **b.** Ce qui est une bonne idée pour des vacances sportives, c'est une randonnée en Corse. **c.** Ce qui a changé le monde au 15e siècle, c'est la traversée de l'Atlantique de Colomb. **d.** Ce qui me fait rêver, c'est / ce sont les voyages interplanétaires.

Exprimer des sentiments et des états d'âme

12 Faire lire la consigne et écouter l'enregistrement. Demander tout de suite les réponses à plusieurs élèves. Faire valider par la classe.

> **Transcription**
> *a.* Mets de la crème solaire. Le soleil, c'est dangereux sur la plage.
> *b.* J'ai oublié ton guide, excuse-moi. Demain, tu l'auras. C'est promis.
> *c.* Maintenant, je peux dire beaucoup de choses en français et je comprends bien aussi ! Je vais pouvoir aller en vacances en France !!
> *d.* Waouh ! Quel paysage ! C'est magnifique.
> *e.* Quoi ? Qui a touché à mon sac à dos ? Mais c'est incroyable, ça ! Je ne veux pas qu'on touche à mes affaires.

> **Corrigé :**
> **a.** autoritaire ; **b.** désolé ; **c.** contente ; **d.** admiratif ; **e.** mécontent

PHONÉTIQUE

L'intonation

13 Faire lire la consigne et décrire les illustrations. Demander à plusieurs élèves de dire « Quelle aventure ! » selon les différentes situations. Privilégier la bonne humeur et la créativité ! Puis faire écouter l'enregistrement.

> **Corrigé :**
> **b.** a. contente ; b. apeurée ; c. content

14 Faire lire la consigne. Puis demander à plusieurs élèves de lire les items avec deux intonations différentes.

> **Pour aller plus loin**
> Les autres élèves peuvent imaginer la situation propre à chaque intonation.
> *Exemple : Et alors ? (avec curiosité) → Quelqu'un qui écoute une histoire policière…*

apprendre à apprendre

Voir Introduction méthodologique p. 7 et 10 et module 1 p. 35.

Évaluation DELF

Évaluation DELF — MODULE 8

🎧 Compréhension de l'oral

Mettre les élèves en situation d'examen, sans pour autant leur imposer une pression inutile.

1. Laisser du temps aux élèves pour découvrir les questions. Passer une première fois l'enregistrement. Leur laisser à nouveau du temps pour répondre à la question.

> **Transcription :**
> *Le guide : La classe qui vient de Lille ? Bonjour. J'espère que votre séjour à Brest se passe bien. Je suis content de vous accueillir aujourd'hui au musée de la Marine !*
> *Fille 1 : Waouh, t'as vu, quel vieux château !*
> *Fille 2 : Ce qui m'étonne, c'est que la prof a dit : « On va visiter un musée sur les bateaux. Elle n'a pas parlé d'un château ! »*
> *Le guide : Notre musée est exceptionnel pour plusieurs raisons : c'est un monument qui a une très longue histoire et un musée qui…*
> *Arnaud (déçu) : Je préférerais faire du bateau.*
> *Laurent : Arnaud, si tu lisais le programme, tu verrais qu'on fera du bateau demain.*
> *Arnaud (content) : C'est vrai, madame ?*
> *La prof : Oui, c'est vrai. Mais écoutez le guide, s'il vous plaît. Vous vous souvenez que vous devez faire le journal de notre voyage, n'est-ce pas ?*
> *Arnaud : (déçu) Oui, madame ! (content) Vivement demain !*

Corrigé :
c. *(1 point)*

2. Faire écouter à nouveau l'enregistrement et laisser du temps aux élèves pour répondre aux questions.

Corrigé :
a. Les personnages sont un guide, une professeur et des élèves qui viennent de Lille. *(0,5 point si incomplet, 1 point si complet – ne pas exiger l'orthographe correcte de Lille)*
b. Ils visitent le musée de la Marine à Brest. *(0,5 point si incomplet, 1 point si complet)*
c. Un garçon / Arnaud (est déçu par la visite). *(1 point)*
d. (Ils feront du) bateau. *(1 point)*

👄 Production orale

3. Si possible, évaluer les élèves individuellement pendant que les autres travaillent en autonomie ou leur demander de s'enregistrer.

Grille pour l'évaluation

Respect de la consigne.	0	0,5	1	
Vocabulaire précis et varié.	0	0,5	1	1,5
Construction des phrases variées et respect des règles de grammaire.	0	0,5	1	1,5
Phonologie et fluidité.	0	0,5	1	

Corrigé :
Selon les centres d'intérêt locaux.
Si un ami francophone venait chez moi, je lui ferais visiter… Nous irions… On ferait…

📖 Compréhension des écrits

4. Laisser les élèves travailler individuellement, en autonomie et sans aide.

Corrigé :
a. *(1 point)*

5. Laisser les élèves travailler individuellement, en autonomie et sans aide.

Corrigé :
a. Faux (en solitaire) ; b. Faux (Maud ne voulait pas battre un record de vitesse) ; c. Faux (la jeune femme a traversé l'Atlantique et le Pacifique à la rame) ; d. Vrai (« Ne laissez personne vous dire que c'est impossible… ») *(1 point par réponse justifiée correctement)*

📝 Production écrite

6. Laisser les élèves travailler individuellement, en autonomie et sans aide.

Proposition de corrigé :
Mon projet de voyage s'appelle « Le bateau école et écolo ». Il s'agirait de faire le tour de la Méditerranée avec un bateau à voile et de s'arrêter dans des villes autour de la Méditerranée en France, en Italie, en Grèce, au Liban… pour rencontrer les habitants qui ont des gestes écolos et parler de la protection de l'environnement. Nous dirions tous les jours dans un blog ce que nous ferions. Notre objectif est d'apprendre à tous à protéger la planète !

Nom : ....
Prénom : ....

Révisions

MODULE 1

1 Écris l'expression correspondante.

a. ☺ → ....
b. ☺☺☺☹ → ....
c. ☺☺ → ....
d. ☹☹☹ → ....
e. ☺☺☺☺ → ....
f. ☹ → ....
g. ☹☹ → ....
h. ☺☺☺ → ....

– J'adore / Je suis fan de… → J'ai horreur de / Je déteste
– J'aime beaucoup → Je n'aime pas du tout
– J'aime → Je n'aime pas
– J'aime assez → Je n'aime pas beaucoup

2 Dis quelles expressions sont positives (+) et négatives (−).

La musique, …

a. ça me déconcentre. → ....
b. ça me calme. → ....
c. ça m'énerve. → ....
d. ça me relaxe. → ....
e. ça me donne de l'énergie. → ....
f. ça m'ennuie. → ....

3 Trouve dans la grille 15 impératifs.

– Dis à quelle personne de l'impératif est conjugué chaque verbe.
– Conjugue le verbe à la même personne à l'impératif négatif.
– Donne l'infinitif correspondant.

1. change / tu → ne change pas (changer)
2. ....
3. ....
4. ....
5. ....
6. ....
7. ....
8. ....
9. ....
10. ....
11. ....
12. ....
13. ....
14. ....
15. ....

C	H	A	N	G	E	W	Q	F	I	D	C
S	Z	X	D	H	S	G	E	A	M	É	O
O	U	B	L	I	O	N	S	I	I	P	P
I	H	J	K	W	Y	Q	S	T	T	E	I
S	O	Y	O	N	S	P	A	E	E	N	E
G	A	R	D	E	Z	Y	I	S	Z	S	W
L	H	A	B	I	L	L	E	-	T	O	I
K	J	Q	U	A	C	H	E	T	O	N	S
C	R	É	E	F	A	I	S	O	N	S	X

4 Dis de quels instruments joue chaque personne. Aide-toi des dessins.

a. Clément joue du .... et du ....
b. Léna joue de la .... et de la ....
c. Lucie joue de l' ....
d. Arthur joue des ....

Nom : ....
Prénom : ....

Approfondissements

MODULE 1

1 **Exprime tes goûts, préférences, opinions, comme dans l'exemple.**

Le blues, je déteste : ça me rend triste !
Le blues, j'aime bien, mais ça me rend triste.

　　a. La musique classique, ...
　　b. Le heavy metal, ...
　　c. Le rap, ...
　　d. Le reggae, ...
　　e. La pop, ...
　　f. Le rock, ...

2 **Réagis aux opinions suivantes.**

Le blues, je déteste !

Pas moi ! Moi, le blues, j'adore ça !

a. Le heavy metal, j'adore !

b. La musique classique, je n'aime pas beaucoup !

c. La musique classique, je déteste !

d. Le R&B, je ne suis pas fan !

3 **Change les impératifs négatifs en positifs et inversement.**

　　a. Ne décorez pas votre chambre avec des posters !
→ ....

　　b. Habille-toi comme ton idole !
→ ....

　　c. Changeons notre personnalité !
→ ....

　　d. Ne t'inspire pas des personnes que tu admires !
→ ....

　　e. Ennuyez vos copains et parlez toujours du même sujet !
→ ....

　　f. Cachons-nous derrière notre idole !
→ ....

4 **Écris le maximum d'instruments de musique que tu connais. Attention aux articles proposés !**

　　Est-ce que vous savez jouer…
　　– des .... ?　　– de la .... ?
　　– du .... ?　　– de l' .... ?

133

Nom : ....
Prénom : ....

Révisions

MODULE 2

1. Retrouve 13 noms de vêtements et d'accessoires et recopie-les.

C	H	A	U	S	S	U	R	E	S
L	B	A	S	K	E	T	S	B	C
U	O	Q	T	Y	K	E	S	P	H
N	U	M	A	N	T	E	A	U	A
E	C	W	N	H	B	-	C	L	P
T	L	P	O	J	I	S	K	L	E
T	E	J	R	E	J	H	H	G	A
E	S	H	A	A	O	I	A	V	U
S	G	F	K	N	U	R	W	X	D
C	A	S	Q	U	E	T	T	E	Z

– des ....
– des ....
– des ....
– des .... d'oreille
– une ....
– un ....
– un ....
– un ....
– un ....
– un ....
– un ....
– un ....
– un ....

2. Observe la photo et complète les phrases avec les verbes proposés.

a – a – est – est – porte – tient

Camille .... brune ; elle .... les cheveux longs. Elle .... un pull et un jean. Elle .... des cahiers dans la main. Elle .... grande et mince. Elle .... de grands yeux noirs.

3. Barre la phrase incorrecte.

a. J'ai les yeux bleus. / J'ai les bleus yeux.
b. Tu portes un jean nouveau ? / Tu portes un nouveau jean ?
c. On a le tee-shirt même ! / On a le même tee-shirt !
d. Nous avons les cheveux châtains. / Nous avons les châtains cheveux.
e. Elle a un chapeau grand. / Elle a un grand chapeau.
f. Mon avatar a des lunettes petites. / Mon avatar a de petites lunettes.

4. Complète avec *il y a*, *depuis* ou *depuis que / qu'*.

1. J'ai changé de style vestimentaire…
   a. .... je suis en 6ᵉ.
   b. .... 2010.
   c. .... deux étés.

2. J'apprends le français…
   a. .... la 6ᵉ.
   b. .... je suis entré au collège.
   c. .... deux ans.

5. Complète avec *c'est* (× 2), *ce n'est pas*, *ce sont* ou *ce ne sont pas*.

a. .... des lunettes de vue ou de soleil ?
b. Julie, ... la fille qui est habillée en rose mais en vert.
c. Les jeans et les tee-shirts, ... très pratique !
d. Qu'est-ce que .... ?
e. .... mes baskets mais les baskets de mon frère.

134

Approfondissements

MODULE 2

Nom : ....
Prénom : ....

1 **Réponds aux questions et utilise *il y a* / *depuis* ou *depuis que* / *qu'*.**

   a. Dis depuis quand tu t'habilles de cette manière.
   → ....
   b. Dis quand tu t'es coupé les cheveux, la dernière fois.
   → ....
   c. Dis depuis quand tu choisis seul(e) tes habits le matin.
   → ....
   d. Dis la dernière fois que tu t'es acheté un habit, un accessoire ou un bijou.
   → ....

2 **Conjugue les verbes suivants à l'imparfait, à la personne indiquée.**

   on – choisir → *on choisissait*

   a. on – avoir → ....   e. tu – pouvoir → ....
   b. nous – savoir → ....   f. je – changer → ....
   c. elles – porter → ....   g. il – faire → ....
   d. vous – être → ....   h. ils – finir → ....

3 **Remets ces suppositions dans l'ordre.**

   > Pourquoi ton frère est habillé comme ça aujourd'hui ?

   > Je ne sais pas…

   a. il / a / une fiancée / peut-être qu'
   → ....
   b. toujours des jeans / peut-être / il / est / fatigué de porter
   → ....
   c. une réunion importante / il / peut-être / a
   → ....
   d. décidé / a / peut-être / il / de changer de style
   → ....
   e. peut-être / nous inviter / veut / au restaurant / il
   → ....

4 **Remplace les marques par le nom des objets.**

   une boisson – une boîte en plastique – la colle – un mouchoir en papier – un ordinateur – un réfrigérateur – un scooter – un surligneur – une voiture

   a. Cette Peugeot est superbe ! → ....
   b. Tu as payé mon Sprite ? → ....
   c. Tu peux me prêter ton Stabilo ? → ....
   d. Mon Mac marche très bien ! → ....
   e. Tu as un Kleenex ? → ....
   f. Ton frère a une Vespa ? → ....
   g. Tu sais où est la Loctite ? → ....
   h. Je mets le Tupperware dans le Frigidaire ? → ....

Nom : ....
Prénom : ....

Révisions

MODULE 3

1) Choisis le verbe correspondant à un bon réflexe.

1. ☐ a. laisser la lumière allumée   ☐ b. éteindre la lumière
2. ☐ a. couper l'eau   ☐ b. ouvrir l'eau
3. ☐ a. économiser l'énergie   ☐ b. gaspiller l'énergie
4. ☐ a. jeter les déchets dans la même poubelle   ☐ b. trier les déchets
5. ☐ a. jeter le papier   ☐ b. récupérer le papier
6. ☐ a. baisser le chauffage   ☐ b. monter le chauffage

2) a. Dis avec quelle fréquence tu fais les choses suivantes : *toujours, souvent, parfois, rarement* **ou** *jamais***.**

b. Signale (✓) les choses que tu dois changer.

1. Je vais à pied, à vélo ou en transports en commun au collège. → .... ☐
2. Je laisse mon ordinateur, la télé… allumés quand je ne les utilise pas. → .... ☐
3. J'utilise les feuilles de papier sur les deux faces. → .... ☐
4. Je mets la climatisation quand j'ai trop chaud. → .... ☐
5. À la maison, je trie les déchets dans différentes poubelles. → .... ☐
6. Je coupe l'eau quand je me brosse les dents. → .... ☐

3) Retrouve les 4 conseils et associe-les à une photo.

le bus – la lumière de votre chambre – baisser – l'éteindre – le – la – les – vous pouvez – recycler – je peux – on peut – tu peux

1 2 3 4

a. Tes vieux portables, ... → photo ....
b. ...., quand vous sortez. → photo ....
c. ...., prendre pour aller à l'école. → photo ....
d. Ma consommation d'énergie, ... au lieu de l'augmenter. → photo ....

4) Dis deux choses que tu jettes dans chaque poubelle.

a. Poubelle pour le papier / le carton : ....
b. Poubelle pour le métal : ....
c. Poubelle pour le plastique : ....
d. Poubelle pour le verre : ....
e. Poubelle pour les matières organiques : ....
f. Autres poubelles : ....

Nom : ....
Prénom : ....

Approfondissements

MODULE 3

1 **Transforme les mauvais gestes en bons gestes pour l'environnement.**

Au lieu de monter le chauffage, je le baisse.
a. On peut recycler les objets .... les jeter.
b. Au lieu de prendre un ...., je prends une douche.
c. J'........................... la lumière au lieu de la laisser allumée.
d. Pour aller au travail, on peut utiliser les .... au lieu de prendre la voiture.
e. On peut .... les forêts au lieu de les détruire.
f. Je .... ma consommation d'énergie au lieu de l'augmenter.

2 **Complète les opérations.**
Pose les opérations pour t'aider.

```
      8  3  4  5
   +  5  7  8  1
   ─────────────
   1  4  1  2  6
```

*huit mille **trois** cents quarante-cinq*
+ cinq mille sept cent quatre-vingt-un
*= quatorze mille cent vingt-**six***

a. quinze mille six cent ....-huit
+ quatre-vingt-............... mille cinq cent soixante-trois
= quatre-vingt-dix-huit mille deux cent vingt et un

b. trois cent cinquante-six mille huit cent douze
+ cinq millions six cent cinquante-deux mille quatre cent soixante-deux
= .... millions neuf mille deux cent ....-quatorze

c. quatre-vingt-six millions sept cent quatre-vingt-...............
+ neuf cent quatorze millions mille six
= .... mille sept cent quatre-vingt-dix

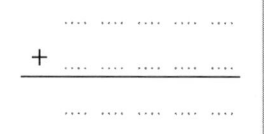

3 **Observe ces photos et écris six phrases avec *très* ou *trop (de)*.**

a. ....
b. ....
c. ....
d. ....
e. ....
f. ....

137

Nom : ....
Prénom : ....

Révisions

MODULE 4

1 **Associe les objets à leur nom et à leur fonction.**

a.	b.	c.	d.	e.	f.

a. une navette spatiale – b. un lecteur DVD – c. une calculatrice – d. une caméra – e. l'électricité – f. la roue

I. C'est très utile pour faire des opérations compliquées – II. Ça sert à regarder des supports visuels : films, vidéoclips… – III. Avec cet objet, on peut filmer des personnes, des choses, des paysages… – IV. Ça sert à faire fonctionner les appareils, les machines… – V. C'est utile pour déplacer des objets très lourds. – VI. Avec cette invention, on peut voyager dans l'espace.

1.   2.   3.   4.   5.   6.

2 **a. Souligne dans la liste suivante les adverbes en -ment.**

b. Ensuite, écris l'adjectif correspondant à chaque adverbe, au féminin et au masculin.

couramment → courante – courant

couramment – facilement – heureusement – médicament – monument – profondément – règlement – tranquillement – vêtement – vraiment

....
....

3 **a. Associe les débuts et les fins de phrases.**

		1. me facilitent la vie.
	que	2. on trouve sur cette page Internet.
J'adore les inventions	qu'	3. tu as découvertes.
	qui	4. Laura a présentées dans son exposé.
		5. ont une utilité dans la vie de tous les jours.

b. Maintenant, continue les phrases avec des mots de ton choix.

1. J'adore les exercices de français qu'..
2. Je déteste les exercices de français qui ....
3. Je trouve difficiles les exercices de français que ....

4 **Associe les expressions équivalentes. (Lis toutes les expressions avant de faire les associations.)**

1. au 20ᵉ siècle	a. en 1903
2. au début du 20ᵉ siècle	b. en 1990
3. au milieu du 20ᵉ siècle	c. en 1930
4. à la fin du 20ᵉ siècle	d. en 1969
5. dans les années 40	e. en 1950
6. vers 1970	f. en 1944

Approfondissements

MODULE 4

Nom : ....
Prénom : ....

1 **Complète avec les comparatifs suivants :** *aussi (× 2) – autant (× 2) – autant d' – moins – moins de – plus de.*

   a. Quand il n'y avait pas Internet, on passait beaucoup .... temps devant la télé mais on n'était pas .... bien informés.
   b. Quand il n'y avait pas d'avions, on voyageait beaucoup .... et on ne pouvait pas se déplacer .... rapidement sur les longues distances.
   c. Quand l'imprimerie n'existait pas, il y avait beaucoup .... livres et on ne lisait pas .... que maintenant.
   d. Quand les sous-marins n'existaient pas, on n'explorait pas .... les mers que maintenant et on ne connaissait pas .... espèces marines.

2 **Choisis l'option correcte et réponds aux questions.**

Quel est l'appareil technologique…
   a. ☐ *que* / ☐ *qui* tu utilises ☐ *le plus de* / ☐ *le plus* chaque jour ? → ....
   b. ☐ *le moins d'* / ☐ *le moins* utile ☐ *qui* / ☐ *que* tu as acheté ? → ....
   c. ☐ *qu'* / ☐ *qui* a, pour toi, ☐ *le plus de* / ☐ *le plus* fonctions utiles ? → ....
   d. ☐ *qui* / ☐ *qu'* a ☐ *le plus* / ☐ *le plus de* révolutionné l'Histoire de l'humanité ?
   → ....

3 **Retrouve, comme dans l'exemple, les adjectifs formés sur ces adverbes en -ment.**

suffisamment → suffisante – suffisant
   a. nationalement → .... / ....
   b. merveilleusement → .... / ....
   c. étonnamment → .... / ....
   d. anciennement → .... / ....
   e. longuement → .... / ....
   f. particulièrement → .... / ....
   g. profondément → .... / ....
   h. actuellement → .... / ....
   i. légèrement → .... / ....
   j. récemment → .... / ....

4 **Lis les phrases à haute voix. Puis fais un dessin pour illustrer chaque phrase.**

   a. La mère de monsieur le maire est partie à la mer.
   b. Le maître veut mettre le mètre sur l'armoire.
   c. Il y a un ver vert vers le verre.

Révisions

MODULE 5

Nom : ....
Prénom : ....

1 **Les voyelles des genres de films ont disparu : retrouve-les.**

a. un film d'_n_m_t__n
b. un d_c_m_nt__r_
c. un film h_st_r_q__
d. un film p_l_c__r
e. un film d'_v_nt_r_s
f. une comédie m_s_c_l
g. un film d'h_rr__r
h. un film de sc__nce-f_ct__n

2 **Écris ☺ pour l'enthousiasme, ☹ pour la déception et 😐 pour l'indifférence.**

a. C'est incroyable ! → ....
b. Bof ! → ....
c. C'est impressionnant ! → ....
d. Ça m'a beaucoup plu ! → ....
e. Je suis un peu déçu ! → ....
f. Dommage ! → ....
g. C'est superbe ! → ....
h. J'ai vu mieux ! → ....
i. Je me suis ennuyée ! → ....
j. C'était sympa ! → ....
k. Ce n'était pas terrible ! → ....
l. C'est nul ! → ....

3 **Complète avec les pronoms *y* ou *en*.**

a. Des films d'horreur, je n'.............. ai pas beaucoup vu.
b. J'.............. vais au moins une fois par mois, au cinéma !
c. Sur ce site, on .... trouve des tas de choses intéressantes sur le cinéma.
d. Des DVD, on n'.............. a pas beaucoup.
e. Des rôles, il .... interprète trois dans le même film !
f. Quand je vois un casting dans la presse, j'.............. vais tout de suite !

4 **Conjugue les verbes au passé composé ou à l'imparfait.**

– Loïc : Qu'est-ce que tu .... (faire) hier ? Tu .... (rester) à la maison ?
– Sophie : Non, hier il .... (pleuvoir) alors je .... (aller) au cinéma avec mon petit frère.
– Loïc : Et qu'est-ce que vous .... (voir) ? C' .... (être) bien ?
– Sophie : On .... (voir) un film d'animation. Ce n' .... (être) pas génial mais j' .... (passer) un bon moment. Et toi, tu .... (jouer) au foot ?
– Loïc : Oui, mais nos adversaires .... (être) super bons et on .... (perdre) 5 à 0.

5 **Conjugue les verbes comme dans l'exemple.**

Infinitifs	1re personne du futur	Imparfait	Conditionnel
vouloir	nous voudrons	nous voulions	nous voudrions
a. aimer	il	il	il ....
b. finir	tu	tu	tu ....
c. venir	vous	vous	vous ....
d. pouvoir	nous	nous	nous ....
e. devoir	on	on	on ....
f. savoir	elles	elles	elles ....
g. aller	j'	j'	j' ....
h. faire	vous	vous	vous ....

Nom : ....
Prénom : ....

Approfondissements

MODULE 5

1 **Conjugue les verbes au passé composé ou à l'imparfait.**

a. C'.................. (être) une comédie romantique : on .... (beaucoup rire) et on .... (passer) un bon moment !
b. Avant, je .... (ne pas aimer) pas les films de science-fiction, mais j'.................. (adorer) ce film !
c. Quand nous .... (arriver) au cinéma, il .... (ne plus y avoir) de places.
d. La première fois que j'.................. (voir) ce film, je .... (ne pas aimer du tout).
e. Ça .... (ne pas me plaire) : je .... (penser) que le film .... (être) mieux !

2 **Complète les devinettes avec *y* ou *en* et trouve la solution des devinettes parmi la liste suivante.**

sur l'affiche d'un film – des castings – des extraits de films – dans les films de science-fiction – sur Internet – des lunettes spéciales – du pop corn

a. On .... regarde à la télé avant d'aller voir un film au cinéma. → ....
b. Normalement, les acteurs .... passent des dizaines avant d'obtenir leur premier rôle.
→ ....
c. On peut .... consulter les programmes de cinéma. → ....
d. Dans les grands cinémas, on .... mange pendant qu'on regarde le film. → ....
e. On .... décrit la vie dans le futur. → ....
f. On .... met pour voir les films en 3D. → ....
g. On peut .... lire le titre du film, le nom des acteurs principaux, du réalisateur... → ....

3 **Conjugue les verbes au conditionnel.**

a. – Vous n'.................. (aimer) pas assister à un tournage ? J'ai des invitations !
– C'est vrai ? Moi, ça me .... (plaire) beaucoup : on .... (voir) peut-être des acteurs de près...
b. – On .... (devoir) aller à ce casting. On .... (pouvoir) peut-être obtenir un petit rôle !
– Ou un grand ! Ça .... (être) génial : imagine, on .... (devenir) connues...
c. – Je ne .... (savoir) pas quoi faire avec tout l'argent que gagne cette actrice !
– Moi, si : j'.................. (aider) ma famille, je .... (donner) une partie de mon argent à des ONG... Ne t'en fais pas : il y .... (avoir) plein de choses à faire !

4 **Observe cette scène de tournage. Quelles professions parmi les suivantes apparaissent sur la photo ?**

a. un acteur / une actrice → personne(s) n° ....
b. un caméraman → personne(s) n° ....
c. un costumier → personne(s) n° ....
d. un décorateur → personne(s) n° ....
e. un éclairagiste → personne(s) n° ....
f. un figurant → personne(s) n° ....
g. un preneur de son → personne(s) n° ....
h. un réalisateur → personne(s) n° ....
i. un scénariste → personne(s) n° ....

Nom : ....
Prénom : ....

Révisions

MODULE 6

1 **Les noms de plats français se sont mélangés ; réécris-les correctement.**

a. la tarte <u>de pommes de terre</u> → la tarte Tatin
b. la blanquette au citron → ....
c. le tournedos au chocolat → ....
d. le steak <u>Tatin</u> → ....
e. le lapin à l'orange → ....
f. la tarte de veau → ....
g. la purée frites → ....
h. le canard à la moutarde → ....
i. le gâteau Rossini → ....

2 **Choisis le mot correct.**

a. Je fais un gâteau tous / tout les dimanches.
b. Il faut mélanger chacun / chaque ingrédient séparément.
c. J'ajoute quelques / quelques-unes fraises.
d. Je n'aime aucun / plusieurs de ces plats.
e. Tu veux une glace avec quelques-uns / plusieurs parfums ?
f. Je connais chaque / certaines recettes faciles à faire.

3 **Retrouve les lettres manquantes de 7 expressions pour indiquer l'ordre des étapes. Ensuite, écris-les dans la case correspondante.**

a. ?uis
b. ?remièr?ment
c. pou? ?inir
d. ?ina?ement
e. e?su?te
f. ?nfi?
g. d'?bor?

1	2	3
.... →	.... →	....

4 **Conjugue les verbes suivants avec *aller* + infinitif, *venir de* + infinitif, *commencer à* + infinitif ou *être en train de* + infinitif. Tu peux changer, si tu le souhaites, l'ordre des verbes.**

a. se mettre à table / préparer le déjeuner / manger
Je ....

b. lire la recette / préparer les ingrédients / faire un gâteau
Elle ....

c. inviter des amis / choisir le menu / acheter les ingrédients manquants
On ....

5 **Entoure le mot quand on prononce le « s » de *tous*.**

a. Je mange à la cantine tous les jours.
b. Le soir, nous dînons tous à la maison.
c. Les desserts, goûtez-les tous : ils sont délicieux !
d. Tous mes amis ont adoré ma recette.
e. Vous avez tous fini de manger ?
f. Ces fruits, nous les aimons tous !

Approfondissements

MODULE 6

Nom : ....
Prénom : ....

1 **Classe les ingrédients et les produits de la liste dans le tableau. Utilise un dictionnaire, si nécessaire.**

de l'agneau – une banane – du beurre – du bœuf – une carotte – du chocolat – un citron – de la farine – une fraise – du fromage – du lait – du lapin – de la moutarde – une orange – un œuf – des poireaux – une pomme de terre – du porc – du poulet – du sel – du veau – un yaourt

Fruits	Légumes	Viandes	Produits laitiers	Autres
–	–	–	–	– ....
–	–	–	–	– ....
–	–	–	–	– ....
–		–		– ....
		–		
		–		

2 **Complète avec les mots de la liste.**

aucune – certaines – chacun – chaque – plusieurs – tout – tous

a. On a commandé une pizza ....
b. Il n'y a .... banane ?
c. Donne un menu à .... personne.
d. Tu as .... mangé ?
e. .... de ces recettes sont impossibles à réaliser.
f. J'ai fait .... desserts pour la fête de ce soir.
g. .... ces plats sont délicieux !

3 **Pour chaque photo, fais une phrase avec une des constructions verbales proposées : *venir de, aller, commencer à, être en train de* + infinitif. Change de construction à chaque fois.**

a. Sophie et Anne .... c. ....
b. .... d. ....

4 **Redis les ordres suivants d'une manière moins directe. Varie les formules.**

Ferme la bouche quand tu manges. → *Tu veux bien fermer la bouche quand tu manges ?*

a. Passe-moi le sel. → ....
b. Arrête de faire du bruit quand tu manges ta soupe ! → ....
c. Tiens-toi comme il faut à table ! → ....
d. Donne-moi du pain ! → ....
e. Coupe ta viande avec ton couteau ! → ....

143

Nom : ....
Prénom : ....

Révisions

MODULE 7

1 a. **Retrouve 16 noms de sports dans la grille.**

Horizontalement :
- La g..
- L'a..
- Le g..
- Le s..
- La c..
- Le c..
- Le b..
- Le c..

Verticalement :
- Le f..
- Le t..
- Le t.. *(3 mots)*
- La n..
- Le v..
- Le y..
- Le r..
- L'e..

G	Y	M	N	A	S	T	I	Q	U	E
A	T	R	A	V	I	R	O	N	T	S
F	E	T	T	O	Y	U	D	É	P	C
O	N	I	A	L	O	G	O	L	F	R
O	N	R	T	L	G	B	L	A	C	I
T	I	A	I	E	A	Y	S	K	I	M
B	S	L	O	Y	C	O	U	R	S	E
A	C	A	N	Y	O	N	I	S	M	E
L	E	R	M	B	A	S	K	E	T	E
L	N	C	Y	C	L	I	S	M	E	T

b. **Puis, relève les lettres restantes (de gauche à droite et de haut en bas) et écris-les dans la grille suivante : tu découvriras le nom d'un sport d'origine française.**

Sport d'origine française : l' | | | D | U | | | | | | | | | |

2 **Retrouve 7 noms de qualités sportives. Attention aux lettres intruses : élimine-les et recopie les mots.**

enduprancefforcesoupalesseconscentrationdéquilibrevoitessepurécision

a. l'............................ d. la .... g. la ....
b. la .... e. l'............................
c. la .... f. la ....

3 **Complète avec *si* ou *même si*.**

a. .... tu veux exercer ta concentration, pratique le tir à l'arc.
b. Tu ne peux pas faire du waterpolo .... tu ne sais pas nager.
c. .... tu n'as pas beaucoup de temps, tu dois faire un peu de sport.
d. Je vais participer à la compétition .... je sais que je ne vais pas gagner.
e. Tu dois faire un effort .... tu n'aimes pas le sport.

4 **Remets les phrases dans l'ordre.**

a. la – C'est – forte – équipe. – de – plus – son → ....
b. moins – la – joueur – de – C'est – sélection. – le – le – connu
....
c. meilleurs – monde. – sont – les – Ce – du – footballeurs → ....
d. rapide – le – compétition. – C'est – plus – l' – la – athlète – de
....

144

Nom : ....
Prénom : ....

Approfondissements

MODULE 7

1 **Pour quel(s) sport(s) chaque qualité est-elle importante ?**

la force → pour l'haltérophilie, le judo, etc.

a. la souplesse → ....
b. l'endurance → ....
c. la concentration → ....
d. l'équilibre → ....
e. la précision → ....
f. la vitesse → ....

2 **Complète les phrases avec une expression du but et associe-les.**

a. Il s'entraîne tous les jours
b. Je fais du sport dans un club
c. Le yoga, c'est très bon
d. C'est un sport fait

1. .... la concentration.
2. .... connaître des gens nouveaux.
3. .... moi !
4. .... d'être prêt pour le championnat de France.

3 **Pour chacun des sports suivants, explique une règle de base. Utilise les formules suivantes (*Ça consiste à / Il s'agit de / Il faut…*) et ton dictionnaire, si nécessaire.**

a.

b.

c.

d.

a. Le tennis : ....
b. La formule 1 : ....
c. Le hockey sur glace : ....
d. Le kitesurf : ....

4 **Complète avec *y* ou *en*.**

a. Je n'............ ai jamais fait, de l'aviron !
b. Vous .... allez souvent, au stade ?
c. Au foot, ils .... jouent à la récré.
d. Du ski, on .... a fait cet hiver.
e. Des matchs, on .... a tous les week-ends.
f. Cette distance en 60 secondes ? Je n'............ arriverai

145

Nom : ....
Prénom : ....

Révisions

MODULE 8

1 **Complète avec la préposition qui convient.**

a. Elle est allée en vacances .... Allemagne et elle est rentrée hier .... Berlin.
b. On revient .... États-Unis, ... Washington plus précisément.
c. Je rentre .... Maroc et je repars .... Israël.
d. On adore visiter les îles : là, on revient .... Cuba et on va .... Canaries l'année prochaine.

2 **Complète avec *qui / que / qu'* et *c'est (de / d', que / qu')* ou *ce sont*.**

Ce qui m'étonne, c'est que les horaires sont complètement différents.

a. Ce .... me relaxe, ... faire la sieste au bord de la piscine de l'hôtel.
b. Ce .... j'adore, ... les escargots comme on les prépare en France.
c. Ce .... on n'apprécie pas, ... les toilettes sont payantes partout !
d. Ce .... est incroyable, ... la variété de fromages.
e. Ce .... est étrange pour nous, ... les magasins sont fermés le lundi.

3 **Conjugue les verbes à l'imparfait de l'indicatif ou au conditionnel présent.**

a. Si on .... (pouvoir), on t'..................... (accompagner).
b. Ils..................... (aller) bien avec vous, si leurs parents les .... (laisser) partir.
c. Je .... (choisir) une autre destination, si j'..................... (être) à votre place.
d. Si vous .... (préparer) mieux votre valise, vous n'..................... (avoir) pas de mauvaises surprises.
e. S'ils .... (prendre) l'avion, ils .... (gagner) deux jours.

4 **a. Retrouve 8 sentiments ou états d'âme dans la grille.**
b. Écris-les et donne le masculin ou le féminin.

1. .... / ....
2. .... / ....
3. .... / ....
4. .... / ....
5. .... / ....
6. .... / ....
7. .... / ....
8. .... / ....

M	Q	P	U	H	C	E	D
É	E	F	F	R	A	Y	É
C	W	V	E	G	L	S	S
O	Â	I	A	O	M	D	O
N	D	N	R	J	E	P	L
T	K	Q	U	C	H	R	É
E	S	U	R	P	R	I	S
N	U	I	T	D	Y	K	S
T	H	E	U	R	E	U	X
H	G	T	C	D	É	Ç	U

5 **Tu regardes les photos de vacances d'un(e) ami(e) et tu fais des commentaires. Complète les phrases avec des mots de ton choix.**

a. Quelle .... !
b. Comme .... !
c. Quels .... !
d. Heureusement que .... !

146

Nom : ....
Prénom : ....

Approfondissements

MODULE 8

1 **Complète avec un nom de pays, d'île ou d'archipel ou de ville de ton choix.**

a. Cet été on va en vacances en .... et au ....
b. Nous revenons de ....
c. Ils rentrent des ....
d. Je reviens d'........................ .
e. Je vais faire un voyage aux ....
f. Ils reviennent du ....
g. Nous partons à ....

2 **Forme des adjectifs à partir des verbes proposés et des préfixes et suffixes.**

préfixes	verbes	suffixes	adjectifs
	pouvoir		impossible
in- im- il- ir-	a. penser	-able -ible	a.
	b. oublier		b.
	c. faire		c.
	d. croire		d.
	e. décrire		e.
	f. imaginer		f.
	g. lire		g.
	h. boire		h.
	i. manger		i.
	j. réaliser		j.

3 **Associe les deux colonnes et conjugue les verbes à l'imparfait de l'indicatif ou au conditionnel présent.**

a. Si tu n'........................ (être) pas fatigué,
b. Je .... (faire) une croisière,
c. Si on .... (acheter) un plan,
d. J'........................ (aimer) aller en Inde,
e. Si vous .... (prendre) un guide,
f. Elles ne .... (rester) pas chez elles,

1. si elles .... (avoir) des vacances.
2. on .... (savoir) où ça se trouve.
3. si ça ne se .... (trouver) pas si loin.
4. on .... (pouvoir) visiter ce musée.
5. si je n'........................ (avoir) pas le mal de mer.
6. vous .... (être) mieux informés.

4 **Utilise une phrase exclamative pour exprimer ce que tu ressens en voyant ces photos. Utilise quel(le)(s)…, comme… ou heureusement que…**

a. .... !
b. .... !
c. .... !
d. .... !

a. b. c. d.

147

CORRIGÉS des révisions et approfondissements

MODULE 1 — Ouvre tes oreilles !

Révisions
1. a. ☺ → J'aime assez
b. ☹☹☹☹ → J'ai horreur de / Je déteste
c. ☺☺ → J'aime
d. ☹☹☹ → Je n'aime pas du tout
e. ☺☺☺☺ → J'adore / Je suis fan de…
f. ☹ → Je n'aime pas
g. ☹☹ → Je n'aime pas beaucoup
h. ☺☺☺ → J'aime beaucoup
2. Positives : b, d, e
Négatives : a, c, f
3. *Horizontalement*
2. oublions / nous → n'oublions pas (oublier)
3. soyons / nous → ne soyons pas (être)
4. gardez / vous → ne gardez pas (garder)
5. habille-toi / tu → ne t'habille pas (s'habiller)
6. achetons / nous → n'achetons pas (acheter)
7. crée / tu → ne crée pas (créer)
8. faisons / nous → ne faisons pas (faire)
Verticalement
9. sois / tu → ne sois pas (être)
10. soyez / vous → ne soyez pas (être)
11. essaie / tu → n'essaie pas (essayer)
12. faites / vous → ne faites pas (faire)
13. imitez / vous → n'imitez pas (imiter)
14. dépensons / nous → ne dépensons pas (dépenser)
15. copie / tu → ne copie pas (copier)
4. a. Clément joue du violon et du saxophone.
b. Léna de la guitare électrique et de la trompette.
c. Lucie joue de l'accordéon.
d. Arthur joue des percussions.

Approfondissements
1. *Propositions de réponses :*
– J'aime bien / J'aime assez / J'aime / J'aime beaucoup / J'adore / Je (ne) suis (pas) fan / Je n'aime pas beaucoup / Je n'aime pas (du tout) / Je déteste
– Ça me rend triste / ça me relaxe / ça m'énerve / ça me déconcentre / ça me donne de l'énergie / ça m'ennuie / ça me calme…
2. *Propositions de réponses :*
– même opinion qu'une phrase affirmative : *Moi aussi !*
– opinion contraire à une phrase affirmative : *Pas moi !*
– même opinion qu'une phrase négative : *Moi non plus !*
– opinion contraire à une phrase négative : *Moi si !*
+ J'aime bien / J'aime assez / J'aime / J'aime beaucoup / J'adore / Je (ne) suis (pas) fan / Je n'aime pas beaucoup / Je n'aime pas (du tout) / Je déteste
3. a. Décorez votre chambre avec des posters !
b. Ne t'habille pas comme ton idole !
c. Ne changeons pas notre personnalité !
d. Inspire-toi des personnes que tu admires !
e. N'ennuyez pas vos copains et ne parlez pas toujours du même sujet !
f. Ne nous cachons pas derrière notre idole !
4. *Propositions de réponses :*
– des percussions, des cymbales, des maracas…
– du piano, du violon, du synthétiseur, du saxophone, du violoncelle, du djembé…
– de la batterie, de la guitare, de la guitare électrique, de la viole, de la (guitare) basse, de la flûte, de la clarinette, de la harpe…
– de l'accordéon, de l'harmonica, de l'orgue, de l'ocarina…

MODULE 2 — Trouve ton style !

Révisions
1. *Horizontalement :* des chaussures, des baskets, un manteau, une casquette
Verticalement : des lunettes, des boucles (d'oreilles), un anorak, un jean, un bijou, un tee-shirt, un sac, un pull, un chapeau
2. Camille est brune ; elle a les cheveux longs. Elle porte un pull et un jean. Elle tient des cahiers dans la main. Elle est grande et mince. Elle a de grands yeux noirs.
3. a. J'ai les yeux bleus. / ~~J'ai les bleus yeux.~~
b. ~~Tu portes un jean nouveau ?~~ / Tu portes un nouveau jean ?
c. ~~On a le tee-shirt même !~~ / On a le même tee-shirt !
d. Nous avons les cheveux châtains. / ~~Nous avons les châtains cheveux.~~
e. ~~Elle a un chapeau grand.~~ / Elle a un grand chapeau.
f. ~~Mon avatar a des lunettes petites.~~ / Mon avatar a de petites lunettes.
4. 1. a. depuis que / b. depuis / c. il y a / depuis
2. a. depuis / b. depuis que / c. depuis
5. a. Ce sont des lunettes de vue ou de soleil ?
b. Julie, ce n'est pas la fille qui est habillée en rose mais en vert.
c. Les jeans et les tee-shirts, c'est très pratique !
d. Qu'est-ce que c'est ?
e. Ce ne sont pas mes baskets mais les baskets de mon frère.

CORRIGÉS des révisions et approfondissements

Approfondissements
1. *Propositions de réponses :*
a. Je m'habille de cette manière <u>depuis que</u> (+ *phrase*) je suis en sixième / <u>depuis</u> (+ *nom*) l'âge de 10 ans…
b. Je me suis coupé les cheveux <u>il y a</u> (+ *nom*) une semaine, deux mois…
c. Je choisis seul(e) mes habits le matin <u>depuis que</u> (+ *phrase*) je suis en sixième / <u>depuis</u> (+ *nom*) l'âge de 10 ans…
d. Je me suis acheté un habit / accessoire / bijou, <u>il y a</u> (+ *nom*) une semaine, deux mois…
2. a. on avait – b. nous savions – c. elles portaient – d. vous étiez – e. tu pouvais – f. je changeais – g. il faisait – h. ils finissaient
3. a. Peut-être qu'il a une fiancée. b. Il est peut-être fatigué de porter toujours des jeans. c. Il a peut-être une réunion importante. d. Il a peut-être décidé de changer de style. e. Il veut peut-être nous inviter au restaurant.
4. a. Cette voiture est superbe ! b. Tu as payé ma boisson ? c. Tu peux me prêter ton surligneur ? d. Mon ordinateur marche très bien ! e. Tu as un mouchoir en papier ? f. Ton frère a un scooter ? g. Tu sais où est la colle ? h. Je mets la boîte en plastique dans le réfrigérateur ?

2. a. quinze mille six cent **cinquante**-huit + quatre-vingt-**deux** mille cinq cent soixante-trois = quatre-vingt-dix-huit mille deux cent vingt et un

```
   15 658
+  82 563
   98 221
```

b. trois cent cinquante-six mille huit cent douze + cinq millions six cent cinquante-deux mille quatre cent soixante-deux = **six** millions neuf mille deux cent **soixante**-quatorze

```
    356 812
+ 5 652 462
  6 009 274
```

c. quatre-vingt-six millions sept cent quatre-vingt-**quatre** + neuf cent quatorze millions mille six = **un milliard** mille sept cent quatre-vingt-dix

```
   86 000 784
+ 914 001 006
1 000 001 790
```

3. *Propositions de réponses :*
La planète est **très / trop** polluée. On utilise **trop** la voiture. Il y a **trop de** voitures et de pollution dans les grandes villes. Les forêts disparaissent **très** vite : on arrache / coupe **trop d'**arbres et ils poussent **très** lentement. / On produit **trop de** déchets et on consomme **trop**. Etc.

MODULE 3 Aime ta Terre !

Révisions
1. 1 b / 2 a / 3 a / 4 b / 5 b / 6 a
2. a. *Réponses libres*
b. *Phrases à signaler, si :*
– réponses « parfois », « rarement », « jamais » aux phrases 1, 3, 5 et 6
– réponses « toujours », « souvent », « parfois » aux phrases 2 et 4
3. a. Tes vieux portables, tu peux les recycler. → photo 2
b. La lumière de votre chambre, vous pouvez l'éteindre quand vous sortez. → photo 3
c. Le bus, on peut le prendre pour aller à l'école. → photo 1
d. Ma consommation d'énergie, je peux la baisser au lieu de l'augmenter. → photo 4
4. *Réponses libres*

Approfondissements
1. *Propositions de réponses :*
a. On peut recycler les objets **au lieu de** les jeter.
b. Au lieu de prendre un **bain**, je prends une douche.
c. J'**éteins** la lumière au lieu de la laisser allumée.
d. Pour aller au travail, on peut utiliser les **transports en commun** au lieu de prendre la voiture.
e. On peut **protéger** les forêts au lieu de les détruire.
f. Je **réduis** ma consommation d'énergie au lieu de l'augmenter.

MODULE 4 Sois branché(e) !

Révisions
1. a VI 3 / b II 4 / c I 6 / d III 2 / e IV 1 / f V 5
2. a. et b. facilement → facile / facile – heureusement → heureuse / heureux – profondément → profonde / profond – tranquillement → tranquille / tranquille – vraiment → vraie / vrai
3. a. que : 3, 4 – qu' : 2 / qui : 1, 5
b. *Réponses libres*
4. 1 – c ; 2 – a ; 3 – e ; 4 – b ; 5 – f ; 6 – d

Approfondissements
1. a. plus de / aussi – b. moins / aussi – c. moins de / autant – d. autant / autant d'
2. a. **que** tu utilises **le plus** chaque jour ? b. **le moins** utile **que** tu as acheté ? c. **qui** a, pour toi, **le plus de** fonctions utiles ? d. **qui** a **le plus** révolutionné l'Histoire de l'humanité ?
3. 1. nationale / national – 2. merveilleuse / merveilleux – 3. étonnante / étonnant – 4. ancienne / ancien – 5. longue / long – 6. particulière / particulier – 7. profonde / profond – 8. actuelle / actuel – 9. légère / léger – 10. récente / récent
4. *Réponses libres*

MODULE 5 Fais ton cinéma !

Révisions

1. a. un film d'animation – b. un documentaire – c. un film historique – d. un film policier – e. un film d'aventures – f. une comédie musicale – g. un film d'horreur – h. un film de science-fiction

2. a. C'est incroyable ! ☺ – b. Bof ! ☺ – c. C'est impressionnant ! ☺ – d. Ça m'a beaucoup plu ! ☺ – e. Je suis un peu déçu ! ☹ – f. Dommage ! ☹ – g. C'est superbe ! ☺ – h. J'ai vu mieux ! ☹ / ☺ – i. Je me suis ennuyée ! ☹ – j. C'était sympa ! ☺ – k. Ce n'était pas terrible ! ☹ – l. C'est nul ! ☹

3. a. en – b. y – c. y – d. en – e. en – f. y

4. as fait – es restée – pleuvait – suis allée – avez vu – était – a vu – était – ai passé – as joué – étaient – a perdu

5. a. aimer – il **aimer**a – il aim**ait** – il aimerait
b. finir – tu fini**r**as – tu finiss**ais** – tu finirais
c. venir – vous **viend**rez – vous ven**iez** – vous viendriez
d. pouvoir – nous **pour**rons – nous pouv**ions** – nous pourrions
e. devoir – on **devr**a – on dev**ait** – on devrait
f. savoir – elles **saur**ont – elles sav**aient** – elles sauraient
g. aller – j'**ir**ai – j'all**ais** – j'irais
h. faire – vous **fer**ez – vous fais**iez** – vous feriez

Approfondissements

1. a. était / a beaucoup ri / a passé – b. n'aimais pas / ai adoré – c. sommes arrivé(e)s / n'y avait plus – d. ai vu / n'ai pas du tout aimé – e. ne m'a pas plu / pensais / était

2. a. en → des extraits de films – b. en → des castings – c. y → sur Internet – d. en → du pop corn – e. y → dans les films de science-fiction – f. en → des lunettes spéciales – g. y → sur l'affiche d'un film

3. a. aimeriez / plairait / verrait – b. devrait / pourrait / serait / deviendrait – c. saurais / aiderais / donnerais / aurait

4. a. 4 et 5 / b. 6 (7) / e. 2 et 3 / g. 1

MODULE 6 Croque la vie !

Révisions

1. a. la blanquette de veau – b. le tournedos Rossini – c. le steak-frites – d. le lapin à la moutarde – e. la tarte au citron – f. la purée de pomme de terre – g. le canard à l'orange – h. le gâteau au chocolat

2. a. tous – b. chaque – c. quelques – d. aucun – e. plusieurs – f. certaines

3.

1	2	3
b. premièrement g. d'abord	a. puis e. ensuite	c. pour finir d. finalement f. enfin

4. a. Je viens de préparer le déjeuner. Je suis en train de me mettre à table. Je vais manger.
b. Elle va faire un gâteau. Elle vient de lire la recette. Elle commence à préparer les ingrédients.
c. On vient d'inviter des amis. On est en train de choisir le menu. On va acheter les ingrédients manquants.

5. On prononce le « s » de « tous » dans les phrases b, c, e, f.

Approfondissements

1.

Fruits	Légumes
– une banane – un citron – une fraise – une orange	– une carotte – des poireaux – une pomme de terre
Viandes	**Produits laitiers**
– de l'agneau – du bœuf – du lapin – du porc – du poulet – du veau	– du beurre – du fromage – du lait – un yaourt
Autres	
– du chocolat – de la farine – de la moutarde	– un œuf – du poivre – du sel

2. a. chacun – b. aucune – c. chaque – d. tout – e. certaines – f. plusieurs – g. tous

3. a. Sophie et Anne sont en train de manger une pizza. / Sophie et Anne viennent de préparer une pizza. / Sophie et Anne commencent à manger leur pizza.
b. Les pizzas sont en train de cuire dans le four. / Les pizzas commencent à cuire. / Les pizzas vont être bientôt prêtes.
c. Elles viennent de sortir les pizzas du four. / Elles vont manger les pizzas. / (Les pizzas sont en train de refroidir.)
d. Elles vont mettre les pizzas dans le four. / Elles sont en train de mettre les pizzas dans le four.

4. a. Tu me passes le sel ?
b. Tu pourrais arrêter de faire du bruit quand tu manges ta soupe !
c. Tu veux bien te tenir comme il faut à table ?
d. Tu me donnes du pain ?
e. Tu devrais couper ta viande avec ton couteau.

CORRIGÉS des révisions et approfondissements

MODULE 7 Mets tes baskets !

Révisions
1. a. *Horizontalement* : la gymnastique ; l'aviron ; le golf ; le ski ; la course ; le canyonisme ; le basket ; le cyclisme
Verticalement : le football ; le tennis ; le tir à l'arc ; la natation ; le volley ; le yoga ; le rugby ; l'escrime
b. L'art du déplacement
2. a. l'endurance – b. la force – c. la souplesse – d. la concentration – e. l'équilibre – f. la vitesse – g. la précision
3. a. si – b. si – c. même si – d. même si – e. même si
4. a. C'est la plus forte de son équipe. b. C'est le joueur le moins connu de la sélection. c. Ce sont les meilleurs footballeurs du monde. d. C'est l'athlète le plus rapide de la compétition.

Approfondissements
1. *Propositions de réponses :*
a. la gymnastique, la danse – b. le cyclisme, la course – c. le tir à l'arc, le yoga – d. la gymnastique, le ski – e. le golf, le basket – f. le ski, la natation
2. a. 4 Il s'entraîne tous les jours **afin** d'être prêt pour le championnat de France.
b. 2 Je fais du sport dans un club **pour** connaître des gens nouveaux.
c. 1 Le yoga, c'est très bon **pour** la concentration.
d. 3 C'est un sport fait **pour** moi !
3. *Propositions de réponses :*
a. Le tennis : Il faut faire passer la balle dans le camp de l'adversaire ; si l'adversaire ne peut pas renvoyer la balle ou si la balle ne rentre pas dans le camp adverse, il perd le point.
b. La formule 1 : Il s'agit de faire des tours de circuit au volant d'une voiture et d'arriver le premier.
c. Le hockey sur glace : Ça consiste à patiner sur la glace et à envoyer un palet à l'intérieur des buts adverses.
d. Le kitesurf : Il s'agit de glisser sur une planche de surf, puis de s'élever avec un cerf-volant (une aile) et de faire des acrobaties.
4. a. en – b. y – c. y – d. en – e. en – f. y

MODULE 8 Explore le monde !

Révisions
1. a. en / de – b. des / de – c. du / en – d. de / aux
2. a. Ce **qui** me relaxe, **c'est de** faire la sieste au bord de la piscine de l'hôtel.
b. Ce **que** j'adore, **ce sont** les escargots comme on les prépare en France.
c. Ce **qu'**on n'apprécie pas, **c'est que** les toilettes sont payantes partout !
d. Ce **qui** est incroyable, **c'est** la variété de fromages.
e. Ce **qui** est étrange pour nous, **c'est que** les magasins sont fermés le lundi.
3. a. on pouvait / on t'accompagnerait – b. ils iraient / leurs parents les laissaient – c. je choisirais / j'étais – d. vous prépariez / vous n'auriez pas – e. s'ils prenaient / ils gagneraient
4. *Verticalement :* mécontent / mécontente – inquiet / inquiète – calme / calme – désolé / désolée
Horizontalement : effrayé / effrayée – surpris / surprise – heureux / heureuse – déçu / déçue
5. *Propositions de réponse :*
a. Quelle belle île ! / Quelle plage ! / Quelle tranquillité !
b. Comme c'est beau ! / Comme tu as bien dû te reposer !
c. Quels beaux paysages ! / Quels bons moments tu as dû passer !
d. Heureusement qu'il a fait beau ! / Heureusement que tu avais ton maillot de bain !

Approfondissements
1. a. + nom de pays féminin (ex. : en France) / + nom de pays masculin (ex. : au Maroc)
b. + nom de ville, d'île ou de pays féminin (ex. : de Paris, de Cuba, de France)
c. + nom de pays pluriel ou d'archipel (ex. : des États-Unis, des Baléares)
d. + nom de pays féminin commençant par une voyelle, nom de pays masculin commençant par une voyelle, nom de ville commençant par une voyelle (ex. : d'Allemagne, d'Israël, d'Ankara)
e. + nom de pays pluriel ou d'archipel (ex. : aux États-Unis, aux Baléares)
f. + nom de pays masculin (ex. : du Maroc)
g. + nom de ville ou d'île (ex. : à Paris, à Cuba)
2. a. impensable – b. inoubliable – c. infaisable – d. incroyable – e. indescriptible – f. inimaginable – g. illisible – h. imbuvable – i. immangeable – j. irréalisable
3. a. 4 si tu n'étais pas / on pourrait
b. 5 je ferais / si je n'avais
c. 2 si on achetait / on saurait
d. 3 j'aimerais / si ça ne se trouvait pas
e. 6 si vous preniez / vous seriez
f. 1 elles ne resteraient / si elles avaient
4. *Réponses libres*

Nom : ....
Prénom : ....

TEST 1

.... / 50

1 **Compréhension de l'oral – Écoute et réponds aux questions.**

a. Complète le texte avec les mots suivants.

.... / 8

de la batterie – de chanteur – le collège – un concert – de la guitare électrique – la musique – ses copains – du synthétiseur

Le 21, pour la Fête de ...., Claire veut aller à .... Alex, lui, va jouer dans la rue, devant .... avec Loïc et Romane. Alex joue .... Romane .... et Loïc .... Mais le problème pour Alex et c'est qu'ils n'ont pas .... !

b. Choisis la/les réponse(s) correcte(s).

.... / 4

1. De qui Claire est-elle fan ?
☐ a. des BB Brunes ☐ b. de Christophe Maé ☐ c. d'Alizée

2. Quelle ville mentionnent Claire et Alex ?
☐ a. Paris ☐ b. Marseille ☐ c. Béziers

3. Quels jours vont répéter Alex et ses copains ?
☐ a. mercredi ☐ b. samedi ☐ c. dimanche

4. Finalement, le 21, Claire va…
☐ a. au concert de son chanteur préféré. ☐ b. chanter dans un groupe avec ses copains.
☐ c. participer à la Fête de la musique.

2 **Complète les phrases avec des expressions de goûts.**

.... / 6

a. Mathis ☺☺☺☺ reggae mais il ☹☹☹☹ heavy metal.
→ Mathis ....

b. Justine ☹☹☹ variété mais elle ☺☺☺ musique classique.
→ Justine ....

c. Gaël ☹ pop mais il ☺ R&B.
→ Gaël ....

3 **Dis quels effets ont sur toi les styles de musique suivants.**

.... / 4

La musique classique, ça me relaxe.

a. Le heavy metal, ...
b. Le reggae, ...
c. Le rap, ...
d. La pop, ...

4 **Retrouve 5 expressions pour donner son opinion. (Tu n'es pas obligé(e) de prendre un élément dans toutes les colonnes.)**

.... / 5

	me semble		
Je	trouve	ça	normal !
À	mon avis,	c'est	d'opinion !
Ça	pense que		
	n'ai pas		

a. ....
b. ....
c. ....
d. ....
e. ....

152

5 **Réagis à ces opinions avec *Moi aussi ! / Moi non plus ! / Pas moi ! / Moi si !*** .... / 4

   a. Je trouve qu'être fan d'une idole, c'est ridicule !
   Tu n'es pas d'accord avec l'affirmation. → .... !
   b. Je n'aime pas du tout cette musique !
   Tu es d'accord avec l'affirmation. → .... !
   c. Je ne comprends pas son comportement !
   Tu n'es pas d'accord avec l'affirmation. → .... !
   d. Je trouve ce groupe nul !
   Tu es d'accord avec l'affirmation. → .... !

6 **Quels conseils donnes-tu aux personnes suivantes ? Complète avec les verbes proposés conjugués à l'impératif, à la personne indiquée.** .... / 6

   apprendre – écouter – être – faire – s'entraîner – s'habiller
   a. Le concert commence à 20 h : (tu) ne .... pas en retard !
   b. (Nous) .... ce CD : il est génial !
   c. (Tu) Ne .... pas comme ça : il fait chaud aujourd'hui !
   d. (Vous) Ne .... pas l'exercice 1 mais seulement le 2 !
   e. (Tu) .... à jouer du saxophone : c'est passionnant !
   f. Le violon est un instrument difficile : (vous) .... tous les jours une ou deux heures.

7 **De quel instrument jouent-ils ?** .... / 5

   a. Clara joue ....
   b. Nathan joue ....
   c. Hugo joue ....
   d. Lucas joue ....
   e. Inès joue ....

8 **Un magazine fait une enquête sur les goûts musicaux des adolescents.**
   Explique tes goûts, les instruments que tu aimes / pratiques, tes chanteurs / chanteuses / groupes préféré(e)s… *(60 mots)* .... / 8

| Nom : .... | **TEST 2** | .... / 50 |
| Prénom : .... | | |

1 **Compréhension de l'oral – Écoute et réponds aux questions.**

🎧 **a. Choisis la réponse correcte.** .... / 4

1. Juliette veut sortir ☐ avec des copains. ☐ avec ses parents. ☐ seule.
2. La mère de Juliette ne veut pas la laisser sortir parce qu'elle ☐ a eu de mauvaises notes au collège. ☐ est mal habillée. ☐ n'a pas pris sa douche.
3. Au début, le père de Juliette ☐ est dans la salle de bains. ☐ est dans la cuisine. ☐ n'est pas à la maison.
4. Finalement, Juliette ☐ doit rester à la maison. ☐ peut sortir mais ne doit pas rentrer tard. ☐ peut sortir mais doit changer de vêtements.

b. Coche (☑) vrai (V), faux (F) ou on ne sait pas (?) .... / 4

	V	F	?
1. Juliette porte une robe rouge.	☐	☐	☐
2. Juliette est maquillée.	☐	☐	☐
3. Juliette a un piercing.	☐	☐	☐
4. Juliette a les cheveux verts.	☐	☐	☐

c. Dessine Juliette. .... / 2

d. Complète la phrase. .... / 2

Juliette est habillée de cette manière parce qu'aujourd'hui c'est ....

2 **Observe la photo d'Élodie et Marc. Barre les erreurs et corrige-les.** .... / 5

a. Élodie a des cheveux courts et frisés.
→ ....

b. Elle porte un jean noir.
→ ....

c. Marc est blond.
→ ....

d. Il porte une chemise noire.
→ ....

e. Élodie et Marc portent, tous les deux, un pull.
→ ....

3 **Remets ces phrases dans l'ordre.** .... / 5

a. sœur longs Ma de cheveux bruns a → ....
b. avatar bleues bottes de jolies Mon porte → ....
c. points On nombreux de communs a → ....
d. acheté chapeau grand Je me noir suis un → ....
e. Nous mêmes les dorées boucles d'oreilles avons → ....

4 À ton avis, est-ce que ces deux petites filles se ressemblent ? Décris-les.

.... / 4

....
....
....
....

5 **Conjugue les verbes proposés à l'imparfait.**

.... / 11

Avant, ma meilleure amie et moi, nous ne nous .... (ressembler) pas du tout !
Nous .... (être) complètement différentes : moi, j'........................... (avoir)
les cheveux courts et je ne .... (porter) jamais d'accessoires (colliers, boucles
d'oreilles…). Je m'........................... (habiller) avec des habits larges et noirs et je ....
(prendre) souvent la première chose que je .... (trouver) dans mon armoire.
Elle, elle .... (avoir) des cheveux très longs et elle .... (porter)
toujours beaucoup d'accessoires. Elle .... (choisir) des habits avec des couleurs vives
et elle se .... (changer) trois fois par jour ! Mais on a changé toutes les deux
et maintenant, on se ressemble comme deux gouttes d'eau !

6 **Choisis la proposition correcte.**

.... / 4

a. On est au lycée depuis ☐ deux ans ☐ on a quinze ans.
b. Elle ne s'habille plus pareil ☐ il y a un an ☐ depuis l'an dernier.
c. Nous portons des jeans depuis que ☐ l'an dernier ☐ nous sommes au lycée.
d. Il y a deux ans, ☐ il avait des dreadlocks ☐ il a des dreadlocks.

7 **Choisis entre *peut-être* ou *peut-être que / qu'*.**

.... / 4

Tu sais pourquoi Jade est habillée comme ça aujourd'hui ?

a. Elle est .... invitée à une fête.

b. .... elle a changé de style.

c. Elle va .... à un mariage.

d. .... ses parents l'obligent à s'habiller comme ça.

8 **Complète avec *c'est / ce n'est pas / ce sont / ce ne sont pas* + articles + les mots proposés.**

.... / 5

Un Stabilo, <u>c'est un marqueur</u>, <u>ce n'est pas un feutre</u>. *(feutre / marqueur)*

a. Une Swatch, ... *(montre / voiture)*
b. L'iPod, ... *(Mp3 / Mp4)*
c. Des Bic, ... *(crayons / stylos)*
d. Du Scotch, ... *(ruban adhésif / colle)*
e. Les Lacoste .... *(vêtements / accessoires)*

155

Nom : ....
Prénom : ....

TEST 3

.... / 50

1 **Compréhension de l'oral – Écoute Marc et Lucille et réponds aux questions.** .... / 8

a. **Coche (✓) vrai ou faux.**   V   F
1. Marc et Lucille regardent un clip vidéo à la télé.   ☐   ☐
2. Il s'agit d'une compétition d'athlétisme.   ☐   ☐
3. Ce nouveau sport est un sport pour protéger l'environnement.   ☐   ☐
4. Ce sport consiste à jeter très loin son portable.   ☐   ☐
5. Les organisateurs de cette compétition veulent sensibiliser les gens au recyclage.   ☐   ☐
6. Après la compétition, les portables sont recyclés.   ☐   ☐
7. En France, beaucoup de gens recyclent leur portable.   ☐   ☐
8. C'est un Français qui a le record du monde de ce sport.   ☐   ☐

b. **Choisis la réponse correcte.** .... / 4

1. La première compétition a eu lieu en   ☐ 2000.   ☐ 2001.   ☐ 2010.
2. La première compétition a eu lieu
   ☐ en France.   ☐ en Finlande.   ☐ aux États-Unis.
3. ☐ 9 %   ☐ 19 %   ☐ 99 %
   des Français recyclent leur portable.
4. Le record de ce sport est de   ☐ 75 mètres.   ☐ 85 mètres.   ☐ 95 mètres.

2 **Coche (✓) les bons réflexes.** *(1/2 point par bon réflexe trouvé)* .... / 5

☐ a. allumer la lumière ☐ b. jeter ☐ c. augmenter sa consommation d'énergie ☐ d. monter le chauffage
☐ e. baisser le chauffage ☐ f. polluer ☐ g. couper l'eau ☐ h. prendre des bains
☐ i. défendre les espèces en voie de disparition ☐ j. protéger la planète ☐ k. récupérer le papier
☐ l. détruire les forêts ☐ m. réduire sa consommation d'énergie ☐ n. économiser les ressources naturelles
☐ o. recycler ☐ p. éteindre la lumière ☐ q. trier les déchets ☐ r. gaspiller les ressources naturelles
☐ s. utiliser sa voiture

3 **Complète les phrases avec le verbe *pouvoir* conjugué au présent, le verbe proposé entre parenthèses et un COD.** .... / 4

L'air conditionné, nous (éteindre) pouvons l'éteindre et ouvrir la fenêtre.

a. Tes vieux journaux, tu (recycler) .... en papier cadeau.
b. Notre pull, on (enlever) .... si on a trop chaud.
c. Vos déchets, vous (jeter) .... dans cette poubelle.
d. Leur voiture, ils (laisser) .... au garage.

4 **Dis ce qu'on peut faire pour protéger la nature. Utilise *on peut* et l'expression *au lieu de / d'*.** .... / 4

a. jeter ses vêtements → ....
b. prendre le métro → ....
c. acheter tous les ans du matériel scolaire → ....
d. acheter sa musique en ligne → ....

5 **Complète les noms des déchets. Pour t'aider, observe la poubelle où se trouvent les déchets.** *(1/2 point par déchet placé dans la bonne poubelle)* ...... / 6

à chaussures – de banane – de céréales – de confiture – d'eau de toilette – d'huile – de conserve – de ketchup – de nourriture – portable – usées – vélo

Papier – Carton
a. une boîte ....
b. une boîte ....

Métal
c. un vieux ....
d. une boîte ....

Plastique
e. une bouteille ....
f. une bouteille ....

Verre
g. un pot ....
h. un flacon ....

Matières organiques
i. des restes ....
j. une peau ....

Autres
k. un téléphone ....
l. des piles ....

6 **Dis avec quelle fréquence tu fais les choses suivantes. Varie les expressions de fréquence et fais des phrases.** ...... / 3

a. jeter des papiers dans la rue → ....
b. éteindre tous les appareils électriques → ....
c. couper l'eau quand je me lave les dents → ....

7 **Complète les phrases avec les données suivantes écrites en lettres.** ...... / 5

a. Les États-Unis consomment trois cent quatre-vingt .... de sacs en plastique par an. (380 000 000 000)
b. Chaque minute, on coupe .... arbres dans le monde. (2 000)
c. En Europe, on utilise cent soixante .... de canettes par jour. (160 000 000)
d. Chaque seconde, les hommes utilisent plus de .... litres d'eau. (30 000)
e. Chaque semaine, ... espèces animales ou végétales disparaissent. (500)

8 **Choisis entre *très* ou *trop (de)*.** ...... / 6

a. Je ne sais pas .... bien dans quelle poubelle jeter ces déchets.
b. Il y a encore .... gens qui ne respectent pas leur environnement.
c. Il est .... rare de pouvoir voir cet animal à l'état sauvage, mais il en reste encore quelques exemplaires.
d. S'il y a .... espèces qui disparaissent, l'écosystème est en danger.
e. Si on gaspille ...., on épuise .... vite les ressources naturelles.

9 **Un magazine fait une enquête sur les adolescents et la protection de la planète. Explique aux lecteurs du magazine ce qu'on peut faire pour la protéger, sur une feuille à part ou sur ton cahier.** *(60 mots)* ...... / 5

Nom : ....
Prénom : ....

TEST 4

.... / 50

1 Compréhension de l'oral – Écoute et réponds aux questions.

a. Dis de quel type de document il s'agit. .... / 1
- ☐ 1. Des statistiques sur l'utilisation de l'ordinateur.
- ☐ 2. Un sondage sur la meilleure invention du siècle.
- ☐ 3. Une émission radiophonique sur l'addiction à Internet.

b. Associe. .... / 5

Sarah • • fait des recherches
Victor • • fait des courses
Manu • • télécharge de la musique } sur Internet.
Corentyne • • utilise Facebook
Amélie • • chatte

c. Complète la pyramide avec ce que font les auditeurs sur Internet. .... / 2

Peu d'auditeurs …

Beaucoup d'auditeurs…

d. Qui n'a pas Internet ? Quel avantage et inconvénient Internet présente-t-il pour cette personne ? .... / 2

....
....

2 À quoi sert un téléphone portable ? Cite 5 fonctions différentes et fais des phrases complètes. .... / 5

a. ....
b. ....
c. ....
d. ....
e. ....

3 Complète avec *qui* / *que* ou *qu'*. .... / 5

a. Il faut éteindre l'ordinateur .... tes parents t'ont offert.
b. Le téléphone est un objet très utile .... on peut utiliser à tout moment.
c. Cette marque fabrique des téléphones .... coûtent très cher !
d. À qui est l'iPod .... est sur la table ?
e. Cet été, j'ai lu des livres .... je n'ai pas le temps de lire d'habitude.

4 Associe les expressions équivalentes. .... / 6

a. 25 pour cent – b. 33 % – c. cent pour cent – d. la majorité – e. une minorité – f. la moitié – g. la plupart – h. un quart – i. un sur deux – j. un tiers – k. la totalité – l. une toute petite partie

a. 25 pour cent = ... = ... = ...
.... = ... = ... = ...

5 **Barre les éléments de comparaison qui ne sont pas corrects.** .... / 6

a. Avant, j'avais plus de / moins copains sur Facebook que maintenant.
b. Tu parles meilleur / mieux français que l'an dernier.
c. Je peux plus bien / moins bien vivre sans téléphone portable que toi.
d. Au siècle dernier, il n'y avait pas autant d' / autant appareils technologiques.
e. Avant, je téléphonais autant / aussi / moins / plus que maintenant.
f. Cette découverte est la pire / plus bonne de tous les temps !

6 **Complète les phrases avec des expressions de la date passée. Utilise les informations entre parenthèses.** .... / 5

a. L'invention de l'écriture date de .... (3 300 avant notre ère)
b. C'est .... 1285, à Florence, qu'apparaît la première paire de verres permettant de grossir les objets et les textes.
c. On considère que Martin Cooper a été la première personne, ... 70 (concrètement en 1973), à passer un appel avec un téléphone portable : le Dyna Tac de Motorola.
d. Vers le .... XVIIe siècle (1642), le français Blaise Pascal, invente la Pascaline : la première calculatrice mécanique capable d'effectuer des additions et des soustractions.
e. La chute de l'Empire romain, en 476, marque la fin de l'Antiquité et le début ...., avec la découverte de l'Amérique par Christophe Colomb.

7 **Complète les dialogues avec les expressions suivantes.** .... / 6

Je crois que – Moi, je ne suis pas d'accord avec toi – Par contre – Pour moi – Qu'est-ce que tu en penses ? – Tu n'es pas d'accord avec moi ?

a. – On peut très bien survivre sans Internet ! ....
– Si, si ! ...., Étienne, lui, il n'est sûrement pas d'accord : il ne peut pas s'en passer !
b. – Et un portable, pour l'anniversaire de Benjamin ? C'est une bonne idée, non ?
– .... : il est trop jeune !
c. – .... cette invention est la meilleure de tous les temps ! ....
– ...., ça ne sert à rien !

8 **Complète les phrases avec un adverbe en -ment formé à partir des adjectifs soulignés.** .... / 7

a. Cet objet est rare. On le trouve très .... dans les magasins.
b. Anouk est assez lente. Elle fait tout ....
c. Romain est sérieux. Il travaille ....
d. Soyez patients ! Attendez .... !
e. Normalement, je dors d'un sommeil très profond. Je dors .... !
f. Les élèves sont attentifs. Ils écoutent ....
g. Nous avons fait un nombre suffisant d'exercices. Nous avons révisé ....

159

Nom : ....
Prénom : ....

TEST 5   .... / 60

1. Compréhension de l'oral – Écoute le document et réponds aux questions.

a. Quel titre résume le mieux le document ? .... / 1

☐ 1. Séance d'autographes   ☐ 2. Nouvelle édition du Forum International Cinéma & Littérature
☐ 3. Tout savoir sur l'adaptation de romans policiers pour le cinéma

b. Qui parle ? .... / 1
☐ 1. un présentateur radio et une collégienne   ☐ 2. un présentateur radio et une actrice
☐ 3. un cinéaste et une collégienne

c. Écoute à nouveau. Vrai ou faux ? .... / 5
1. Le Forum s'adresse seulement aux professionnels du cinéma, de la littérature et de la BD. ....
2. Le Forum International Cinéma & Littérature revient pour la 2e fois. ....
3. Chaque année, il y a un concours organisé. ....
4. Cette année, l'invité d'honneur est Jean-Christophe Grangé. ....
5. Jean-Christophe Grangé est connu pour ses mangas. ....

d. Quels sont les professionnels du cinéma que l'on peut rencontrer au Forum ? .... / 3
....

e. Trouve les quatre intrus. *(1/2 point par intrus)* .... / 2
Pendant le Forum, on peut :
1. ☐ rencontrer des professionnels du cinéma et de la littérature.   2. ☐ écouter des conférences sur le 7e art.
3. ☐ assister à des tournages.   4. ☐ suivre une classe d'adaptation littéraire.
5. ☐ participer à un concours.   6. ☐ passer un casting.

2. Complète le dialogue avec les mots suivants. .... / 7

tournage – petit écran – long-métrage – jouer – figurant – comédien – casting

– Tu sais que le mois dernier je me suis présenté à un .... ? Eh bien, je vais .... dans un .... !
– Ah bon ? On va te voir au cinéma, alors ?
– Non, c'est un film pour le ....
– Et tu vas devenir connu ?
– Je ne crois pas : c'est un rôle de ...., mais mon rêve c'est de devenir .... : il faut bien commencer par quelque chose !
– Et quand est-ce que commence le .... ?
– La semaine prochaine.

3. Complète les devinettes avec *en* ou *y*. Associe-les aux photos. .... / 6

a. C'est froid et on .... mange au cinéma. → photo n° ....
b. On .... va pour voir les derniers films sortis. → photo n° ....
c. On peut .... réserver ses places de spectacles. → photo n° ....

d. Dans son dernier, il .... joue le rôle d'un pirate. → photo n° ....
e. On .... met pour voir les films en 3D. → photo n° ....
f. Le jour de la première, il y .... avait beaucoup à la sortie du ciné ! → photo n° ....

1.   2.   3.   4.   5.   6.

4 Retrouve 6 expressions et dis quel est le sentiment exprimé : l'enthousiasme (E), la déception (D) ou l'indifférence (I).   .... / 6

beaucoup plu – c'était – déçu(e) – impressionnant ! – j'ai passé – bof, j'ai vu – ça m'a – je suis – le temps passer – un bon moment – mieux – je n'ai pas vu

a. .... → ....   d. .... → ....
b. .... → ....   e. .... → ....
c. .... → ....   f. .... → ....

5 Conjugue les verbes au passé composé ou à l'imparfait.   .... / 14

Hier, je (aller) .... au cinéma. Quand je (entrer) .... dans la salle, elle (être) .... pleine de monde. Tout le monde (attendre) .... patiemment le début du film et quand le film (commencer) ...., je (se rendre) .... compte que ce n'(être) .... pas le film d'aventures que je (vouloir) .... voir mais un film d'horreur ! C'(être) .... vraiment horrible ! Je (rester) .... jusqu'à la fin mais j'(avoir) .... très peur pendant tout le film. À la fin, quelqu'un (applaudir) .... mais les autres (sortir) .... sans rien dire : je crois que la majorité de la salle (ne pas apprécier beaucoup) .... le film.

6 Retrouve la manière de dire les mots suivants de façon plus courte.   .... / 6
(1/2 point par réponse correcte)

a. Il est <u>sympathique</u> → ....   b. On prend l'<u>autobus</u> ? → ....
c. Qu'est-ce que tu bois au <u>petit déjeuner</u> ? → ....
d. Mon <u>ordinateur</u> ne marche pas et je ne peux pas surfer sur <u>Internet</u>. → ....
e. Cet <u>après-midi</u> je vais regarder la <u>télévision</u>. → ....
f. J'ai vu mon <u>professeur</u> de français dans un <u>restaurant</u>. → ....
g. Cette <u>adolescente</u> est <u>fanatique</u> de <u>cinématographe</u>. → ....

7 Anne-Sophie vient de participer à un casting. Elle n'a pas encore de réponse positive mais elle imagine déjà sa vie future. Conjugue les verbes au conditionnel présent.   .... / 9

a. Les meilleurs réalisateurs du monde entier me (demander) .... de jouer dans leurs films.
b. Je (faire) .... au minimum cinq longs-métrages par an.
c. Je (devenir) .... célèbre dans le monde entier.
d. Mes fans (vouloir) .... tous avoir une de mes photos dédicacées.
e. Je (être) .... à la une de tous les journaux.
f. Ma famille et moi, nous (aller) .... habiter à Hollywood.
g. Tous les jours, des dizaines de photographes m'(attendre) .... devant chez moi.
h. Tu (raconter) .... à tout le mode que tu as une amie connue !
i. J'(avoir) .... Johnny Depp, Audrey Tautou… parmi mes meilleurs amis.

Nom : ....

Prénom : ....

TEST 6   .... / 60

1 **Compréhension de l'oral** – Écoute le journaliste et Séverine Auclair et réponds aux questions.

a. Choisis la bonne réponse.   .... / 1

☐ 1. Séverine est agricultrice (elle produit des cacaoyers : les arbres à l'origine de la production du chocolat).

☐ 2. Séverine est chocolatier-confiseur.

☐ 3. Séverine fabrique des bijoux.

b. Écoute encore et complète.   .... / 8

Ce document est une rubrique radiophonique qui s'appelle « Ils nous parlent de leur .... ». L'invitée, Séverine, reçoit du chocolat qui arrive en grands .... et elle y ajoute d'autres .... Sa .... vient d'un souvenir d'enfance : une recette à base de chocolat et de peau .... cuite. Séverine adore les différentes .... de la fabrication du chocolat et voir comment il change de .... Pour elle, pour être chocolatier, il faut avoir de la ....

c. Vrai ou Faux ?   V   F   .... / 3

1. Les chocolats de Séverine Auclair sont vendus au moment des fêtes.   ☐   ☐
2. Le beurre est le seul ingrédient qu'elle ajoute à ses chocolats.   ☐   ☐
3. Selon elle, pour « créer un bon et beau chocolat », il faut être bijoutier.   ☐   ☐

2 **Cite pour chacun des plats suivants au moins deux ingrédients ou produits principaux.**   .... / 5

a. les crêpes → ....

b. le couscous → ....

c. la tarte Tatin → ....

d. la béchamel → ....

e. un kebab → ....

3 **Complète avec *au*, *à la*, *à l'*, *aux* ou *de*.**   .... / 8

a. une tarte .... fraises
b. une glace .... chocolat
c. une glace .... vanille
d. une côtelette .... porc
e. un steak .... bœuf
f. un steak .... poivre
g. un gâteau .... orange
h. la purée .... carottes (seulement avec des carottes)

4 **Complète avec *tout(e)(s) / tous*, *plusieurs*, *quelques / quelques-un(e)s*, *un(e) autre / d'autres*, *chaque / chacun(e)* ou *certain(e)(s)*.**   .... / 8

a. Si tu veux réussir ton gâteau, lis bien attentivement .... des étapes de la recette.

b. Tu es sûr qu'il te faut .... ces ingrédients pour cette recette ?

c. J'aime bien ce recueil de recettes ; .... sont faciles à réaliser mais .... sont très compliquées.

d. Il existe .... types de tartes aux pommes : .... personnes les font selon la recette des sœurs Tatin et .... selon des recettes typiques de .... région.

5. Souligne les « s » de *tous* qui se prononcent. ...... / 4

a. Tous les cuisiniers de ce restaurant sont étrangers.
b. Je ne sais pas quelle glace choisir parmi tous ces parfums !
c. Je vous invite tous au restaurant !
d. On a tous adoré ta nouvelle recette !

6. Complète la recette des crêpes avec les mots suivants : *ajouter, cuire, fondre, verser* et *servir*. ...... / 5

Mettre la farine et le sel dans un saladier ; faire .... le beurre à feu doux ; .... un par un les œufs à la farine, puis le lait avec le beurre fondu. .... un peu de pâte à crêpe dans une poêle et faire ...., ... et déguster immédiatement.

7. Choisis une des phrases suivantes pour chaque photo et complète-les avec *aller, commencer, être en train* et *venir*, et la préposition correspondante, si nécessaire. ...... / 4

a. Elle .... choisir une recette. → photo ......
b. Il .... manger son hamburger. → photo ......
c. Il .... préparer un plat excellent. → photo ......
d. Elle .... manger. → photo ......

1. 2. 3. 4.

8. Redis les phrases suivantes d'une manière moins directe. Varie les expressions. ...... / 4

a. Passe-moi du pain ! → .... !
b. Arrêtez de chanter quand on est à table ! → .... !
c. Ne mets pas trop de sel dans ta soupe ! → .... !
d. Mangeons d'abord la salade ! → .... !

9. Décris comment tu élabores un hamburger. Utilise les mots pour indiquer l'ordre des étapes. *(60 mots)* ...... / 10

Nom : ....
Prénom : ....

TEST 7

.... / 60

1 **Compréhension de l'oral – Écoute Romain, Sam et Jade et réponds aux questions.**

a. Choisis la réponse correcte. .... / 1

Au début de la conversation, les 3 amis parlent :
- ☐ 1. d'une compétition sportive qui va avoir lieu dans leur ville.
- ☐ 2. de sports qui se pratiquent en ville.
- ☐ 3. de sports qu'ils pratiquent régulièrement.

b. Coche les sports cités. .... / 4

☐ 1. ☐ 2. ☐ 3. ☐ 4. ☐ 5. ☐ 6. ☐ 7. ☐ 8.

c. Réponds aux questions. .... / 5

1. Quel est le matériel nécessaire pour pratiquer le premier sport dont parlent Jade et Romain ?
....
2. Est-ce qu'il s'agit d'un sport individuel ou d'équipe ? Pourquoi ?
....
3. Selon Sam, quelles qualités sportives demande ce sport ?
....
4. Quel sport recommande Jade à Romain ? Pourquoi ?
....
5. Qui sont Alain Bernard et Frédérick Bousquet ?
....

2 **Complète les noms de sports suivants.** *(1/2 point par bonne réponse)* .... / 5

a. la muscu................   d. le ....ki   h. l'es................me
b. le .... l'arc   e. l'art du ....   i. le ....clisme
(2 mots à compléter)   f. la planche à ....   j. la ....stique
c. l'avi................   g. l'................philie

3 **Associe un lieu et un sport, puis donne pour chaque sport une qualité sportive différente. Attention : tu peux répéter seulement une fois la même qualité pour deux sports !** .... / 7

a. l'art du déplacement – b. la boxe – c. le court – d. le gymnase – e. le marathon – f. la montagne – g. la musculation – h. la natation – i. la piscine – j. le ski – k. le tennis – l. le stade – m. le ring – n. la ville

– .... / .... → qualité sportive : ....
– .... / .... → qualité sportive : ....
– .... / .... → qualité sportive : ....
– .... / .... → qualité sportive : ....
– .... / .... → qualité sportive : ....
– .... / .... → qualité sportive : ....
– .... / .... → qualité sportive : ....

MODULE 7

4 **Complète les phrases avec des expressions du but.** .... / 4
   a. Je m'entraîne tous les jours .... de pouvoir participer au championnat de France.
   b. La natation c'est très bon .... le mal de dos.
   c. Je fais du sport dans un club .... être en forme et aussi .... de connaître des gens nouveaux.

5 **Complète avec *si / s'* ou *même si / s'*.** .... / 6
   a. – Tu sais .... on peut participer à la compétition sans inscription ?
   – Je crois que tout le monde peut y participer, ... on n'est pas inscrits.
   b. – .... tu es fatigué, va à l'entraînement : tu as un championnat le week-end prochain !
   – D'accord, mais j'irai seulement .... il ne pleut pas.
   c. – .... les joueurs de l'équipe de France gagnent, ils iront en finale ?
   – Non, ils ne seront pas sélectionnés, ... ils gagnent le match.

6 **Complète ces règles pour expliquer des sports avec les mots ou expressions suivants.** .... / 6
   consiste – faut – doit – est strictement interdit – on a besoin – peut
   a. Pour jouer au tennis, ... d'une raquette, d'un filet et de balles.
   b. Pour jouer au volley, il .... un filet et un ballon.
   c. Le football .... à faire rentrer un ballon dans les buts.
   d. Au football, on .... pousser le ballon avec le pied mais il .... de le toucher avec la main ; on .... aussi le toucher avec la tête.

7 **Entoure *en* ou *y* pour faire des phrases correctes.** .... / 7
   a. Du rugby, j'en / y ai fait pendant 5 ans, mais maintenant je n'en / y joue plus.
   b. À la finale de Roland Garros, je n'en / y suis jamais allé, mais j'aimerais bien en / y assister en direct !
   c. À cette compétition, j'ai essayé plusieurs fois d'en / y participer, mais je n'en / y suis jamais arrivé : c'est vraiment très difficile d'en / y faire partie !

8 **Fais des phrases avec les éléments suivants et le superlatif. Parfois, deux possibilités sont correctes, parfois seulement une.** .... / 5
   C'est / sportif / + jeune / de son équipe → *C'est le plus jeune sportif de son équipe.*
   → *C'est le sportif le plus jeune de son équipe.*
   a. C'est / sport / + pratiqué / en France → ....
   b. C'est / joueur / + bon / du collège → ....
   c. Ce sont / sprinters / + rapides / de la course → ....
   d. C'est / concurrente / – âgée / du championnat → ....
   e. C'est / compétition / + importante / de l'année → ....

9 **À toi !**
   Sur ton cahier, décris ton sport préféré ; explique comment il est né, où il se pratique, l'équipement et le matériel nécessaire, qui peut le pratiquer… *(60 mots)* .... / 10

Nom : ....
Prénom : ....

TEST 8

.... / 60

1 Compréhension de l'oral – Écoute et réponds aux questions.

a. Écoute le guide et dis quel itinéraire prend le bus. .... / 1

La visite suit…
☐ 1. la Seine. ☐ 2. les lieux insolites de Paris. ☐ 3. la ligne de bus 40.

b. Mets les monuments dans l'ordre de la visite. .... / 2

Le Grand Palais, la tour Eiffel, le Louvre
→ ....

c. Réponds aux questions. .... / 9

1. Combien de temps dure la visite ? ....
2. Quelle est la date de construction de la tour Eiffel ? ....
3. Combien mesure la Tour Eiffel ? ....
4. De quel sport Thaig Kris est-il champion du monde ? ....
5. Quel exploit incroyable a réalisé Thaig Kris en 2010 ? ....
6. Que peut-on voir au Grand Palais ? ....
7. En 2010, qu'ont pu voir les visiteurs en même temps qu'une exposition de Monet ? ....
8. Qu'était le Louvre avant d'être un musée ? ....
9. Quel est le moyen de transport utilisé pour la visite ? ....

2 Choisis l'option correcte. .... / 5

a. Tu vas ☐ à ☐ aux ☐ des États-Unis, cet été ?
b. Nous revenons ☐ d' ☐ de l' ☐ en Allemagne.
c. Quand rentrent-ils ☐ en ☐ du ☐ de Lyon ?
d. Vous êtes ☐ à ☐ des ☐ aux Baléares au mois d'août ?
e. Je rentrerai le 15 ☐ du ☐ à ☐ de Maroc.

3 Complète avec la préposition correcte. .... / 6

a. Vous revenez .... Espagne ? Et vous êtes allés .... Madrid ?
b. Tu reviens .... États-Unis ou .... Canada ? Et c'était bien ?
c. Mon père revient ce soir .... Santiago : il est allé en voyage .... Chili pour son travail.

4 Complète les phrases avec les adjectifs correspondant aux verbes proposés. .... / 7

a. Le plat que j'ai commandé était vraiment très mauvais : c'était .... (manger).
b. Je ne peux pas te raconter avec des mots ce que j'ai vu : les paysages sont vraiment .... (décrire) !
c. Quand on me parlait, je ne comprenais absolument rien : les gens avaient, pour moi, un accent .... (comprendre) !
d. Pendant mon séjour, il a plu tous les jours et il était .... (pouvoir) de sortir de l'hôtel et de visiter la ville.
e. Je me rappellerai toute ma vie de ce voyage : j'en garde des souvenirs .... (oublier) !
f. On a connu des gens .... (croire) : vraiment .... (adorer) !

166

5. Complète avec *ce qui / que / qu'* et *c'est (que / qu' / de) / ce sont*. ...... / 10

Pendant mon voyage en France…

a. .... m'a le plus surpris, ... les horaires.

b. .... je n'oublierai jamais, ... les gens étaient très aimables.

c. .... m'a déplu, ... il y avait beaucoup de magasins fermés le lundi matin.

d. .... m'a étonné, ... pouvoir parler sans problème grâce au français que j'avais appris en cours.

e. .... j'ai préféré, ... les pâtisseries.

6. Retrouve les mots en relation avec les voyages. .... / 6

a. C'est un truc qu'on utilise pour transporter ses affaires (vêtements…) quand on part en voyage.
→ une ....

b. C'est un truc qu'on met pour s'allonger sur la plage quand on prend des bains de soleil.
→ une ....

c. C'est un truc qu'on met sur son corps pour ne pas prendre de coups de soleil.
→ de la ....

d. C'est un truc qui nous permet de savoir quelles choses visiter (lieux touristiques, musées, bons restaurants…) quand on visite une ville ou une région qu'on ne connaît pas. → un ....

e. C'est un truc qui nous permettra, dans le futur, de voyager pour faire du tourisme spatial.
→ une ....

f. C'est un truc qu'on emporte quand on part en voyage à la campagne, en forêt… pour soigner de petites blessures. → un ....

7. Conjugue les verbes à l'imparfait de l'indicatif ou au conditionnel présent. ...... / 10

a. Si vous .... (avoir) des copains français sur Skype, vous .... (pouvoir) pratiquer votre prononciation.

b. J'........................... (accepter) tout de suite, si mes cousins belges m'........................... (inviter) à passer quelques jours chez eux !

c. Si nos professeurs nous .... (laisser) choisir la destination de notre prochain voyage, on .... (choisir) un pays de la francophonie.

d. Tu ne .... (faire) pas le tour du monde si tu en (avoir) .... la possibilité ?

e. Si le voyage n'........................... (être) pas si cher, j'........................... (aimer) bien aller à la Martinique.

8. Utilise une phrase exclamative avec *quel(le)(s), heureusement que / qu'* ou *comme* pour exprimer tes sentiments en voyant ces photos. Varie les expressions utilisées ! .... / 4

a.   b.   c.   d.

a. ....
b. ....
c. ....
d. ....

CORRIGÉS des tests

MODULE 1 — Ouvre tes oreilles !

1. Compréhension de l'oral

Transcription
Claire : Bonjour, Alex !
Alex : Ah, Claire ! Te voilà ! Le 21, qu'est-ce que tu fais ?
Claire : Le 21 ? Ah oui, je vais à un concert pour la Fête de la musique.
Alex : Un concert ? De qui ?
Claire : À ton avis ?... De QUI est-ce que je suis fan ?
Alex : Christophe Maé offre un concert à Béziers ?
Claire : Oui ! Mais pourquoi tu me demandes ça ?
Alex : Ben… parce que, avec Loïc et Romane, on veut faire aussi un concert dans la rue.
Claire : Ah ! Et où ça ?
Alex : Devant le collège : on a demandé l'autorisation au directeur et il est d'accord.
Claire : C'est sympa !
Alex : Oui ! Loïc à la batterie, Romane à la guitare électrique et moi au synthétiseur ; mais le problème… c'est qu'on n'a pas de chanteur ou de chanteuse…
Claire : Mmmm… Et tu as pensé à moi !
Alex : Allez !! Je suis sûr que tu pourras voir Christophe Maé une autre fois !
Claire : Et quand est-ce que vous répétez ?
Alex : Mercredi après-midi, samedi et dimanche matin chez Loïc.
Claire : Booon ! D'accooooord !
Alex : Super ! Tu es géniale !!

a. Le 21, pour la Fête de **la musique**, Claire veut aller à **un concert**. Alex, lui, va jouer dans la rue, devant **le collège** avec Loïc et Romane. Alex joue **du synthétiseur**, Romane **de la guitare électrique** et Loïc **de la batterie**. Mais le problème pour Alex et **ses copains**, c'est qu'ils n'ont pas **de chanteur** !
b. 1 b / 2 c / 3 a, b et c / 4 b et c

2. *Propositions de réponse :*
a. Mathis adore le reggae / est fan de reggae mais il déteste le heavy metal / il a horreur du heavy metal.
b. Justine n'aime pas du tout la variété mais elle aime beaucoup la musique classique.
c. Gaël n'est pas fan de pop / n'aime pas beaucoup la pop / (n'aime pas la pop) mais il (aime le R&B) / aime bien le R&B / aime assez le R&B.

3. *Propositions de réponse :*
Ça me relaxe, ça me calme, ça me détend, ça me donne de l'énergie, ça me déconcentre, ça m'énerve, ça me passionne, ça m'ennuie…

4. a. Je trouve ça normal ! b. Ça me semble normal ! c. À mon avis, c'est normal ! d. Je pense que c'est normal ! e. Je n'ai pas d'opinion !

5. a. Pas moi ! – b. Moi non plus ! – c. Moi si ! – d. Moi aussi !

6. a. Le concert commence à 20h00 : ne **sois** pas en retard !
b. **Écoutons** ce CD : il est génial !
c. Ne **t'habille** pas comme ça : il fait chaud aujourd'hui !
d. Ne **faites** pas l'exercice 1 mais seulement le 2.
e. **Apprends** à jouer du saxophone : c'est passionnant !
f. Le violon est un instrument difficile : **entraînez-vous** tous les jours une ou deux heures.

7. a. Clara joue du violon. b. Nathan joue de l'accordéon. c. Hugo joue du synthétiseur. d. Lucas joue de la guitare électrique. e. Inès joue de la batterie.

8. *Réponses libres*

MODULE 2 — Trouve ton style !

1. Compréhension de l'oral

Transcription
La fille : Je vais faire un tour avec Ahmed et Chloé ! À plus tard !
La mère : Ne rentre pas trop…!!! Juliette !! Mais tu as vu comment tu es habillée ? Et tes cheveux ?!
La fille : Ben oui, j'ai vu !
La mère : Ah, non, tu ne peux pas sortir comme ça ! Pierre, viens voir ta fille !
Le père : Je suis sous la douche !
La fille : Mais maman, je…
La mère : Elle a une grande robe noire, elle est maquillée et elle a les cheveux… rouges !!!
Le père : Grrr… J'arrive !
La mère : Ah, et elle a aussi une boucle d'oreille dans le nez !
La fille : Ça s'appelle un piercing, maman ! Un pier-cing ! Et ce n'est pas un vrai !
La mère : Regarde, dis-lui quelque chose, toi !
Le père : Mais Anne-Sophie ! C'est pour une occasion spéciale ! Aujourd'hui, c'est…
La fille : Maman, c'est Halloween, aujourd'hui !!!
La mère : Oui mais ce n'est pas une raison pour… Ah ? C'est Halloween ? Et tu ne peux pas le dire tout de suite ?
La fille : Mais tu ne m'as pas laissée t'expliquer !
Le père : Booon, moi, je retourne sous la douche ! Amuse-toi bien !
La mère : Et ne rentre pas trop tard !

a. 1. Juliette veut sortir avec des copains.
2. La mère de Juliette ne veut pas la laisser sortir parce qu'elle est mal habillée.
3. Au début, le père de Juliette est dans la salle de bains.
4. Finalement, Juliette peut sortir mais ne doit pas rentrer tard.

CORRIGÉS des tests

b. 1. Faux (noire) – 2. Vrai – 3. Vrai – 4. Faux (rouge)
d. Juliette est habillée de cette manière parce qu'aujourd'hui c'est Halloween.
2. a. Élodie a des cheveux **longs** et frisés. **b.** Elle porte un jean **blanc**. **c.** Marc est **brun/châtain**. **d.** Il porte un **tee-shirt** noir. **e.** Élodie et Marc portent, tous les deux, **un sac à dos**.
3. a. Ma sœur a de longs cheveux bruns. **b.** Mon avatar porte de jolies bottes bleues. **c.** On a de nombreux points communs. **d.** Je me suis acheté un grand chapeau noir. **e.** J'ai les mêmes boucles d'oreilles dorées.
4. Elles se ressemblent. Elles ont le même âge. Elles sont différentes car la fillette de droite a les cheveux longs et celle de gauche, les cheveux courts.
5. ressemblions – étions – avais – portais – habillais – prenais – trouvais – avait – portait – choisissait – changeait
6. a. On est au lycée depuis deux ans. **b.** Elle ne s'habille plus pareil depuis l'an dernier. **c.** Nous portons des jeans depuis que nous sommes au lycée. **d.** Il y a deux ans, il avait des dreadlocks.
7. a. peut-être – **b.** peut-être qu' – **c.** peut-être – **d.** peut-être que
8. a. Une Swatch, c'est une montre, ce n'est pas une voiture.
b. L'iPod, c'est un Mp4, ce n'est pas un Mp3.
c. Des Bic, ce sont des stylos, ce ne sont pas des crayons.
d. Du Scotch, c'est du ruban adhésif, ce n'est pas de la colle.
e. Les Lacoste, ce sont des vêtements, ce ne sont pas des accessoires.

MODULE 3 — Aime ta Terre !

1. Compréhension de l'oral

Transcription
Garçon : Lucille, viens voir cette vidéo sur Internet. Regarde, c'est rigolo !
Fille : C'est quoi ? Une compétition d'athlétisme ?
Garçon : Non, c'est une compétition internationale de lancer de portables !
Fille : De quoi ? Qu'est-ce qu'il faut faire : jeter son portable ?
Garçon : Oui, pour essayer de battre le record. C'est le nouveau sport écologique à la mode.
Fille : Et c'est écologique de lancer son portable ?
Garçon : C'est une action pour sensibiliser les gens au recyclage des portables : au lieu de les jeter à la poubelle, tu jettes ton portable, le plus loin possible. À la fin de la compétition, les organisateurs s'engagent à les recycler.
Fille : Et c'est nouveau comme compétition ?
Garçon : Non, la première compétition a eu lieu en 2000 en Finlande et il y a plusieurs compétitions par an, dans différents pays.
Fille : Et il y a des compétitions en France ?
Garçon : Je ne sais pas, mais en France très peu de gens recyclent leur portable ; seulement 9 % des Français.
Fille : C'est vrai ; moi, je ne sais pas quoi faire de mon vieux portable. Et qui a battu le record ?

Garçon : Un Anglais. Il a lancé son portable à 95 mètres !
Fille : Waouh !

a. 1. Faux (sur Internet) – 2. Faux (une compétition de lancer de portables) – 3. Vrai – 4. Vrai – 5. Vrai – 6. Vrai – 7. Faux (très peu de gens) – 8. Faux (un Anglais)
b. 1. La première compétition a eu lieu en 2000.
2. La première compétition a eu lieu en Finlande.
3. 9 % des Français recyclent leur portable.
4. Le record de ce sport est de 95 mètres.
2. baisser le chauffage – couper l'eau – défendre les espèces en voie de disparition – économiser les ressources naturelles – éteindre la lumière – protéger la planète – récupérer le papier – réduire sa consommation d'énergie – recycler – trier les déchets
3. a. Tes vieux journaux, tu **peux les recycler** en papier cadeau.
b. Notre pull, on **peut l'enlever** si on a trop chaud.
c. Vos déchets, vous **pouvez les jeter** dans cette poubelle.
d. Leur voiture, ils **peuvent la laisser** au garage.
4. *Propositions de réponse :*
a. Au lieu de jeter ses vêtements, on peut les donner à une association.
b. On peut prendre le métro au lieu de prendre la voiture.
c. Au lieu d'acheter tous les ans du matériel scolaire, on peut le réutiliser.
d. On peut acheter sa musique en ligne au lieu d'acheter des CD.
5. Papier – carton : **a.** une boîte à chaussures – **b.** une boîte de céréales / Métal : **c.** un vieux vélo – **d.** une boîte de conserve / Plastique : **e.** une bouteille de ketchup – **f.** une bouteille d'huile / Verre : **g.** un pot de confiture – **h.** un flacon d'eau de toilette / Matières organiques : **i.** des restes de nourriture – **j.** une peau de banane / Autres : **k.** un téléphone portable – **l.** des piles usagées
6. *Propositions de réponse :* toujours / tous les jours / souvent / parfois / quelquefois / rarement / jamais
a. Je jette parfois des papiers dans la rue. / Je ne jette jamais des papiers dans la rue.
b. J'éteins rarement tous les appareils électriques. J'éteins toujours tous les appareils électriques.
c. Je ne coupe jamais l'eau quand je me lave les dents. / Je coupe toujours l'eau quand je me lave les dents.
7. a. trois cent quatre vingt **milliards de** sacs –
b. deux mille arbres – **c.** cent soixante **millions de** canettes – **d. trente mille** litres d'eau – **e. cinq cents** espèces
8. a. très – **b.** trop de – **c.** très – **d.** trop d' – **e.** trop / très

MODULE 4 — Sois branché(e) !

1. Compréhension de l'oral

Transcription
Présentateur : « Pourriez-vous vivre sans Internet ? », c'est la question que nous avons posée aux auditrices et auditeurs de RadioAdo. Voici leurs réponses…
Auditrice 1 : Bonjour, moi, c'est Sarah. J'ai eu un problème avec mon ordinateur. Résultat : 4 mois

sans Internet. J'étais complètement déconnectée du reste du monde car tous mes copains sont sur des réseaux sociaux : Facebook, Copains d'avant, etc.
Auditeur 1 : Bonjour, moi, c'est Victor. Avant, je n'avais pas Internet et ça n'était pas un problème. Aujourd'hui, je ne peux plus m'en passer. Je m'en sers tous les jours pour échanger avec les copains, faire des recherches. Et puis, c'est utile aussi pour acheter de la musique, des films, des habits…
Auditeur 2 : Salut, je m'appelle Manu. Moi, je ne suis pas accro à Internet, mais au chat, si ! J'y suis en moyenne 1 h 30 par jour. Alors, vivre sans…
Auditrice 2 : Coucou, ici Corentyne. Moi, je n'ai pas Internet et je vis très bien sans… Je ne suis pas une extraterrestre. Bien sur, c'est plus rapide pour faire des recherches pour le collège mais la bibliothèque, c'est bien aussi. Et on a une personne qui peut nous aider !
Auditrice 3 : Salut, mon nom est Amélie. Internet, ça simplifie énormément la vie. On peut tout faire sur Internet, même ses courses ! Pour moi, c'est l'invention la plus géniale des 100 dernières années !
Présentateur : Merci pour vos réponses. Pour résumer : la plupart des auditeurs disent qu'ils ne peuvent pas se passer d'Internet ; la majorité l'utilisent pour communiquer avec les copains et 3 auditeurs sur 5 pour faire des achats sur Internet : musique, film ou autres. Mais remarquons que seulement une minorité des auditeurs se sert d'Internet pour faire des recherches.

a. 3.
b. Sarah utilise Facebook . Victor chatte, fait des recherches, télécharge de la musique, fait des courses. Manu chatte. Corentyne fait des recherches. Amélie fait des courses.
c. – utilisent Internet pour faire des recherches (une minorité)
– font des achats sur Internet (3 auditeurs sur 5)
– utilisent Internet pour communiquer avec les copains (la majorité)
– ne peuvent pas se passer d'Internet (la plupart)
d. Corentyne n'a pas Internet. Avantage : Internet c'est plus rapide pour faire des recherches.
Inconvénient : On n'a personne qui peut nous aider pour faire des recherches.
2. Un téléphone portable, ça sert à… / Avec un téléphone portable, on peut… / Un téléphone portable, c'est très utile pour…
Propositions de réponses :
– parler avec / appeler / téléphoner à ses amis, sa famille…
– écrire / envoyer et recevoir des textos / messages / sms / méls…
– naviguer sur / consulter Internet, des sites Internet…
– se connecter à des réseaux sociaux
– faire / prendre des photos / photographier
– filmer
– écouter de la musique / des chansons / la radio
– regarder des clips
– s'orienter avec le GPS
– calculer / faire des calculs
– jouer à des jeux vidéo
– avoir / consulter l'heure
– …
3. a. que – b. qu' – c. qui – d. qui – e. que
4. a. 25 pour cent / h. un quart – b. 33 % / j. un tiers – c. cent pour cent / k. la totalité – d. la majorité / g. la plupart – e. une minorité / l. une toute petite partie – f. la moitié / i. un sur deux
5. a. Avant, j'avais plus de / ~~moins~~ copains sur Facebook que maintenant.
b. Tu parles ~~meilleur~~ / mieux français que l'an dernier.
c. Je peux ~~plus bien~~ / moins bien vivre sans téléphone portable que toi.
d. Au siècle dernier, il n'y avait pas autant d' / ~~autant~~ appareils technologiques.
e. Avant, je téléphonais autant / ~~aussi~~ / moins / plus que maintenant.
f. Cette découverte est la pire / ~~plus bonne~~ de tous les temps !
6. a. la Préhistoire – b. en – c. dans les années 1970 – d. milieu du XVIIe – e. le début du Moyen Âge,
7. a. – On peut très bien survivre sans Internet ! **Tu n'es pas d'accord avec moi ?**
– Si, si ! **Par contre**, Étienne, lui, il n'est sûrement pas d'accord : il ne peut pas s'en passer !
b. – Et un portable, pour l'anniversaire de Benjamin ? C'est une bonne idée, non ?
– **Moi, je ne suis pas d'accord avec toi** : il est trop jeune !
c. – **Je crois que** cette invention est la meilleure de tous les temps ! **Qu'est-ce que tu en penses ?**
– **Pour moi**, ça ne sert à rien !
8. a. rarement – b. lentement – c. sérieusement – d. patiemment – e. profondément – f. attentivement – g. suffisamment

MODULE 5 Fais ton cinéma !

1. Compréhension de l'oral

Transcription
Présentateur : Et maintenant, votre émission « ciné-télé ». Aujourd'hui, gros plan sur le Forum International Cinéma & Littérature qui aura lieu les 12 et 13 mars prochains à Monaco. En huit ans, le Forum est devenu un rendez-vous très important de l'adaptation cinématographique. Pour les réalisateurs, les scénaristes et les acteurs, mais aussi pour tous les professionnels de la littérature et de la bande dessinée, c'est un lieu de rencontres et d'échanges. Pour le grand public, c'est le moyen de voir des œuvres littéraires adaptées à l'écran. Cette année, les collégiens pourront rencontrer Jean Van Hamme, scénariste et auteur de bandes dessinées. Enfin, comme chaque année, le Forum organise un concours. Objectif : adapter une œuvre littéraire pour le cinéma. Avec nous aujourd'hui, Clémentine, gagnante du précédent concours. Clémentine, qu'as-tu pensé du Forum de l'année dernière ?
Fille : C'était hyper sympa ! L'invité d'honneur, c'était Jean-Christophe Grangé. J'ai adoré ses livres ! Et je suis fan de toutes les adaptations cinématographiques de ses romans. Ce sont tous des films policiers et des films d'horreur.
Présentateur : Qu'est-ce qui t'a plu encore au Forum ?
Fille : Ben, j'ai vu des super films. Et puis, j'ai parlé à des acteurs. J'ai même obtenu un autographe !! C'était une super expérience !

a. 2
b. 1
c. 1. Faux : il s'adresse aussi au grand public. – 2. Faux : pour la 9e fois – 3. Vrai. – 4. Faux : c'est l'invité de l'année dernière ; cette année c'est Jean Van Hamme. – 5. Faux : il est connu pour ses romans
d. On peut rencontrer des réalisateurs, des scénaristes et des acteurs.
e. 2 – 3 – 4 – 6
2. casting / jouer / long-métrage / petit écran / figurant / comédien / tournage
3. a. en / photo n° 4 – b. y / photo n° 6 – c. y / photo n° 1 – d. y / photo n° 2 – e. en / photo n° 5 – f. en / photo n° 3
4. C'était impressionnant = enthousiasme – Je suis déçu(e). = déception – J'ai passé un bon moment. = enthousiasme – Ça m'a beaucoup plu. = enthousiasme – Bof, j'ai vu mieux. = indifférence – Je n'ai pas vu le temps passer. = enthousiasme
5. suis allé / suis entré(e) / était / attendait / a attendu / a commencé / me suis rendu compte / était / voulais / était / suis resté / ai eu / a applaudi / sont sortis / n'a pas beaucoup apprécié
6. a. sympa – b. le bus – c. petit déj – d. ordi / le Net – e. aprèm / télé – f. prof / restau – g. ado / fan / ciné
7. a. demanderaient – b. ferais – c. deviendrais – d. voudraient – e. serais – f. irions – g. attendraient – h. raconterais – i. aurais

MODULE 6   Croque la vie !

1. Compréhension de l'oral

Transcription
Journaliste : Chaque semaine, notre rubrique « Ils nous parlent de leur métier » te permet de découvrir un nouveau métier. Aujourd'hui, Séverine Auclair nous parle de son métier de chocolatier-confiseur. Séverine, qu'est-ce que c'est un chocolatier-confiseur ? Vous faites du chocolat ?
Séverine : Non. Moi, je travaille le chocolat qui arrive en grands morceaux. Je mélange le chocolat avec d'autres ingrédients pour fabriquer des petits chocolats qu'on mange à Noël ou à Pâques.
Journaliste : Pourquoi avez-vous choisi ce métier ?
Séverine : Eh bien, le chocolat, c'est une passion qui vient de mon enfance : ma mère faisait des orangettes : c'est de la peau d'oranges cuite avec du sucre et trempée dans du chocolat. C'est délicieux !
Journaliste : C'est donc un souvenir d'enfance qui vous a donné envie de faire ce métier ?
Séverine : Pas seulement. J'aime les étapes de la fabrication d'un chocolat : d'abord voir le chocolat fondre, puis changer de couleur quand j'ajoute des ingrédients (beurre, épices, café…) et enfin j'aime décorer les chocolats. Je les appelle « mes bijoux ».
Journaliste : Pour être chocolatier, il faut donc de la créativité ?
Séverine : Oui, pour créer un bon et beau chocolat, il faut être un peu poète !

a. 2
b. métier – morceaux – ingrédients – passion – d'oranges – étapes – couleur – créativité
c. 1. Vrai – 2. Faux : elle ajoute aussi des épices, du café… – 3. Faux : il faut être un peu poète.
2. a. les crêpes : de la farine, du lait, des œufs…
b. le couscous : de la viande, des légumes (des carottes, des courgettes…)
c. la tarte Tatin : de la pâte, des pommes…
d. la béchamel : de la farine, du lait, du sel, du beurre…
e. un kebab : de la viande, de la salade, des tomates, des oignons, de la sauce…
3. a. aux – b. au – c. à la – d. de – e. de – f. au – g. à l' – h. de
4. a. chacune – b. tous – c. quelques-unes / certaines ; d'autres / quelques-unes – d. plusieurs ; certaines / quelques ; d'autres / quelques-unes / certaines ; chaque
5. « s » de « tous qui se prononcent : c et d
6. fondre – ajouter – verser – cuire – servir
7. a. Elle **est en train de** choisir une recette. → photo 3
b. Il **va** manger son hamburger. → photo 2
c. Il **vient de** préparer un plat excellent. → photo 1
d. Elle **va / commence à** manger. → photo 4
8. a. **Tu me passes** du pain, s'il te plaît ? / **Tu pourrais / Pourrais-tu / Tu peux / Peux-tu** me passer du pain, s'il te plaît ? / **Tu veux bien** me passer du pain ?
b. **Vous pourriez / Pourriez-vous / Vous pouvez / Pouvez-vous** arrêter de chanter quand on est à table ?
c. **Tu ne devrais pas** mettre trop de sel dans ta soupe !
d. **On devrait / Nous devrions** manger d'abord la salade ! / **On pourrait / Nous pourrions** manger d'abord la salade !
9. *Propositions de réponse :*
• *(4 points pour les mots décrivant les étapes)*
– d'abord, premièrement
– puis / ensuite
– pour finir, finalement, enfin
• *(4 points pour les ingrédients)*
+ Ingrédients : le / du pain, (de) la viande, (de) la / des / les tomate(s), de l'oignon, (de) la salade, le / du ketchup…
• *2 points pour la cohérence*

MODULE 7   Mets tes baskets !

1. Compréhension de l'oral

Transcription
Sam : Regardez, une journée pour découvrir des sports urbains. Il y a du skate-board, du double dutch, du vélo acrobatique…
Romain : Attends, tu dis du double, quoi ? En quoi ça consiste ? C'est un sport ?
Jade : Tu ne connais pas le double dutch ! On a besoin de deux cordes à sauter. Tes équipiers font tourner les deux cordes et toi, tu sautes et tu fais des acrobaties !

> Romain : Trop fort !
> Sam : Ça demande de la souplesse, de la précision et de la concentration !
> Romain : Ben, j'ai envie d'en voir mais pas d'en faire ! J'ai mal au dos.
> Jade : Romain, si tu as mal au dos, je te recommande la natation.
> Sam : Et tu sais que les rois du sprint en piscine sont français ?
> Romain : Bien sûr, je connais Alain Bernard et Frédérick Bousquet, ce sont les meilleurs ! Je ne suis pas le plus grand spécialiste du double dutch mais la natation, je connais !
> Jade : Super, tu viens à la piscine avec moi, jeudi ?
> Sam : Moi, j'y vais le dimanche matin.
> Romain : OK, piscine jeudi et dimanche !
> Jade : Attention, Bernard et Bousquet : Romain arrive !

a. 2
b. 1, 3, 4, 6
c. 1. Deux cordes (à sauter). 2. Un sport d'équipe : deux équipiers font tourner deux cordes et un autre (d'autres) saute(nt). 3. De la souplesse, de la précision et de la concentration. 4. Elle lui recommande la natation parce qu'il a mal au dos. 5. Ce sont des nageurs / des champions de natation (des sprinters en natation).
2. a. la musculation ; b. le tir à l'arc ; c. l'aviron ; d. le ski ; e. l'art du déplacement ; f. la planche à voile ; g. l'haltérophilie ; h. l'escrime ; i. le cyclisme ; j. la gymnastique
3. a. l'art du déplacement – n. la ville (la souplesse, la concentration, l'équilibre, la force, la rapidité, l'endurance, la précision)
b. la boxe – m. le ring (la précision, la force, la rapidité /vitesse)
e. le marathon – l. le stade (l'endurance, la vitesse, la force…)
g. la musculation – d. le gymnase (la force)
h. la natation – i. la piscine (la rapidité / vitesse, la force, l'endurance)
j. le ski – f. la montagne (l'équilibre, la rapidité / vitesse, la concentration, la précision)
k. le tennis – c. le court (la rapidité, la force, la précision, la concentration)
4. a. afin – b. pour – c. pour (afin d') ; afin
5. a. si / même si – b. même si / s' – c. si / même s'
6. a. on a besoin – b. faut – c. consiste – d. doit / est strictement interdit / peut
7. a. en / y – b. y / y – c. y / y / en
8. a. C'est le sport le plus pratiqué en France.
b. C'est le meilleur joueur du collège. / C'est le joueur le meilleur du collège.
c. Ce sont les sprinters les plus rapides de la course. / Ce sont les plus rapides sprinters de la course.
d. C'est la concurrente la moins âgée du championnat.
e. C'est la plus importante compétition de l'année. / C'est la compétition la plus importante de l'année.

MODULE 8 Explore le monde !

1. Compréhension de l'oral

Transcription
> Homme : Bienvenue dans le bus « Paris tour » ! Notre visite de Paris dure 1 heure 30. Notre itinéraire suit la Seine.
> Nous commençons par la tour Eiffel. Elle est le symbole de Paris et de la France depuis 1889. Elle mesure 324 m. En 2010, Thaig Khris, plusieurs fois champion du monde de rollers a sauté du premier étage. Il a fait un saut de 40 mètres en roller !!! Quel exploit incroyable ! Nous traversons la Seine.
> Vous voyez maintenant sur votre gauche le Grand Palais. Il est plus jeune que la tour Eiffel : il date de 1900. On peut y visiter de grandes expositions de peinture et y voir des défilés de mode et même des compétitions sportives. En 2010, on y a vu la grande exposition Monet et les championnats du monde d'escrime en même temps ! Continuons notre visite…
> Et voici le Louvre. Ah, quelle histoire ! Il a été le château des rois de France. C'est aujourd'hui un musée célèbre dans le monde entier pour ses peintures et ses sculptures. La visite du Louvre vous laissera des souvenirs inoubliables ! Et notre visite en bus aussi, j'espère !

a. 1
b. la tour Eiffel – le Grand Palais – le Louvre
c. 1. La visite dure une heure et demie. 2. La date de construction est 1889. 3. La tour Eiffel mesure 324 mètres. 4. Thaig Kris est champion du monde de rollers. 5. Il a sauté en rollers du premier étage de la tour Eiffel et a fait un saut de 40 mètres. 6. On peut voir des expositions de peinture, des défilés de mode, des compétitions sportives. 7. Ils ont pu voir les championnats du monde d'escrime. 8. C'était un château. 9. Le moyen de transport utilisé est le bus.
2. a. aux – b. d' – c. de – d. aux – e. du
3. a. d' / à – b. des / du – c. de / au
4. a. immangeable – b. indescriptibles – c. incompréhensible – d. impossible – e. inoubliables – f. incroyables / adorables
5. a. ce qui / ce sont – b. ce que / c'est que – c. ce qui / c'est qu' – d. ce qui / c'est de – e. ce que / ce sont
6. a. une valise – b. une serviette (de plage) – c. de la crème solaire – d. un guide (touristique) – e. une fusée – f. un kit de premiers secours
7. a. vous aviez / vous pourriez – b. j'accepterais / mes cousins belges m'invitaient – c. nos professeurs nous laissaient / on choisirait – d. tu ne ferais pas / tu en avais la possibilité – e. le voyage n'était / j'aimerais
8. *Propositions de réponse :*
a. Heureusement qu'il n'y a pas eu de victimes ! / Comme c'est horrible ! / Quelle horreur !…
b. Comme c'est calme / beau… ! / Quelle tranquillité ! / Quel paysage !
c. Quel froid ! / Comme c'est beau ! / Heureusement qu'ici il n'y a pas autant de neige !
d. Heureusement qu'on a eu le temps de partir du camping ! / Heureusement qu'il a arrêté de pleuvoir ! / Quel temps ! / Comme on a eu peur !

CORRIGÉS du cahier d'activités

MODULE 0 — Bienvenue dans Adosphère 3 !

p. 3-5 : *Réponses libres*

MODULE 1 — Ouvre tes oreilles !

Leçon 1, Page 6

1. 1 – f J'adore / Je suis fan de ; 2 – e J'aime beaucoup ; 3 – a J'aime bien / J'aime assez ; 4 – c Je n'aime pas beaucoup ; 5 – b Je n'aime pas du tout ; 6 – d J'ai horreur de / Je déteste
2. a. Nous, notre style musical **préféré**, c'est le **rock**. **b.** Mon **style** musical préféré ? La **musique classique** ! J'adore ! **c.** Moi, **j'aime beaucoup / j'adore** le **rap** !
3. *Propositions de réponses* **a.** quand je vais au collège / quand je prends le bus – **b.** du rock / de la pop – **c.** quand je fais du sport – **d.** quand je suis fatigué(e) : de la musique classique
4. a. Le matin, la pop, **ça** me réveille. **b.** Dans le bus pour aller à l'école, le rock, **c'est** mon style préféré. **c.** Quand j'ai beaucoup travaillé, j'aime écouter du hard-rock, **ça** me donne de l'énergie !

Leçon 2, Page 7

1. a. – 5 Je trouve ça génial, un concert des Cactus ! – 8 Moi aussi ! **b.** – 1 À mon avis, il est ridicule. – 4 Je trouve aussi. **c.** – 6 Je ne trouve pas cette musique très bonne. – 3 Moi si ! **d.** – 7 Je crois que ce CD est très bon. Et toi ? – 2 Je n'ai pas d'avis.
2. a. Cherche ta propre personnalité. **b.** Ne t'habille pas comme un clown. **c.** Soyez vous-même. **d.** Allons au concert. **e.** N'imite pas une idole.
3. *Propositions de réponses* **a.** Change de vêtements. / Habille-toi avec d'autres vêtements. / Mets d'autres vêtements. / Mets des couleurs… **b.** Sois gentille. / Aie confiance en toi. / Parle aux autres. / Cherche un(e) ami(e)…

Leçon 3, Page 8

1. Instruments à cordes : violon, guitare, piano. Instruments à vent : accordéon, trompette. Instruments à percussion : batterie. Autres instruments : synthétiseur.

P	U	O	M	I	S	O	L	Q	U	E	T
V	I	O	L	O	N	A	K	I	B	P	A
I	M	A	N	T	I	N	A	G	A	U	N
U	P	A	N	U	L	E	O	T	T	R	I
L	I	P	R	O	X	Y	N	C	T	I	O
S	Y	N	T	H	E	T	I	S	E	U	R
A	B	Y	S	S	R	U	L	I	R	S	U
T	R	O	M	P	E	T	T	E	I	L	E
C	E	R	A	T	I	U	G	O	E	R	T
I	M	A	V	O	T	Y	M	H	E	O	N
S	T	N	O	E	D	R	O	C	C	A	U
O	M	I	K	U	T	I	L	A	S	S	É

2. Tu joues **de la** guitare électrique, **du** synthétiseur ou **des** percussions ? Viens **en** jouer avec nous le samedi après-midi !

De la guitare, j'**en** joue depuis 5 ans. Je joue aussi **du** piano et j'adore chanter ! J'ai un copain qui joue **de l'**accordéon.

Leçon 4, Page 9

1. Le journal *La Presse* a fait une expérience. Il a demandé au célèbre ⟦violoniste⟧ Alexandre Da Costa de jouer dans ⟦le métro de Montréal⟧. Après cinq minutes, une personne reconnaît le célèbre violoniste. C'est un ⟦journaliste de Radio Canada⟧. Une étudiante ⟦appelle ses amis avec son téléphone⟧ : « Venez. Il y a un violoniste extraordinaire dans le métro. » Finalement, c'est une bonne expérience pour Alexandre qui préfère quand même jouer dans une salle de concert plus traditionnelle !
a. Alexandre Da Costa joue du violon. **b.** Il a joué dans le métro de Montréal. **c.** Un journaliste de Radio Canada a reconnu Alexandre en premier. **d.** Une étudiante appelle ses amis avec son téléphone.
2. Lâam (vrai nom : Lamiah)
Date de naissance : 1er septembre 1971
Métier : **chanteuse**
Nationalité : **française d'origine tunisienne**
Instrument : sa voix !
Style : variété, pop et R&B
Débuts : **dans le métro à Paris**
Chansons connues : *Petite sœur, Jamais loin de toi, Savoir qui je suis*
Événement important : **Elle chante *La Marseillaise* au Stade de France lors du match France-Tunisie en 2008.**

Garou (vrai nom : Pierre Garand)
Date de naissance : 26 juin 1972
Métier : **chanteur**
Nationalité : **québécois**
Instrument : piano, trompette, guitare
Style : blues à ces débuts, puis variété
Débuts : **dans le métro à Montréal**
Chansons connues : *Belle* (*Notre-Dame de Paris*), *Gitan, Sous le vent*
Événement important : **Il est Quasimodo dans la comédie musicale *Notre-Dame de Paris* en 1998.**
3. *Réponse libre*
Mon auto-évaluation, p. 10-11
Voir cahier, p. 62.

MODULE 2 — Trouve ton style !

Leçon 1, Page 12

1. a. a – longs – bruns – porte / a – robe – noire / rose – rose / noire – tient ; **b.** a – casquette – tee-shirt – porte – jean ; **c.** est – aux – bleus – a / porte – jupe
2. a. pareil – même ; **b.** ne se ressemblent pas ; **c.** différentes – point commun ; **d.** ressemblons
3. a. En vacances, j'aime porter mon **grand** tee-shirt **jaune**. **b.** Ma **petite** sœur et moi, nous avons le **même** tee-shirt. **c.** Le week-end, je mets mon **vieux** jean et un pull **confortable**.

Leçon 2 Page 13

1. deviez – fallait – complétiez – étaient – mettaient – portaient
2. a. a – ressemble ; b. ai acheté ; c. porte ; d. a changé ; e. vois – portes
3. a. Il va peut-être à une fête ce soir. / Peut-être qu'il va à une fête ce soir. b. Elle a peut-être reçu une bonne nouvelle hier. / Peut-être qu'elle a reçu une bonne nouvelle hier. c. Il a peut-être gagné un concours. / Peut-être qu'il a gagné un concours.

Leçon 3 Page 14

1. a – 3 ; b –2 ; c – 1 ; d – 5 ; e – 4
2. a. **Ce ne sont pas** des chaussures confortables pour courir ! b. **C'est** des vêtements pour une cérémonie. c. **C'est** un bonnet pour avoir chaud en hiver.
3. A – 3 – IV – d ; B – 4 – I – b ; C – 1 – III – a ; D – 2 – II – c

Leçon 4 Page 15

1.
	Q. a	Q. b	Q. c	Q. d	Q. e	Total
Aurélien	1	0	1	0	1	3
Arthur	0	0	0	1	0	1
Zac	0	1	1	0	1	3
Leila	0	1	1	1	0	3
Noémie	1	1	1	1	1	5

Résultat : La vainqueur est Noémie.
2. *Propositions* : a. Les … aiment la musique électro et disco. (*Réponse* : tecktoniks) b. Les rappeurs portent souvent des vêtements de … (*Réponse* : sport) c. Les Kawaii aiment les … (*Réponse* : mangas)
Mon auto-évaluation, p. 16-17
Voir cahier, p. 62.

MODULE 3 Aime ta Terre !

Leçon 1 Page 18

1. Au collège : dans la classe, trier **le papier**, éteindre **la lumière** ; à la cantine, contrôler **le gaspillage**. Pour le transport : aller à **vélo** au collège, prendre **le bus** et les transports **en commun**. À la maison : couper **l'eau**, prendre **une douche** au lieu d'**un bain**, mettre **un pull** et baisser **le chauffage**, trier **les déchets**, faire du **recyclage** artistique.
2. Métal : g ; carton et papier : a – c ; verre : f ; plastique : d – h ; matières organiques : b – e
3. a. Mon frère et moi, nous allons **rarement** au collège en voiture. b. Dans la salle de bain, je coupe **toujours** l'eau quand je me brosse les dents. c. Je **ne** prends **jamais** de bain.

Leçon 2 Page 19

1. a. 200 000 – b. 200 000 000 – c. 8 500
2. a. douze millions de parapluies et quatre-vingt-dix millions de jeans – b. deux milliards de dollars – c. cinq cents ans
3. a. Tes devoirs, tu peux les faire sur du papier recyclé. b. Vos stylos de l'année dernière, vous pouvez les utiliser. c. Le papier, nous pouvons le trier. d. Les lumières inutiles, vous pouvez les éteindre.

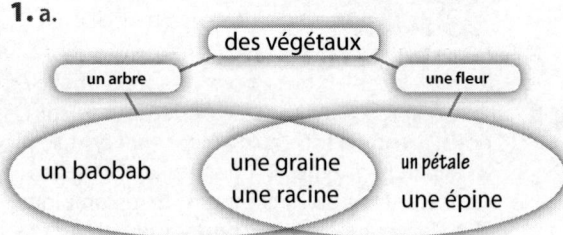

Leçon 3 Page 20

1. a.

des végétaux
- un arbre → un baobab, une graine, une racine
- une fleur → un pétale, une épine

b. une disparition
2. a. Il y a **trop** de voitures dans nos villes. b. On gaspille **trop**. c. Aujourd'hui, l'environnement est **très** important. d. Il y a **trop** d'animaux et de plantes en voie de disparition. e. Mais il n'est pas **trop** tard ! f. Il faut faire **très** attention.
3. a. très – b. trop – c. très – d. trop / très

Leçon 4 Page 21

1.
Mots croisés :
1. ÉLÉPHANT
2. ÉCUREUIL
3. TORTUE
4. BALEINE
5. CROCODILE
6. LION
7. PINGOUIN

2. Ce sondage réalisé auprès des **10-15** ans indique le classement des risques pour la planète selon leur importance. Il montre que le premier risque évoqué est la pollution de l'**air** (43 %). Le réchauffement de la planète et les changements de **climat** arrivent ensuite avec 32 %. La disparition des animaux et des plantes vient après avec 30 %. Elle est suivie par la **pollution de l'eau** (28 %). En cinquième position vient la **disparition des forêts** (26 %).
3. *Réponse libre*
Mon auto-évaluation, p. 22-23
Voir cahier, p. 62.

MODULE 4 Sois branché(e) !

Leçon 1 Page 24

1. a. TÉLÉVISION
b. APPAREIL PHOTO
c. CALCULATRICE
d. BALADEUR
e. GPS
f. ORDINATEUR
Mot mystère : TÉLÉPHONE
2. Le téléphone portable que tu as acheté / qui est dans la vitrine / que j'ai découvert au Japon / qu'on voit dans toutes les publicités est révolutionnaire.
3. a. La majorité des / Une grande partie des / 90 % des / la plupart des – b. La moitié des / 50 % des – c. Les trois quarts d' / beaucoup d' / la plupart d' – d. Une minorité / Une petite partie / Peu de collégiens

Leçon 2 Page 25

1. Clip & Va est **moins** cher **que** Toumini mais Toumini a une capacité de stockage beaucoup **plus** importante **que** Clip & Va. Les deux baladeurs Ekoot ont **autant d'**heures d'autonomie mais Ekoot 12 est **moins** cher **qu'**Ekoot 25. Ekoot 25 est le baladeur qui coûte **le plus** cher.
2. a. Internet se développe **à la fin du XXe siècle**. b. **Pendant la Préhistoire**, les hommes découvraient le feu. c. Au 17e siècle, Isaac Newton découvre la loi de la gravitation.
3. – Moi, je **crois que** / **pense que** la prochaine grande découverte sera en astronomie. À **mon avis**, on va découvrir la vie sur une autre planète. **Qu'est-ce que tu en penses ?** / **Qu'en penses-tu ?** Tu **n'es pas d'accord (avec moi)** ?
– Si, je **suis d'accord** avec toi : il existe d'autres vies dans l'espace **mais** / **par contre** pour moi, ce sont des extraterrestres qui vont découvrir les hommes en premier.

CORRIGÉS du cahier d'activités

Leçon 3 Page 26

1. effectivement – finalement – fièrement – bizarrement – mondialement – parfaitement – récemment – pratiquement – particulièrement

2. – Tu ne **sais** pas où est mon stylo ? **C'est** un stylo magique. **Ces** stylos écrivent sans fautes !
– **Non**, je ne l'ai pas vu. Tu as marqué ton **nom** dessus ?
– Non, j'**ai** oublié **et c'**est très embêtant. Il m'a coûté **cent** euros et je ne sais pas comment je vais vivre **sans** lui.

3. a. sent – 2 ; cent – 3 ; sans – 1
b. mère – 3 ; mer – 1 ; maire – 2

Leçon 4 Page 27

1. a. Bandes dessinées, bandes de copains…
b. 1. Vrai – **2.** Faux – **3.** Faux – **4.** On ne sait pas

2. a. La voiture avec ballon-capteur de pot d'échappement : la pollution et les changements (le refroidissement / le réchauffement).
Le vaccin anti-froid : les changements climatiques (le refroidissement).
b. La voiture électrique, les pots catalytiques. À ma connaissance, on n'a toujours rien inventé de mieux que les vêtements en polaire et le chauffage.

Mon auto-évaluation, p. 28-29
Voir cahier, p. 62.

MODULE 5 Fais ton cinéma !

Leçon 1 Page 30

1. a. dans les comédies musicales – **b.** des lunettes (3D) – **c.** des castings – **d.** sur Internet / sur les sites de castings

2. – Bonjour, je voudrais quatre places pour *Océans*, s'il vous plaît. Vous **en** avez encore ?
– Oui, vous avez de la chance, il m'**en** reste juste quatre.
– Oh non, c'est pas vrai ! J'ai oublié mon rendez-vous chez le coiffeur ; je dois **y** aller.
– Bon, que fait-on avec les places, alors ?
– Et bien, je vais **en** acheter trois pour mes amis et moi j'**y** retournerai un autre jour.
– Très bien. Tenez, voici le programme. Vous **y** trouverez tous les horaires.

3. a. comédie – **b.** film d'horreur – **c.** comédie romantique – **d.** film d'action en 3D

Leçon 2 Page 31

1. L'émission de télévision *Comme au cinéma* présente des **opinions** de spectateurs qui ont assisté à la **première** du film en **3D** *Arthur 5*. Certains spectateurs ont beaucoup **aimé** le film et sont très **enthousiastes** ; d'autres sont assez **déçus** : le film ne leur a pas **plu**.

2. La fille : Bof ! / Dommage ! / Ce n'était pas très intéressant !
L'homme : J'ai beaucoup aimé ! / C'était superbe, impressionnant, sympa !
La fille : Ça ne m'a pas plu !

3. Franchement, **ce n'**est pas mon film préféré : les acteurs **ne** jouent pas très bien, les décors **ne** sont pas terribles et je **n'**ai pas aimé l'histoire. **Je n'**irai pas le revoir, c'est sûr !

4. a. Il regardait un film d'horreur quand soudain quelqu'un a sonné. → action qui dure (I) / action ponctuelle (PC)
b. Quand ils sont sortis du cinéma, il pleuvait. → action ponctuelle (PC) / description (I)

Leçon 3 Page 32

1. a. Internet – **b.** une automobile (→ une auto) – **c.** un autobus (→ un bus) – **d.** une télévision (→ une télé) – **e.** un ordinateur (→ un ordi) – **f.** le cinéma (→ le ciné)

2. La femme : J'aime beaucoup le dernier film de Jeunet !
Le garçon : L'histoire est trop / super / hyper bien écrite !
La femme : L'acteur principal joue très bien !

3. a. J'aimerais jouer dans le prochain film de Clint Eastwood. → (D)
b. Je pourrais leur montrer tous mes talents ! → (P)
c. Toi, tu ferais le rôle du méchant et moi, je serais le gentil. → (FI)
d. Pourrais-tu m'inscrire au casting ? → (DP)
e. Tu devrais prendre des cours de comédie. → (C)

Leçon 4 Page 33

1. a – 4 ; **b** – 2 ; **c** – 5 ; **d** – 3

2. a. *Vingt mille lieues sous les mers* ; **b.** *Astérix et Cléopâtre* ; **c.** *Un secret* ; **d.** *Adèle Blanc-Sec*

Mon auto-évaluation, p. 34-35
Voir cahier, p. 62.

MODULE 6 Croque la vie !

Leçon 1 Page 38

1. a. une purée de légumes / de carottes – **b.** un gâteau au citron / à l'orange – **c.** une tarte au citron / aux légumes – **d.** une soupe de légumes / de carottes – **e.** une glace au citron / à l'orange / à la vanille

2. a.

O	I	G	N	O	N	B
E	V	I	A	N	D	E
U	B	L	A	A	N	U
F	A	R	I	N	E	R
Q	U	E	L	T	T	R
C	A	R	O	T	T	E
E	D	E	V	E	A	U
P	O	I	R	E	A	U

b. Plat mystérieux : blanquette de veau.

3. plusieurs – certaines – d'autres – certains – chaque – toutes

Leçon 2 Page 39

1. Liste 1 – c ; liste 2 – b ; liste 3 – a ; liste 4 – d : de la farine, de la levure, de la sauce tomate, du fromage, du basilic / des herbes

2. premièrement – puis / ensuite – puis / ensuite – finalement

3. a. Elle va cuisiner. **b.** Elle commence à cuisiner. **c.** Elle est en train de cuisiner. **d.** Elle vient de cuisiner.

Leçon 3 Page 40

1. 1. Coupe les tomates. **2.** Fais cuire la viande / le steak. **3.** Fais griller les tartines de pain / le pain. **4.** Tartine le pain de ketchup / sauce tomate. **5.** Ajoute une feuille de salade, le steak / la viande, les tomates. **6.** Ton hamburger est prêt. Tu peux le manger !

2. *Propositions de correction* : **a.** Tu devrais couper ta viande en petits morceaux ! **b.** Tu pourrais ne pas manger avec les doigts, s'il te plaît ? **c.** Tu veux bien ne pas parler la bouche pleine ? **d.** Tu te tiens droit ?

Leçon 4 Page 41

1. 1. Blanquette de veau – **2.** Couscous – **3.** Moules frites – **4.** Côte de bœuf – **5.** Bœuf bourguignon – **6.** Gigot d'agneau – **7.** Pot-au-feu – **8.** Lapin à la moutarde – **9.** Spaghettis bolognaises – **10.** Steak frites

2. a. Le couscous – (Les moules frites) – Les spaghettis bolognaises
b. La viande de bœuf
c. Au total, il y a 4 plats avec de la sauce. La blanquette de veau – Le bœuf bourguignon – Le lapin à la moutarde – Les spaghettis bolognaises
Mon auto-évaluation, p. 40-41
Voir cahier, p. 63

MODULE 7 Mets tes baskets !

LEÇON 1 page 42

1. Qualités sportives : horizontalement : (l') équilibre / (la) concentration / (la) précision / (la force) / (la) vitesse ; verticalement : (la) souplesse / (l') endurance.
Noms de sports : horizontalement : (le) ski / (le) basket / (le) yoga / (la) course / (le) tennis / (la) gymnastique ; verticalement : (le) cyclisme / (le) rugby / (l') escrime / (le) golf / (l') aviron.
Propositions de correction : l'équilibre → pour le ski, le yoga… ; la concentration → pour l'escrime, le golf… ; la précision → pour le basket, le tennis… ; la vitesse → pour le ski, la course… ; la souplesse → pour le yoga, la gymnastique… ; l'endurance → pour le cyclisme, la course…
2. *Propositions de correction* :
a. On peut pratiquer la natation afin de lutter contre le mal de dos et pour se relaxer.
b. On peut faire de l'escalade afin de travailler la souplesse et pour apprendre à bien se concentrer.
c. On peut faire du cyclisme pour le plaisir ou afin de participer à des compétitions.
d. On peut faire de l'aviron pour pratiquer un sport très complet et afin de faire travailler tous les muscles de son corps.
3. *Propositions de correction* :
a. Même si on a très peu de temps, on peut faire du sport.
b. Tu peux t'entraîner sérieusement, même si tu ne veux pas participer à des compétitions.
c. Si vous voulez être en forme vous devez faire un peu d'exercice.

LEÇON 2 page 43

1. a – 5 ; b – 4 ; c – 2 ; d – 1 ; e – 6 ; f – 3
2. *Propositions de correction* : Le sepak takraw : on y joue à deux équipes de trois joueurs. Comme matériel, on a besoin d'un terrain, d'un filet et d'une balle. Ça consiste à envoyer la balle de l'autre côté du filet. Il faut faire trois passes au maximum. On peut toucher la balle avec toutes les parties du corps (pied, genou, tête…) mais il est strictement interdit de la toucher avec les mains ou les bras. Pour gagner un point, il faut faire tomber la balle dans le camp de l'autre équipe mais, si la balle sort du terrain, le point est perdu. Pour pratiquer ce sport, il faut être rapide, avoir de l'équilibre et de bons réflexes.
3. a. Non, je ne vais pas y participer. **b.** Nous y jouons depuis l'âge de 6 ans. **c.** Oui, j'y ai bien réfléchi.
d. Non, je ne vais pas y arriver.

LEÇON 3 page 44

1. a. Pour moi, l'escrime c'est le sport le moins facile à comprendre.
b. Teddy Rinner est le plus jeune judoka de l'équipe de France. / Teddy Rinner est le judoka le plus jeune de l'équipe de France.
c. Le bossaball, c'est le sport le moins pratiqué.
d. Sébastien Chabal est le plus célèbre joueur international de rugby. / Sébastien Chabal est le joueur international de rugby le plus célèbre.
2. *Propositions de correction* : 3 femme / le tennis – 4 homme ou femme / le basket, le football – 5 femme / le ski, le cyclisme – 6 homme / le handball, le volleyball – 7 femme / la course automobile, le cyclisme – 8 homme / l'athlétisme, la course à pied – 9 femme / la natation, le waterpolo – 10 homme ou femme / le football, le handball

LEÇON 4 page 45

1. créé – souplesse – extrême – acrobatie – salle – groupe – escaliers – samedi – cours – musculation.
2. a. Il est né à Paris. **b.** Il s'inspire de l'ADD : l'Art Du Déplacement. **c.** Les deux : on peut le pratiquer seul ou en groupe. **d.** On le pratique en extérieur : en ville. **e.** On a besoin de l'espace urbain et du mobilier urbain : trottoirs, escaliers, escalators, bancs publics…
f. Ça ne coûte rien : c'est gratuit.
3. *Réponses libres*
Mon auto-évaluation, p. 46-47
Voir cahier, p. 63.

MODULE 8 Explore le monde !

LEÇON 1 page 48

1. a. aux États-Unis – **b.** de Berlin / Grèce – **c.** du Pérou – **d.** des États-Unis
2. a. immangeables – **b.** adorable – **c.** incompréhensible – **d.** incroyable
3. a. Ce qui ne me plaît pas, ce sont ces choses-là ! **b.** Moi, ce que j'adore, c'est cette sculpture ! **c.** Ce que je trouve incroyable, c'est de faire autant la queue ! **d.** Moi, ce qui m'énerve, c'est qu'il pleut tout le temps !

LEÇON 2 page 49

1. a. une valise – **b.** un souvenir (de vacances) – **c.** les moyens (de transport) – **d.** un appareil(-photo) – **e.** un guide (touristique) – **f.** une serviette (de plage)
Mot caché : voyage
2. *Propositions de correction* : **a.** un truc qu'on utilise pour s'orienter – **b.** un truc qu'on met / installe sur la plage pour se protéger du soleil – **c.** un truc qu'on utilise pour ne pas se perdre / pour suivre un itinéraire / pour connaître son chemin – **d.** un truc en toile qu'on installe pour dormir à la campagne
3. a. 1 – 6 ; 4 – 3 ; 7 – 2 ; 8 – 5 ; **b.** *Réponses libres*

LEÇON 3 page 50

1. Ludovic : Il est désolé. – Jonathan : Il est effrayé. – Lisa : Elle est inquiète. – Nadia : Elle est heureuse. – Isabelle : Elle est autoritaire. – Medhi : Il est calme.
Bulles : **a.** Jonathan – **b.** Isabelle – **c.** Lisa – **d.** Ludovic – **e.** Nadia – **f.** Medhi
2. a – 5 – F ; b – 2 – C ; c – 4 – E ; d – 6 – D ; e – 3 – B ; f – 1 – A

LEÇON 4 page 51

1. 1 – c ; 2 – a ; 3 – d ; 4 – b
2. a. Jacques cartier – **b.** Alexandra David-Néel – **c.** Alexandrine Tinné – **d.** Émilie Barrucand
3. *Réponses libres*
Mon auto-évaluation, p. 52-53
Voir cahier, p. 63.